# ANNE Roumanoff

## L'INTÉGRALE *30 ans de scène*

COLLECTION LE SENS DE L'HUMOUR

cherche midi

Vous pouvez consulter notre catalogue général
et l'annonce de nos prochaines parutions sur notre site :
**www.cherche-midi.com**


30, place d'Italie
75013 Paris

Mis en pages par Soft Office
Dépôt légal : novembre 2017
ISBN 978-2-7491-5709-2

# Sommaire

# AIMONS-NOUS LES UNS LES AUTRES… ET PLUS ENCORE

Théâtre de l'Alhambra

2015-2017

# La femme de 50 ans

Est-ce que ça va ce soir ?... Il y a une bonne ambiance en France en ce moment, hein ? C'est formidable, tout le monde s'aime. L'autre jour, j'étais contente parce que ma fille m'a dit : « Mon copain Loïc m'a dit que tu faisais pas du tout ton âge. »

J'ai dit : « Oh, merci ! » Elle m'a dit : « Ouais, il croyait que t'avais 60 ans. »

Je viens d'avoir 50 ans, et l'avantage de l'âge c'est qu'on a l'expérience de la vie. Moi, à mon âge, je me sens lourde d'expérience. D'ailleurs, je me sens lourde tout court. J'ai le corps lourd, le bras flasque, mais le bourrelet tonique.

À partir de 40 ans, dès que tu mets un jean trop serré, t'as le bourrelet qui ressort façon cupcake dégoulinant. On appelle ça des poignées d'amour. Mais quand t'as trop de poignées d'amour, souvent tu fais l'amour avec ton poignet.

Je remarque que dans mon public, j'ai souvent un petit peu plus de femmes que d'hommes, et ça, je pense, c'est parce que j'ai un peu un physique de bonne copine. C'est vrai, je ne suis pas du tout une menace pour les autres femmes... *(S'adressant à une spectatrice.)* Madame, elle fait « oui », mais t'as vu ta tête, toi ?

De toute façon les femmes humoristes ne font pas fantasmer les mecs. Moi, je vois, mes collègues humoristes hommes, vous verriez les canons qui les attendent à la fin de leur spectacle ! Moi, vous verriez les mecs qui m'attendent à la sortie !

Je me demande parfois, si je démarrais ma carrière aujourd'hui, quel genre d'humour je ferais. Peut-être que je ferais du stand-up.

*(Musique rythmée. Elle parle à la manière d'un stand-up.)*

« Est-ce que ça va ce soir ? Est-ce que vous êtes chauds ? J'entends rien. Faites du bruit pour Anne ! Anne : A-N-N-E !

Je m'appelle Roumanoff, ça veut dire que j'ai des origines mélangées, j'ai des grands-parents russes et une grand-mère du Maroc, d'où ce physique un peu space. »

Ou alors peut-être que je pourrais pratiquer un humour un peu plus sophistiqué à la Raymond Devos : *(Évocation de la voix de Raymond Devos.)* « Vous avez remarqué, mesdames et messieurs ? Quand on avance en âge, on va plus souvent à des enterrements qu'à des mariages. Il y en a qui, aux mariages, tirent une tête d'enterrement car ils considèrent que le mariage est un enterrement de première classe. Aux mariages, on t'apporte des fleurs, aux enterrements des couronnes, vous imaginez si on apportait une couronne à un mariage, ce serait le bouquet ! À la sortie de l'église, on vous lance du riz cru mais le riz cru c'est dur… C'est peut-être parce que le mariage, c'est dur à avaler, et que, quand tu te maries, t'es cuit ! »

En tout cas, je suis très heureuse d'avoir 50 ans, parce qu'une femme de 50 ans avant et une femme de 50 ans maintenant, ça n'a plus rien à voir. Avant, à 50 ans, t'étais un débris. Maintenant, à 50 ans, tu es débridée.

C'est vrai : les filles de 20 ans, elles sont blasées : « Ooohhh ! Encore un homme qui me désire. »

Les femmes de 50 ans, elles sont émerveillées : « Ooohhh ! Un homme qui me désire encore ! »

À 20 ans t'es la fille de tes parents, à 40 ans t'es la mère de tes enfants, et à 50 ans, tout à coup, tu te regardes dans la glace et tu dis : « Mais je suis une femme ! Libérée ! Délivrée ! Divorcée ! »

[ À PARTIR DE 40 ANS, DÈS QUE TU METS UN JEAN TROP SERRÉ, T'AS LE BOURRELET QUI RESSORT FAÇON CUPCAKE DÉGOULINANT. ON APPELLE ÇA DES POIGNÉES D'AMOUR.
MAIS QUAND T'AS TROP DE POIGNÉES D'AMOUR, SOUVENT TU FAIS L'AMOUR AVEC TON POIGNET.

À 20 ans, les filles disent: «Moi, je suis très exigeante, tu vois, je cherche un homme qui veut s'engager pour longtemps.» Les femmes de 50 ans disent: «Je suis très tolérante! Je cherche un homme qu'on puisse dégager rapidement.»

Et surtout, à partir de 50 ans, t'arrêtes de te prendre la tête pour les petits problèmes de la vie.

Avant, quand ton mec rentrait tard, tu lui pourrissais la tête: «Mais où t'étais? Avec qui t'étais? Qu'est-ce que tu faisais? Pourquoi tu m'as pas appelée?»

Maintenant, ton mec rentre tard, tu t'en fous! Tu rentres encore plus tard que lui!

Avant, ton mec faisait la gueule, tu voulais absolument savoir ce qui se passait *(Voix sucrée.)*: «Mais qu'est-ce que tu ressens? Il faut qu'on discute, on ne dialogue pas assez dans notre couple, communique avec moi, t'as des soucis dans ton travail? Tu veux que je te fasse un massage? Tu veux quelque chose?»

Maintenant, ton mec fait la gueule, tu savoures le silence. L'expérience de la vie t'a appris que quand on ne se parle plus, on ne s'engueule plus!

Et surtout, à partir de 50 ans, tes priorités changent.

Moi, avant, quand je m'achetais un pantalon, je me disais: «Je vais prendre du 38, comme ça, ça va me forcer à maigrir.»

Maintenant, je me dis: «Je vais prendre du 42, comme ça, je vais pouvoir le mettre.»

Le corps des hommes aussi se transforme, mais ils sont beaucoup plus cool par rapport à ça *(Voix d'homme.)*: «Ooohhhh! Je plais quand même... Je la vois plus.» Eh oui, quand y a trop de brioche, on voit plus la baguette! Comme dit le proverbe que j'ai inventé: «Ventre qui pendouille, désir qui se barre en couille!»

En tout cas, souvent en ce moment, je repense à une phrase que me disait ma grand-mère russe *(Accent Slave.)*: «Ce qui compte, ce n'est pas les choses qui t'arrivent, c'est la manière de prendre les choses.» Et c'est vrai que c'est important d'essayer de bien prendre les choses qui t'arrivent, quelles qu'elles soient. Par exemple, quand tu te fais virer de ton boulot, tu vas dire : « C'est bien, comme ça je vais pouvoir rencontrer des nouvelles personnes... *(En pleurant.)* à Pôle emploi ! »

Vous savez que ce gouvernement s'est engagé à former cinq cent mille chômeurs aux métiers de demain ? Et c'est vrai qu'à Pôle emploi ils connaissent bien les métiers de demain... Tu arrives à Pôle emploi, tu dis : « Bonjour, je voudrais faire un métier.

– Revenez demain ! »

Avec la réforme ratée du Code du travail, y a plein de gens qui disent : « Oui, en France, on peut jamais faire de réforme. »

C'est pas vrai ! Récemment, y a une réforme fondamentale qui a abouti dans l'indifférence générale, la réforme de l'orthographe.

L'accent circonflexe va devenir facultatif. Moi, j'ai un cousin, il s'appelle Jérôme, il le vit très mal. Il me dit : « J'ai l'impression d'avoir perdu quelque chose. » Je dis : « Jérôme, avec ou sans accent, ça se prononce pareil, arreute de faire la teute. »

« Chômage » va pouvoir s'écrire sans accent... Quand le gouvernement nous avait promis qu'il réduirait le chômage, on ne pensait pas qu'il s'attaquerait au mot.

#

# Relancer sa vie sexuelle

Avec Jean-Claude, ça fait trente-cinq ans qu'on est ensemble, et puis c'est pas évident. Avant on se comprenait sans se parler, après on se parlait sans se comprendre, puis maintenant on comprend qu'on se parle plus.

On dit que le sexe ça sert à supporter le reste, mais nous, au niveau du sexe, y a plus que des restes. Niveau quéquette, c'est plus ça.

Les hommes, passé un certain âge, c'est comme les batteries d'iPhone. C'est tombé vite à plat, puis ça met du temps à se recharger… Pourtant, je fais des efforts pour relancer la machine. On essaie des nouvelles positions, je lui gratte le dos, il s'endort. On fait des jeux érotiques : je cache la télécommande, il doit la retrouver.

**LES HOMMES, PASSÉ UN CERTAIN ÂGE, C'EST COMME LES BATTERIES D'IPHONE. ÇA TOMBE VITE À PLAT, PUIS ÇA MET DU TEMPS À SE RECHARGER…**

Au supermarché, j'avais même acheté le gel Durex « Plaisir sauvage ». Une espèce de pâte rose gluante translucide, ça t'échauffe partout où tu l'étales. Lui, comme il voit rien, il s'est brossé les dents avec. Il s'est enflammé des gencives… En plus, il avait une dent qui tenait pas bien… Il a perdu la dent, ça a coûté un bras, c'était pas le pied !

Sur un site Internet, j'ai même acheté un bandeau, tu te le mets sur les yeux pour démultiplier les sensations érotiques, Jean-Claude a voulu me le mettre sur la bouche pour que je me taise.

Sinon, j'avais vu dans un film, ils s'enduisaient le corps avec du chocolat fondu, mais bon, Jean-Claude a du cholestérol. J'ai pris de la Fruit d'Or ProActiv. J'ai saupoudré avec du Nesquik. Lui, il râlait : « Oh, ça glisse ! J'ai l'impression d'être une truffe en chocolat qui saute une pomme de terre pas cuite ! »

On a acheté aussi une paire de menottes sur Internet. C'était un dimanche après-midi, j'étais accrochée à la tête de lit, en porte-jarretelles, il allait faire sa petite affaire et puis, tout d'un coup, il me dit : « Moumoune, je trouve plus les clés. C'est pas grave, on verra plus tard… »

J'ai dit : « Ah non, non, non ! »

Il me dit : « J'appelle un serrurier ?

– Non ! Tu vas à Bricorama acheter un chalumeau. »

C'est là où on voit que c'est bien que les magasins soient ouverts le dimanche.

Sinon, j'avais vu dans un film anglais, ils se mettaient du champagne sur tout le corps. Jean-Claude a dit : « On ne va pas gâcher une bouteille pour ça. » J'ai pris de la Kronenbourg. Bah, je sais pas si c'est le réflexe de Pavlov mais, rien que l'odeur, il a roté, ça m'a tout coupé.

J'ai une amie, elle m'a dit *(Voix grave.)* : « Françoise, qu'est-ce que tu t'embêtes avec un bonhomme ! Fais comme moi, divorce ! Je m'éclate. Hier, il y a un mec qui m'a éclatée, je me suis éclatée, c'était l'éclate ! »

Il y en a une, elle s'éclate tellement que, tous les soirs à 20 heures, elle prend en photo ce qu'elle mange, elle le poste sur Facebook avec écrit : « Mmmmh, un bon petit repas pour moi toute seule, mmh ! »

Salade de thon Saupiquet catalane portion individuelle. Mmmmh, quelle éclate !

Moi aussi, je pourrais prendre une photo de Jean-Claude qui dîne en regardant le JT sans me parler !

« Oh, un homme qui fait la gueule pour moi toute seule. Mmh ! »

C'est pour ça, j'ai décidé de me débrouiller par moi-même.

J'ai été sur Internet, sur un site de rencontres d'adultère pour adultes consentants géolocalisés. Je me suis créé une adresse Internet discrète pour que Jean-Claude ne se doute de rien : vergeture@wanadoo.fr.

Puis, il a fallu trouver un pseudonyme. Mes amies qui s'y connaissent bien en sites, elles m'ont dit : « Il faut que ça donne envie mais que ça te représente quand même… » J'ai proposé « sexygénaire en jachère ». Elles m'ont dit : « Ça te représente bien mais ça donne pas envie. » J'ai dit : « Ben, trouvez vous-mêmes ! » Elles m'ont demandé : « Françoise, c'est quoi ton surnom ? » Je dis : « C'est Foufoune. » Elles m'ont dit : « T'es dynamique ? » J'ai dit : « Ça, oui ! » Elles ont proposé « Foufoune électrique » !

Le succès du pseudonyme, vous n'avez pas idée. J'ai reçu 28 messages en quarante-huit heures. On m'a demandé d'envoyer ma photo, j'ai envoyé 28 fois ma photo, 28 fois pas de réponse.

Le troisième jour, j'ai arrêté d'envoyer ma photo, c'est là que j'ai sympathisé avec un monsieur : « Étalon sauvage ». On commence à se chauffer.

Il m'envoie sa photo. Ben, pour être géolocalisé, c'était géolocalisé ! C'était mon fromager.

Heureusement, j'ai su que c'était lui, mais il n'a jamais su que c'était moi. « Étalon sauvage », moi qui le connais bien, il tient plus du poney en captivité. J'ai jamais pu retourner acheter mon fromage là-bas. Je me voyais pas arriver : « Je voudrais 200 grammes de roquefort, Étalon sauvage, grrr ! » Avec la jument qui me surveille derrière la caisse.

J'ai parlé à Jean-Claude, j'ai dit : « Faut que t'y mettes un peu du tien. Ça peut plus durer. Déjà, on va arrêter de se faire des reproches. »

Il me dit : « D'accord, mais de quoi on va parler ? »

J'ai dit : « Jean-Claude, il faut que tu fasses des efforts, faut que tu me surprennes ! »

Là, pour mon anniversaire, il m'a fait une surprise : il a commandé du Viagra sur Internet en Chine sous emballage discret. J'avais peur que ce soit du placebo mais pas du tout, au contraire, on a frôlé l'overdose. C'est peut-être parce que là-bas ils ont des petits kikis. Incroyable. Il m'a explosé la tête contre la table de nuit !

Il me dit : « T'es jamais contente, quand ça marche pas, tu gueules, quand ça marche trop, tu gueules. Allez, on y retourne !

– Laisse-moi souffler un peu. J'ai passé l'âge du marteau-piqueur !

– Qu'est-ce que tu veux que j'en fasse ? Je vais pas me la mettre derrière l'oreille !

– Je sais pas. Va te la passer sous l'eau froide. Pense à ta mère ! »

À 2 heures du matin, j'en avais tellement assez d'être secouée comme un prunier, je vais à la cuisine boire un verre d'eau, je croque dans une gousse d'ail, je reviens vers Jean-Claude. *(Elle s'approche de lui et lui fait respirer son haleine.)* Je lui fais : « Ah-aaaaah… »

Toujours au garde-à-vous. Ah non mais la nuit qu'on a passée ! Buffet garni à volonté ! Il m'a démontée comme un meuble en kit, le matin pour sortir du lit, j'étais en pièces détachées ! Il y avait des muscles qui n'avaient pas travaillé depuis longtemps, il y en avait, je ne savais même pas qu'ils existaient. *(Elle marche les jambes écartées.)* Mamie a fait de l'aquabiking !

Pour être tranquille, les pilules qui restaient, je les ai mélangées discrètement à la pâtée du chat. On l'a pas revu pendant huit jours.

Non, mais j'ai réfléchi, finalement je vais rester avec Jean-Claude parce que c'est vrai, c'est quand même lui sur terre qui me connaît le plus.

Et puis, surtout, c'est avec lui que je m'engueule le mieux.

#

# La prière de la crise

Chantons tous ensemble pour la résurrection de l'emploi.
*(Elle chante.)* Saint, saint, saint, le travail est saint.
*(Le public.)* Saint, saint, saint, le travail est saint.
Béni soit celui qui vient vous proposer.
*(Le public.)* Béni soit celui qui vient vous proposer.
Un CDI ou même un CDD.
*(Le public.)* Un CDI ou même un CDD.
Ave, ave, ave Pôle emploi.
*(Le public.)* Ave, ave, ave Pôle emploi.
On continue à croire en toi.
*(Le public.)* On continue à croire en toi.

J'appelle maintenant celles et ceux qui ont des intentions de prière.

L'ENFANT : Pour tous les apprentis en BTS coiffure, prions pour qu'ils gagnent plus tard le même salaire que le coiffeur de l'ex-président.

*(Musique harmonium.)*

UNE BOURGEOISE : Pour toutes celles et ceux qui sont frappés de phobie administrative,

Pour qu'ils trouvent malgré tout le courage de ne pas s'enfuir dans un paradis fiscal, en Belgique, en Suisse ou à Sablé-sur-Sarthe, prions le précepteur.

Une vieille dame : Pour toutes les personnes âgées touchant le minimum vieillesse,

Pour qu'elles ne soient pas grisées par ces 8 euros d'augmentation mensuels,

Et qu'elles ne dépensent pas tout en restaurants et en voyages,

Prions pour ne pas être débiteurs.

Une adolescente : Pour tous les stagiaires qui gagnent moins de 500 euros par mois,

Pour que leurs parents continuent à les héberger et à tout casquer sans râler,

Prions pour qu'ils décrochent avant leurs 40 ans un premier CDD.

*(Chant.)*
Être viré et se relever quand même.
*(Le public.)* Être viré et se relever quand même.
Le cœur en joie, toucher le RSA.
*(Le public.)* Le cœur en joie, toucher le RSA.
Manger des pâtes en entrée, en dessert.
*(Le public.)* Manger des pâtes en entrée, en dessert.
S'habituer aux marques repères.
*(Le public.)* S'habituer aux marques repères.

Lecture : lettre de saint Pôle emploi aux galériens.
« Frères, envoyez partout vos CV.
Même si vous le savez,
ça n'est pas le plus compétent qui sera engagé,
mais le plus pistonné. »
Ensuite, saint Pôle emploi s'adressa aux conseillers :
« Plongez avec courage et abnégation,
Dans le labyrinthe opaque des formations,
Ainsi, ça les occupera quelques mois,
Et ça réduira les statistiques de notre agence Pôle emploi.
Parole de directeur. »

Et maintenant prions pour celui qui, dans notre vie, allume ou éteint la lumière, notre conseiller bancaire *(Sur le ton du Notre-Père.)* :

Notre banquier qui es odieux
Donne-nous aujourd'hui notre découvert de ce jour,
Pardonne-nous nos dépenses,
Comme nous pardonnons aussi à ceux qui nous ont fait dépenser.
Ne nous soumets pas aux crédits à la consommation,
Mais délivre-nous de tes gros frais d'intervention.
*(Elle chante sur le ton de « Amen ».)* Aaaagio.
*(Le public reprend.)* Aaaagio.

Chaque fois que j'évoquerai un saint du crédit tentateur, vous répéterez après moi : « Libérons-nous. »

Saint Cofinoga,
*(Le public.)* Libérons-nous.
Saint Sofinco,
*(Le public.)* Libérons-nous.
Saint Cetelem,
*(Le public.)* Libérons-nous.
Saint-Émilion,
Modérons-nous.

Résistons au paiement différé
Et au trois fois sans frais,
Sinon on se fait niquer,
Aaagio !
*(Le public répète.)* Aaagio !
Mes bien chers frères, mes bien chères sœurs,
Au nom du fric tout-puissant
Des salaires qui stagnent et l'augmentation des prix,
Allez dans la paix du fisc.

Avec la collaboration de Gil Galliot

# Le mariage gay

*(Une femme un peu chic, une bouteille de champagne à la main.)*

Ça va, tout se passe bien à votre table ? Là aussi ? Tant mieux… Oui, c'est un beau mariage, merci.

C'est vrai, ma fille est très belle, merci, merci.

*(À son mari.)* Jacques, si tu pouvais arrêter de faire la gueule, ça va finir par se voir. Fais comme moi, prends sur toi. Elles sont belles… les deux mariées. C'est un mariage heureux, c'est un mariage gay !

*(À sa fille.)* Oui, ma chérie, je vais faire mon discours maintenant.

*(Bruit de fourchette sur un verre.)*

Bonsoir à tous ! Pour ceux qui ne me connaissent pas, je me présente : je suis Isabelle, la maman de Bénédicte et la belle-mère d'Émilie, qui est donc depuis cet après-midi ma gendre.

Ma gendresse. Ou, comme dirait Jacques, ma bru… te-minou.

Je ne vous cache pas que, quand Bénédicte nous a annoncé à Jacques et moi il y a six mois que c'était Émilie qu'elle voulait épouser, ma première réaction, ça a été : « Aaah, quelle bonne surprise ! », et ma deuxième réaction, ça a été de réanimer Jacques.

Jacques a eu un petit peu plus de mal que moi à accepter la situation, il a dû prendre du Lexomil pendant six mois. Mais j'ai une grande nouvelle à vous annoncer : ça fait maintenant une semaine qu'il ne prend plus qu'un tube d'Euphytose par jour. Ça s'applaudit.

*(Le public applaudit.)*

Je vous avoue que ce matin, pour être sûre que tout se passe bien, j'ai fait fondre en toute discrétion deux Tranxène dans son Nespresso, d'où son air un peu hagard. Surtout qu'il n'arrête pas de picoler.

*(À son mari.)* Jacques, si tu pouvais arrêter de boire, c'est pas avec une coupe de champagne en plus qu'il va pousser une paire de couilles à Émilie.

Bénédicte, rappelle-toi, quand tu étais petite, ton père te disait souvent : « Tu ne trouveras jamais un homme aussi bien que moi. »

Eh bien, j'ai envie de dire, elle t'a écouté !

**PLUS ON EST DE GRANDS-MÈRES, MOINS ON A DE CADEAUX À FAIRE.**

C'est vrai, Bénédicte, que quand on voit ton père qui est vraiment un hétéro traditionnel – il rote, il pète, il boit, il gueule –, on comprend que tu aies eu envie d'explorer des chemins de traverse.

Je voulais vous dire, Bénédicte et Émilie, à quel point j'ai été heureuse de faire la connaissance de tous vos merveilleux amis. Notamment Paul et Jimmy, qui, si j'ai bien compris, sont les papas du futur bébé qui se trouve actuellement dans un tube en Espagne. *(Elle boit.)*

Paul et Jimmy, ainsi que vos parents et bien sûr les parents d'Émilie, vous êtes tous les bienvenus à fêter Noël avec nous et le bébé l'hiver prochain. J'ai compté, on sera huit grands-parents… Comme on dit : « Plus on est de grands-mères, moins on a de cadeaux à faire. »

C'est vrai que toi qui n'as pas de sœur, Bénédicte, grâce à Paul et Jimmy, ton enfant aura deux tantes !

*(Elle boit.)*

En tout cas, toute la famille s'associe à votre bonheur. En votre honneur, mamie s'est cousu une robe arc-en-ciel aux couleurs du drapeau gay. On applaudit mamie.

*(Le public applaudit.)*

Par contre, mamie, c'était peut-être pas la peine par solidarité de quitter papi pour t'installer avec la voisine.

Ton cousin Marc l'a dit tout à l'heure dans son discours à la mairie : « Je ne suis pas homophobe, la preuve : je m'entends bien avec mon patron et pourtant c'est un enculé. »

Ce qui est formidable dans votre couple, c'est tout l'amour qu'on sent entre vous.

On vous a reçues la semaine dernière dans notre maison de campagne et, quand j'ai entendu, par inadvertance, les cris de plaisir qui s'échappaient de votre chambre à coucher, je me suis dit, Émilie, qu'il y a peut-être quelques petits trucs que tu pourrais expliquer à ton beau-père.

Je terminerai par cette belle phrase de papi, qui m'a dit tout à l'heure : « Finalement, je suis pour le mariage gay. Il n'y a pas de raison pour que les homos ne souffrent pas autant que nous. »

Alors je vous souhaite tout le bonheur du monde !

Mieux vaut un mariage gay heureux qu'un mariage hétéro où on se fait chier !

*(Elle boit à la bouteille.)*

Avec la collaboration de Léa Lando

#

# Phobie administrative

Il y a un an, j'ai refait mes papiers d'identité. J'avais tout organisé, j'ai imprimé sur Internet un papier où que c'était marqué tous les papiers qu'il fallait pour refaire ses papiers.

J'ai posé une journée de RTT, je suis arrivée devant la mairie à 7h30 le matin, les portes, elles ouvraient à 8h30, j'étais ticket n° 2, je suis passée à midi moins le quart.

J'arrive devant la dame, je dis :

« Madame, j'ai amené tous les papiers pour refaire les papiers.

– Malheureusement, madame, il va manquer un papier.

– Pourtant, madame, j'ai amené tous les papiers qu'il y avait marqués sur Internet.

– Madame, sur Internet, ils ont oublié de mentionner un papier, on leur a envoyé un papier pour leur signaler, mais ils n'en ont pas tenu compte. »

Là, je repars chez moi, je laisse passer trois semaines pour me calmer les nerfs, je prends le papier qu'il manque, je refais toute la queue, j'arrive devant la dame :

« Madame, je pense que ce coup-ci j'ai tous les papiers.

Et là, la dame me dit :

« Oui, vous avez tous les papiers, mais où sont les photos ? »

Je m'étais tellement concentrée sur les papiers que j'avais oublié les photos chez moi.

Et là, la dame a été humaine, comme quoi derrière chaque fonctionnaire, quand on gratte, il y a un cœur qui bat. Elle m'a dit :

« Madame, personne ne le sait mais il y a un photomaton dans les sous-sols de la mairie. Vous prenez l'escalier B, l'ascenseur F, vous allez au deuxième sous-sol, vous prenez la première à gauche, la deuxième à droite, vous tournez sur la droite, vous descendez quatre marches, vous allez au bout du couloir, vous allez sur la gauche, vous verrez, c'est pas indiqué. »

Ça m'a mis 2 h 28 pour localiser le photomaton.

Là, je me suis aperçue que je n'avais pas les bonnes pièces de monnaie. Je suis remontée à la surface en 1 h 52, j'ai fait la monnaie, je suis redescendue en 38 minutes, j'ai fait les 18 photos, le temps que je remonte à l'air libre, il était 14 h 57, la mairie venait de fermer, avec moi à l'intérieur.

L'avantage de dormir sur place, c'est que le matin j'étais ticket n° 0000.

Dès 7 heures le matin, je me suis assise sur le siège en face de la dame. Elle est arrivée à 9 heures pile.

Elle a fait une pause-café jusqu'à 9 h 15, elle a lu ses mails jusqu'à 9 h 45, elle a discuté avec sa collègue jusqu'à 10 heures, elle a ouvert le courrier jusqu'à 10 h 15, elle a fait une deuxième pause-café jusqu'à 10 h 30. À 10 h 30, quand elle s'est rassise, j'ai dit :

« Excusez-moi, madame... »

Elle me dit :

« J'ai bien le droit de me détendre un peu, non ? »

Et, à 10 h 45, elle m'a dit :

« À nous ! »

J'ai dit :

« Madame, je crois que j'ai amené tous les papiers, toutes les photos. »

Et là la dame m'a dit :

« Madame, je vous félicite, c'est rare que les gens aillent aussi vite pour réunir tous les papiers. Par contre, madame, si je peux me permettre un conseil, ne revenez pas chez nous chercher vos papiers, tant que vous n'avez pas reçu chez vous un papier comme quoi que vos papiers sont prêts. »

Là pendant trois semaines, un mois, pas de nouvelles.

Au bout d'un mois et demi, je reçois un papier comme quoi que mes papiers sont prêts.

Je repose une journée de RTT, je refais la queue, j'arrive devant la dame, je dis :

« Madame, le grand jour est arrivé ! Je viens chercher mes papiers ! »

Elle dit :

« Oui, vous avez le papier ? »

J'ai dit :

« Quel papier ? »

Elle me dit :

« Le papier comme quoi que vos papiers sont prêts !

– Mais madame j'ai pas pensé à prendre ce papier, mais vous pensez bien que si je suis là c'est que j'ai reçu ce papier !

– Ah oui madame, mais moi malheureusement sans ce papier je ne suis pas habilitée à vous délivrer vos papiers. »

Mais j'ai dit :

« Pourtant madame, c'était pas marqué sur ce papier qu'il fallait amener ce papier, pour récupérer les papiers. »

Elle dit :

« Effectivement ce n'est pas marqué, on leur a envoyé un papier pour leur signaler, mais ils n'en ont pas tenu compte.

– Madame, vous pouvez pas faire une petite exception ? »

Elle dit :

« Si, mais à une condition, que vous ayez des papiers d'identité à me montrer.

– Non, c'est vous qui les avez. »

Et là, la dame, elle a été humaine, comme quoi derrière chaque fonctionnaire, il y a un rebelle qui sommeille.

Elle m'a dit :

« Madame, on commence à se connaître. Le prochain coup que vous revenez, vous ne prenez pas de ticket, vous ne faites pas la queue, vous allez sur la droite, sur la gauche, vous allez en biais, vous me faites un petit signe discret, je vous ferai passer entre deux. »

Là, je laisse passer quinze jours pour faire retomber la pression, je repose une demi-journée de RTT au cas où, je fais comme elle m'a dit, je prends pas de ticket, je vais sur la droite, sur la gauche, je me mets debout en biais, je rase les murs, je fais un petit signe discret, elle me reconnaît pas.

J'attends la personne d'après, je lui fais un deuxième signe moins discret, elle me reconnaît, je lui tends le papier :

« Madame, voilà le papier pour récupérer les papiers...

– Ah...

– C'est pas le bon papier ? »

Elle dit :

« Si, c'est le bon papier. Mais vous avez laissé passer le délai. On a détruit vos papiers. »

#

# L'admission post-bac

Ma mère, comment elle me soûle trop avec l'admission post-bac ! Faut aller sur Internet pour remplir tes douze vœux de poursuite d'études.

J'ai dit à ma mère : «Poursuivre des études, déjà j'ai du mal à suivre ! »

Ma mère, elle m'a dit : «Mélanie, je te préviens, si tu ne suis pas d'études, tu rentres direct dans la vie active. »

Mais j'ai dit : «Mais maman, pour travailler, faut avoir un CV et mon CV, il est pas comme moi, il est vierge. »

Ma mère, elle m'a carrément envoyée voir une conseillère d'orientation. La meuf, elle me fait comme ça :

La conseillère *(Voix doucereuse.)* : «Bon, Mélanie, parle sans barrière, quels sont tes rêves, tes envies, tes désirs ?

– Ben moi, ce que j'aimerais, c'est un métier où y a pas trop de débouchés dans le chômage. Moi, ce que j'aimerais, c'est voyager, mais dans un pays où on parle anglais sous-titré. Sinon, je serais attirée par tout ce qui est hôtesse de l'air, mais il faut mesurer 1 m 70. »

Et là, la meuf, elle me fait : «Mélanie, dans la vie il y a ce qu'on veut et il y a ce qu'on peut. Hôtesse de l'air tu veux, hôtesse de caisse tu peux. Excuse-moi, Mélanie, j'ai accès à ton dossier scolaire en ligne.

Je lis au hasard : "Mathématiques : en nette progression, trois points de suspension, vers la porte." »

**MOI, CE QUE J'AIMERAIS, C'EST VOYAGER, MAIS DANS UN PAYS OÙ ON PARLE ANGLAIS SOUS-TITRÉ.**

C'est pas parce qu'il y a des profs qui ont pas capté ma personnalité que ça doit gâcher ma life ! De toute façon, moi, je suis trop dégoûtée, parce que je sais que tout est bouché. J'ai une amie, elle a postulé pour faire le djihad en Syrie, elle a même pas été prise. Au début, j'ai cru que c'était la Siri de l'iPhone, mais elle fait : « Non, la Syrie, en Libye. » Je dis : « Ok, la capitale de l'Irak. » Quand on pense qu'on passe un tiers de sa vie à travailler, un tiers à manger, un tiers à dormir et le quatrième tiers je sais même plus !

La conseillère : « Bon, Mélanie, ferme les yeux, essaie de te projeter dans l'avenir et dis-moi ce que tu vois...

– Ben perso, quand je ferme les yeux, je vois rien. »

Il y a un métier, franchement ça me plairait trop mais je crois que j'ai déjà fait trop d'études parce que faut être bac – 3, c'est people de la téléréalité ! Moi, je vous dis franchement, j'admire trop Nabilla, j'ai eu trop de chagrin quand elle était incarcerationnée !

Je vous jure, avec des amies, on a pris un grand drap et dessus, on a écrit : « Free Nabilla ! » Ma mère, elle me fait : « Free Nabilla, faut pas exagérer, c'est quand même pas Nelson Mandela ! »

J'ai dit : « Excuse-moi, je connais pas le nom de tous les joueurs de l'OM. »

Mais celle que j'admire plus que Nabilla, c'est Kim Kardashian, quoi !

Les gens, ils croivent trop que Kim elle a une belle life, mais elle a trop souffert. Kanye, son mari, s'est fait hospitaliser et a annulé sa tournée mondiale, Kanye West à l'ouest. Son père, Robert, il est mort. Son beau-père Bruce, à l'intérieur de lui, il se sentait une femme, et là il s'est fait opérer et maintenant il s'appelle Caitlyn. Son beau-père est devenu sa belle-mère.

En plus, ses demi-sœurs, Khloé, Kendall et Kylie, toutes elles commencent par des K, et ce sont toutes des cas, elles rêvent toutes de prendre sa place. Chaque fois qu'elles trouvent un mec, il est drogué, alcoolique ou les deux.

Le plus beau de tous les mecs, c'est un mec qui s'appelle Scott. Il est sorti avec l'une des sœurs, il lui a fait trois-quatre bébés. Il était alcoolique, mais ça se voyait pas à l'œil nu parce qu'il était même pas violet. Elle, elle en a eu trop marre, elle l'a envoyé se faire désintoxiquer, maintenant il fait des purées bio à ses gosses. Mais elle, elle en veut plus. Du coup lui, pour se consoler, il est allé avec une autre sœur mais la première, elle le sait pas. Nous, on l'a vu à la télé, on est au courant mais personne ne lui a dit. J'ai trouvé ça délicat car il y a un milliard de personnes qui regardent cette émission et personne ne lui a dit.

Lui, il aime toujours la première mais elle ne veut pas retourner avec lui, du coup j'ai peur qu'il se remette à boire. Mais je pense que s'il reboit, il boira du vin bio.

Il y a un autre mec d'une demi-sœur, il a été retrouvé inconscient après une overdose de cocaïne dans une boîte de strip-tease, il est dans le coma et son ex, elle lui a pardonné mais, lui, il le sait pas puisqu'il est dans le coma.

Mon père, quand il me voit regarder ça, il dit : « Mais comment tu peux regarder des conneries pareilles ? » Après, il s'assied et il dit : « Je comprends rien ! » Je lui dis : « Forcément, si t'as pas l'historique... C'est un peu plus compliqué que *Les Misérables* de Balzac ! »

LA CONSEILLÈRE : « Bon Mélanie, s'il te plaît, il va falloir que tu me dises ce que tu veux.

– Mais comment vous vous voulez que je vous dise ce que je veux si je sais pas qui je suis, putain mais ça me soûle trop quoi ! Vous, vous savez toujours dans quelle direction aller ? Des fois vous avez pas l'impression que vous tournez en rond, que toutes les issues, elles sont bouchées ? »

Et là, vous savez ce qu'elle me dit la conseillère d'orientation ?

« Et tu crois peut-être que c'est marrant pour moi de passer mes journées à essayer d'orienter des cons pour un salaire de merde ? »

Avec la collaboration de Gil Galliot

#

# Jeannine Grossabot

*(Une femme blonde, veste blanche, accent méridional prononcé.)*

Je me présente, Jeannine Grossabot.

Dans la vie, je suis conseillère en bijoux fantaisie.

Pourquoi les bijouteries fantaisie ? Parce qu'en bijouterie traditionnelle on se fait braquer, en bijouterie fantaisie c'est nous qui braquons les clients.

Depuis le mois d'avril dernier, je suis élue conseillère municipale à Cucugnon-sur-Rance, sur la liste d'un parti qui est injustement stringmatisé à tort. Oui, du verbe stringmatiser.

Alors mon cousin il me dit : « Oui, Jeannine, mais comment tu peux aller sur cette liste ? » J'ai dit : « Déjà, ils ne trouvaient personne, et surtout ils m'ont dit que j'avais le physique adéquat : blondeur, rondeur, et côté bulldozer. » J'ai dit : « Et puis excuse-moi, en politique j'ai essayé la droite, j'ai essayé la gauche, j'ai été déçue. Je me dis pourquoi pas ? » Il me dit : « En amour, t'es déçue des hommes, t'es déçue des femmes, c'est pas une raison pour essayer les animaux ! » J'ai dit : « Là, il va falloir arrêter de nous caricaturiser, hein ! Moi, je tiens-t-à te le préciser, je ne suis pas raciste, j'ai dansé sur La Compagnie créole au mariage de ma nièce ! J'ai du couscous dans mon congélateur ! Une fois, je suis même sortie dans la rue en voile intégral. »

Il m'a dit : « Oui, c'est parce que tu voulais vérifier si ta fille elle fumait à la sortie du collège. »

Non, mais le problème de la France, c'est que la plupart des étrangers sont français. Les étrangers étant français se sentent chez eux chez nous, et nous on se sent plus chez nous, à cause d'eux qui se sentent chez eux, et on ne peut pas les renvoyer chez eux, puisque chez eux c'est chez nous.

Et je peux vous dire que, depuis qu'on est entre nous au conseil municipal, l'ambiance elle est comme ça !

Y a Vanessa qui tient l'onglerie-maquillage permanent, ils l'ont nommée aux espaces verts... Eh ben, comme elle le dit : « Avec l'épilation, j'ai l'habitude de désherber ! »

Moi-même, j'ai été nommée conseillère culturelle.

Alors pourquoi la culture ? Eh ben bijouterie-perles... perles ? De culture, voilà. M. Gomez, le gardien du cimetière, ils l'ont nommé aux animations-fêtes-cérémonies... Tout le monde le dit : depuis qu'il a pris son poste, l'animation à Cucugnon, c'est mortel.

On fait de belles choses. Place du rond-point des Droits-de-l'Homme, y avait une espèce de statue marron, avec un homme qui tirait sur des chaînes, on savait pas à quoi ça servait. Sur une idée de Vanessa, M. Gomez il nous a repeint la statue en vert pomme, ça rend beaucoup mieux. On dirait Shrek qui vient de marquer un but !

Mais attention, je vais régulièrement en vacances à Djerba, grâce à Voyage-bradé.com. Je peux vous dire que la première fois que j'ai débarqué en Tunisie j'ai eu un choc. On me l'avait dit, mais je pensais pas à ce point... *(Elle chuchote.)* Il y en a partout ! Presque autant que chez nous ! Alors je sais pas si parce que chez nous ils se sentent chez eux, mais moi, chez eux, je me suis de suite sentie chez moi. J'ai bien sympathisé avec toute l'équipe d'animation de l'hôtel-club, notamment Aziz, le moniteur d'aquagym. J'arrivais pas à me coordonner les mouvements dans l'eau, alors il m'a montré les mouvements dans l'eau, hors de l'eau, et très vite, en moi, il s'est senti chez lui.

Aziz ne mange pas de porc mais il m'a gentiment laissée jouer avec sa merguez. Là où j'ai eu peur, c'est quand je me suis aperçue qu'il avait le petit bout coupé. J'ai dit : « Aziz, me dis pas qu'en plus d'être musulman tu es juif ? Parce que là… Là, j'aurais tiré le numéro complémentaire ! »

Ah, mais c'est fort entre nous, hein.

Souvent il me dit : « Jeannine, tu es pas un poids plume, tu es mon pois chiche ! » Je vais souvent à Djerba, lui-même il est venu à Cucugnon.

J'ai dit : « Aziz, ça t'ennuie pas ? Pour ta première visite, je vais leur dire que tu t'appelles Miguel… que tu viens d'Espagne… Ça reste le Bassin méditerranéen. »

En réunion de famille, il a raconté que comme loisir il était goal dans une équipe de corrida. Et quand ma mère lui a demandé s'il aimait le flamenco, il a répondu : « Surtout avec de la mayonnaise. »

Aziz, il aimerait bien venir vivre à Cucugnon, mais, vous savez, on dit toujours : « La France c'est une passoire ! » Eh ben je vous garantis qu'actuellement, quand on a un étranger à faire passer légalement, y a pas tellement de trous.

La femme de la préfecture elle m'a dit : « Madame Grossabot, la seule solution pour vous et le monsieur, c'est le mariage. » Moi je suis pas contre, hein, et Aziz serait pour, mais bon, ce qui me fait peur c'est le nom de famille… J'ai quand même peur que « Jeannine Grossabot-Benjaherbenjaoui », ça me freine mon accession dans le parti, hein !

Et puis est arrivé le moment que je redoutais tant.

C'est quand Aziz a découvert à quel parti j'appartenais. Je l'avais préparé psychologiquement, j'avais dit : « C'est divers droite, diversement dure, durement forte, fortement dure. »

Mais quand il est tombé sur un tract, ça a gueulé ! Il me dit : « Mais enfin, Jeannine ! *Nardinamouk* ! » J'ai dit : « Mais calme-toi, *Habibiiiiii* ! »

Ouais, j'ai essayé d'apprendre l'arabe mais c'est pas évident, parce que c'est une langue qui s'écrit de droite à gauche, c'est le contraire de mon parcours politique.

Il dit : « Mais enfin, Jeannine, mais comment tu peux aller dans ce parti, mais leurs idées, ça pue ! » J'ai dit : « Non, Aziz, c'est les idées du père qui puaient mais la fille elle a tout nettoyé, hein, elle a fait une jolie vitrine, elle a mis des petites guirlandes qui clignotent, elle a mis des bougies parfumées, du déodorant. » Il dit : « Oui, mais quand le déodorant va s'évaporer, les mauvaises odeurs vont remonter, *nardine babek* ! »

En plus, j'ai Vanessa qui commence à me faire des réflexions. L'autre fois, elle me dit comme ça : « T'es sûre que ton Aziz ce serait pas un intégral ?

– Vanessa, tu confonds avec le maillot. Il faut arrêter de tout mélanger, tous les musulmans ne sont pas islamistes, tous les barbus ne sont pas terroristes, sinon ça ferait longtemps que le père Fouras aurait fait sauter Fort Boyard ! »

Non, et puis là, il est arrivé un truc qu'on s'attendait pas. *(Désignant son ventre.)*

Il y a quelqu'un qui s'est installé chez moi, enfin chez nous.

On a eu du mal à se mettre d'accord sur le prénom, mais, après d'intenses négociations, elle va s'appeler Marie-Samira, et ça, ça m'ira bien.

Avec la collaboration de Gil Galliot,
Arthur Dreyfus et Romain Cheylan

#

# Humour d'énarque

*(Un technocrate, dossier à la main, accent chic.)*

Mesdames messieurs les ministres, mesdames messieurs les secrétaires d'État, j'organise cette petite réunion informelle à la demande de M. Macron, concernant les chiffres du chômage qui viennent de tomber.

Pour vous donner quelques éléments de langage pour vous adresser aux médias, ne dites pas : « Le chômage a encore augmenté », dites : « L'évolution du chômage est conforme à nos prévisions. »

Attirez l'attention des médias sur les points positifs. Ne dites pas : « Le chômage a augmenté chez les moins de 25 ans », mais dites : « Le chômage est inexistant chez les 12-13 ans et chez les plus de 88 ans ! »

Vous savez comment on dit « charges sociales » en anglais ? *Fuck you !* Humour d'énarque.

Vous savez comment on dit « je paye mes dettes » en grec ? On ne le dit pas. Humour d'énarque !

Emmanuel Macron m'a demandé de vous faire un petit cours accéléré sur le monde de l'entreprise. Les petites et moyennes entreprises, ça s'appelle les ?

*(Le public répond.)* « PME ! »

Les PME qui sont dirigées par des…

*(Le public répond.)* « Patrons ! »

[

L'AUTO-ENTREPRENEUR PORTE BIEN SON NOM, PARCE QUE LA SEULE SOLUTION POUR LUI POUR DEVENIR RICHE, C'EST DE GAGNER AU LOTO. HUMOUR D'ÉNARQUE !

Non, on ne dit pas patron. Patron, c'est un mot de droite, c'est Medef, on ne dit pas patron. Nous, la gauche, on dit ?

*(Le public répond.)* « Entrepreneur ! »

*(Elle.)* Entrepreneur, très bien ! Et pas chef d'entreprise, comme j'ai entendu. Chef d'entreprise, c'est années 80, c'est Bernard Tapie.

Je vous explique la différence. Vous allez bien répéter après moi pour bien assimiler cette notion :

« Le patron est un salaud. »

*(Le public répète.)* « Le patron est un salaud. »

« L'entrepreneur est un héros. »

*(Le public répète.)* « L'entrepreneur est un héros. »

Voilà, c'est le petit virage idéologique de la gauche, hein. Je vous explique la différence : le patron couche avec sa secrétaire, l'entrepreneur sympathise avec sa stagiaire.

Le patron est un salaud qui délocalise à l'étranger, l'entrepreneur aide un pays émergent à se développer.

Le patron fume un cigare, l'entrepreneur se détend avec un pétard.

Ne confondez pas entrepreneur et auto-entrepreneur. L'auto-entrepreneur est un ex-chômeur à qui on a fait miroiter qu'il pourrait devenir riche et qui en attendant gagne un quart de Smic en travaillant vingt heures par jour… Je vois qu'il y en a qui connaissent !

L'auto-entrepreneur porte bien son nom, parce que la seule solution pour lui pour devenir riche, c'est de gagner au Loto. Humour d'énarque !

Le président avait promis d'inverser la courbe du chômage. L'autre jour, un conseiller a été dans son bureau et il lui a dit : « Président, j'ai trouvé un moyen d'inverser la courbe ! », il a demandé comment. « Vous tenez la feuille à l'envers ! » Humour d'énarque !

J'ai entendu, parmi les ministres, certains dire qu'on faisait une politique de droite. Non ! Nous sommes des gens de gauche, nous faisons une politique de droite d'une manière un peu gauche et pas très adroite.

La gauche et la droite, c'est très différent ! Il y a des différences fondamentales. Par exemple, la gauche veut que les riches partagent avec les pauvres, la droite veut que les pauvres se démerdent pour devenir riches.

**VOUS SAVEZ COMMENT ON DIT JE PAYE MES DETTES EN GREC ? ON NE LE DIT PAS. HUMOUR D'ÉNARQUE !**

Vous savez, on a quand même des sondages qui montrent que les Français n'attendent plus rien de nous. Eh bien, donnons-leur ce qu'ils attendent ! Plus rien, on devrait pouvoir y arriver, quand même !

Alors je vous livre en toute confidentialité deux mesures que nous envisageons pour relancer l'économie. Surtout, vous n'en parlez pas.

Première mesure : ce serait de légaliser le cannabis. Ça rapporterait 1 milliard 800 millions d'euros par an. Et surtout on pense que si les gens sont plus détendus, ce sera moins long pour eux d'attendre quelque chose qui ne vient pas.

Deuxième piste que nous n'avons pas encore budgétée, mais je vous la livre telle quelle – surtout vous n'en parlez pas –, pour lutter contre le chômage des jeunes : dès qu'ils ont leur diplôme, on les inscrit directement à la retraite !

Avant de se séparer, permettez-moi de vous rappeler cette phrase de Richelieu : « Il faut prendre aux pauvres, parce qu'ils sont plus nombreux ! »

Ce à quoi j'ajouterai : « Tant que les pauvres ne s'en aperçoivent pas, on est tranquilles ! »

Humour d'énarque !

Avec la collaboration de Pascal Argence,
Arthur Dreyfus et Romain Cheylan

#

# Une Américaine à Paris

*(Une touriste américaine assise à la table d'un café essaie d'attirer l'attention du serveur.)*

Garçon, s'il vous plaît, est-ce que je peux commander ? Est-ce que je peux commander ?

Ah, il ne veut pas venir, il a vu que j'étais pas française, je souris trop.

Aux États-Unis, le matin dans l'ascenseur, on te dit : «*Have a good day*», passe une bonne journée. En France, on te dit : «Bon courage.»

*(Au serveur.)* Garçon, s'il vous plaît, est-ce que je peux commander ? Vous avez pas quatre bras ? Oh pardon, je l'avais pas vu.

Aux États-Unis, le client est roi. En France, vous avez coupé la tête du roi en 1789.

Mais qu'est-ce que je peux faire pour qu'il vienne ? Il faut que je lui fasse une manifestation ?

*(Elle scande sur le ton d'une manifestante.)*

Touristes en colère !

Le café est trop cher !

Ô serveur, si tu savais, ton café où je m'le mets !

Et voilà, il arrive.

En France, pour se faire entendre, il faut gueuler, sinon personne t'écoute.

*(Au serveur.)* Monsieur, on va prendre deux cafés s'il vous plaît, merci. *(Au public.)* Vous, les Français, vous pensez : « Oui, nous, on est supérieurs au reste de la terre. On a inventé le siècle des Lumières. »

Mais les grands philosophes, Voltaire, Rousseau, c'est au XVIIIe siècle. C'est quoi les grands philosophes maintenant ? Luc Ferry, BHL, Michel Onfray, Éric Zemmour… Les lumières, elles sont éteintes !

Vous, les Français, vous dites : « Oui nous, on est raffinés. » Mais quand les Français s'énervent, ils disent : « Merde, putain, fait chier ! »

Moi, je te jure, je reconnais les Français dans les aéroports du monde entier. Sitôt qu'il y a quelqu'un qui essaye de te doubler dans les queues, c'est un Français !

Moi je regarde et je dis : « Pardon, monsieur, je crois que la queue, elle est là ! » Et le Français il prend toujours un air innocent : « Oh, pardon, je l'avais pas vue ! »

Deux cafés…

Wow ! 16 euros ! *(S'adressant au serveur.)* C'est George Clooney qui les a préparés ?

Mais ce que je l'aime en France, c'est que vous avez la qualité de la vie. La devise de la République française, c'est pas seulement « Liberté, égalité, fraternité », c'est « Bien manger, picoler, prendre des congés ».

Au mois de mai en France, si tu te débrouilles bien entre les ponts et les RTT, tu peux quitter le travail le 30 avril, tu reviens le 22 juin.

RTT : Reviens de temps en temps !

Mais moi ce que j'aime aux États-Unis, c'est quand quelqu'un réussit, on l'admire. En France, quand quelqu'un réussit, même un peu, on lui raye sa Twingo.

En France, si c'est un homme qui réussit, on dit : « Tu penses qu'il a magouillé ? » Si c'est une femme, on dit : « Tu penses qu'elle a couché ? » Et si c'est un homo qui réussit, on dit : « Je suis sûr qu'il a couché et magouillé. »

En France, tout change avec la mondialisation. Les Chinois rachètent les aéroports français, les Qataris rachètent le foot français, la Russie rachète la Côte d'Azur. Et pendant ce temps, les Français, ils achètent des McDo en chassant les Pokémon.

C'est pour ça, moi j'ai envie de dire aux Français : « Mais soyez fiers de qu'est-ce que vous êtes, ce peuple tellement complexe, que personne au monde le comprend, même pas vous, vous vous comprenez vous-mêmes ! »

Parce que, les Français, ils détestent les inégalités mais ils adorent les privilèges. Et souvent « inégalité », c'est le nom que tu donnes aux privilèges des autres. Je te laisse le temps de… *(Elle fait signe « de réfléchir ».)*

C'est pour ça, les Français, c'est un peuple impossible à gouverner, parce qu'ils veulent que ça change tout le temps.

Mais ils sont furieux dès que ça reste plus exactement comme avant.

#

# La bouchère et la banque

Ben, avec Jean-Claude, on est inquiets de ce qui se passe avec l'euro. Avec la Deutsche Bank, le Brexit, on a peur qu'il y ait un krach boursier. Surtout avec ce qui se passe en Grèce, avec Tsipiras… Psoriasis… Salakis…

Ah ben moi, je suis inquiète depuis que la France elle a perdu le AAA. Ben le AAA, c'est un truc qu'on savait même pas qu'on l'avait. Moi, pendant des années, j'ai cru que AAA c'étaient les andouillettes ou les piles de la télécommande. Puis, du jour au lendemain, ils ont dit : « AA-aaa-aah, mais il semblerait que vous ayez perdu le AAA ! » Mais j'en dormais plus la nuit, moi ! Je me réveillais en sueur : « Aaaaaaahhaaaahhaaahhh ! Est-ce que le A est toujours là ? » Jean-Claude me disait : « Ben oui ! Sinon je m'appellerais Jen-Clude ! »

De toute façon, j'ai compris comment que ça marchait, le AAA. Y a un pays qui va pas bien, il va voir les banques, il fait *(Suppliant.)* : « Ahhhh », et les banques elles font *(Ton victorieux.)* : « Aaaaah », et elles augmentent le taux d'intérêt, alors le pays fait *(Ton étranglé.)* : « Ahhhhh. »

Oh non, c'est pour ça, avec Jean-Claude on est inquiets, il dit, Jean-Claude : « La Grèce, elle nous doit quand même 400 milliards d'euros, puis nous, la France, on doit 2200 milliards d'euros. » Je dis à Jean-Claude : « Je comprends pas à qui qu'on doit cet argent…

Puis quand qu'on doit le payer ! » Parce que nous qui travaillons en boucherie, 2200 milliards d'euros, ça en fait des steaks hachés !

En plus, comme si que les affaires étaient pas assez dures en ce moment, ils ont été raconter partout que, soi-disant, la charcuterie ça donnerait le cancer colorectal ! J'ai dit à Jean-Claude : « Je comprends pas où c'est qu'ils se le mettent, les gens, le saucisson ! »

Moi, ça me travaille tout ça. J'étais à la boucherie, j'ai dit à Jean-Claude : « Tu m'excuses, je te laisse t'occuper de la clientèle, je vais aller appeler la banque pour vérifier que nos économies elles sont pas parties à Athènes ou à Londres. »

*(Voix répondeur.) Bonjour, et bienvenue à votre banque. Cet appel sera facturé 2,28 euros la minute... (Voix marocaine.)* « Bonjour madame, Jeannine Dubreuil, comment puis-je vous aider ?

– Madame Dubreuil, bonjour, c'est m'ame Lemonsu, la bouchère ! Je vous situe pas bien : vous êtes la p'tite blonde qui est toujours fatiguée derrière le guichet ou la dame brune un peu forte qu'est dans le fond et qui bouge pas ?

– Non, madame, je ne suis pas présente physiquement à la banque, je suis sur une plate-forme téléphonique au Maroc.

– Ma banque a déménagé au Maroc, j'suis pas au courant ?

– Non, madame, uniquement la téléphonie. Comment puis-je vous aider ?

– Bah, j'aurais voulu parler à mon banquier, M. Ben Kaoud.

– Ne quittez pas, madame, je vais voir s'il est disponible.

– Vous allez appeler du Maroc pour savoir si Ben Kaoud, qui est à huit cents mètres de chez moi, peut me parler ? »

*(Voix répondeur.) Avez-vous entendu parler de nos derniers placements financiers ? Ils peuvent vous rapporter jusqu'à 0,0001 % au bout de dix-huit ans... (Voix marocaine.)* « Malheureusement, M. Ben Kaoud n'est pas disponible mais je ne manquerai pas de lui faire part de votre appel, il vous rappellera ultérieurement dès que possible. »

J'dis à Jean-Claude : « J'ai pas confiance. Je te laisse la boucherie, j'traverse la rue, j'vais me choper le Ben Kaoud en live. »

Je suis arrivée à la banque, intérieurement j'étais comme ça. *(Énervée.)* Je tombe sur la p'tite blonde toujours aussi dynamique.

La blonde : « … C'est pour un dépôt ?

– Euh non. Ça serait pour voir M. Ben Kaoud.

– Vous aviez rendez-vous ?

– Non, j'ai pas rendez-vous.

– Ben, sans rendez-vous, vous ne pourrez pas le voir.

– Ben, je sais pas, donnez-moi rendez-vous !

– Faut téléphoner. »

J'ai dit : « Là, va falloir vous lever pis aller me le chercher. Sinon je vous garantis que ça va très mal aller ! »

Elle s'est levée, elle est partie, elle est pas revenue. Ils font ça souvent dans les banques, ils partent puis ils reviennent pas. J'ai fait un truc que je vous recommande, je m'suis mise dans le hall et j'ai fait : « Ben Kaoud ! Ben Kaoud ! Sors de là si t'es un homme ! »

C'est sorti de partout ! Y en avait que j'avais jamais vus.

Le Ben Kaoud est arrivé *(Voix servile.)* : « Mais, madame Lemonsu, mais je vous en prie. C'est un malentendu… Blablabla… »

J'dis : « C'est pas la peine de m'faire du cinéma, monsieur Ben Kaoud. Moi, j'ai juste une question. Je voudrais savoir si par hasard mon plan épargne logement serait à Mykonos ?

– … Pff. »

Bah, j'ai dit : « Comment ça, pff ? Moi, vous me prêtez un vélo, j'le mets dans mon garage, je sais où c'est que j'le stocke, hein !

Moi, si c'est ça, le prochain coup que j'mets d'l'argent chez vous, je fais des croix sur les billets, je veux récupérer les mêmes ! »

Jean-Claude, il le dit souvent : « Les banques, elles prêtent plus facilement de l'argent aux États endettés qu'aux particuliers. »

Comme il le dit : « Le prochain coup qu'on emprunte de l'argent à la banque, on se déguise en État endetté, pis on danse le sirtaki ! »

Parce que nous, la dernière fois qu'on a voulu faire un prêt, on a plus de 45 ans, alors questionnaire médical approfondi : « Avez-vous des mycoses, des varices, des ulcères ?… » J'ai dit : « Puis vous, vous avez des hémorroïdes ? »

Jean-Claude, ça l'a énervé toutes ces questions, ils lui ont pris sa tension : 19,5 ! On n'a pas eu le prêt.

Ah, mais nous on va plus se laisser faire par les banques ! Le prochain coup que la banque elle nous appelle parce que y a un souci, ils vont tomber sur notre plate-forme téléphonique qu'on aura créée nous-mêmes !

*(Elle imite la voix d'un répondeur.)* « Bonjour. Vous êtes bien sur la plate-forme téléphonique à Jean-Claude et Foufoune Lemonsu. Si vous voulez qu'on vous paie des agios, tapez 1.

Si vous voulez nous fourguer des produits financiers avec des p'tits astérisques marqués tout petit qu'on comprend rien, tapez 2.

Si vous voulez nous vendre une assurance auto, Jean-Claude est pas d'accord, il dit : "Les boulangers sont pas des plombiers, chacun son métier."

Et si vous voulez savoir quand c'est qu'on va combler notre découvert, allez vous faire voir chez les Grecs ! »

Avec la collaboration de Pascal Argence
et Romain Cheylan

#

# Les parents d'élèves

Moi, j'ai réussi l'éducation de mes enfants, je le vois à des petits détails : j'ai jamais besoin de demander qu'ils débarrassent la table, ils veulent pas dîner avec nous.

Le plus difficile quand t'as des enfants, c'est de conjuguer le verbe être et le verbe avoir :

« J'ai un enfant, je suis fatiguée.

Tu as deux enfants, tu es épuisé.

Il a trois enfants, il est lessivé.

Nous avons quatre enfants, plus personne nous invite à bouffer. »

Un de mes souvenirs les plus fatigants quand les enfants étaient petits, c'est les goûters d'anniversaire. T'as huit gamins de cinq ans dans une pièce, pendant dix minutes, ils sont tranquilles mais, après la troisième bouteille de Champomy, l'ambiance démarre. *(Hurlement d'enfants qui crient.)*

*(Elle met ses mains sur les oreilles.)* Stop !

Là, tout à coup, tu as une pensée émue pour l'instit de ton gosse. *(Elle se met en position de prière et chante : « Alleluia ! »)* L'instit de ton gosse, qui se farcit trente-deux gamins, six heures par jour, quatre jours et demi par semaine. Toi, au bout de vingt minutes avec quinze gamins, t'as juste envie d'en prendre un et de le mettre dans la machine à laver en position essorage.

À 6 heures du soir, ton salon est détruit ! C'est là où les parents reviennent. Pour être polie, tu leur proposes : « Vous voulez boire quelque chose ? » et ils acceptent !

Après avoir fait animateur pour enfants, faut que tu fasses un after pour les parents. Youhou !

Je vous recommande les conversations de parents d'élèves, c'est tellement passionnant ! T'as toujours une maman qui dit :

FEMME CHIC : « Moi, Timothée, il a pratiquement appris à lire tout seul. Moi, Timothée, il parle un peu chinois… Moi, Timothée… Mouaaaah, mouaaaah… *(Elle se met à miauler.)* Miaou, miaou… »

Et toi, t'as juste envie de lui dire *(Aboiement.)* : « Wouf wouf wouf wouf wouf ! »

Et t'as souvent une maman qui tient à te raconter en détail sa vie sentimentale :

MÈRE SENSUELLE : « Je sais pas si vous avez su, mais j'ai quitté le père de ma fille pour aller avec le père de mon fils. Et là, je viens de me séparer du père de mon fils qui retourne avec la mère de ses enfants parce qu'il a appris que je voyais quelqu'un d'autre qui a quinze ans de moins que moi, et qui voudrait faire un bébé avec moi. Mais moi, j'hésite parce que je le connais que depuis trois mois et il a pas de boulot depuis trois ans. Et surtout j'ai rencontré un autre homme, qui a dix-sept ans de plus que moi. Lui, il est blindé, il me demande de tout quitter pour lui, mais il n'est pas libre, donc du coup je sais pas quoi faire. Je veux dire : le pauvre qu'est libre ou le riche qu'est pas libre, enfin je sais pas quoi. *(Elle se transforme en oie.)* Coi-coi-coi ! »

Et il y a souvent une maman qui profite que tous les parents soient réunis pour dire du mal de la maîtresse :

FEMME AGRESSIVE, BRAS CROISÉS : « Vous la trouvez comment, Mme Leglodin ? Gentille ? Ben, il manquerait plus qu'elle morde !

[

ÇA M'ÉNERVE LES GENS QUI DISENT : « L'ÉDUCATION DES ENFANTS, C'ÉTAIT MIEUX AVANT, NOUS, À NOTRE ÉPOQUE, ON S'AMUSAIT AVEC UN BOUT DE BOIS. » OUAIS, MAIS T'AURAIS EU UNE CONSOLE DE JEUX, TU T'SERAIS FAIT MOINS CHIER, NON ?

C'est une catastrophe ! Elle ne les prépare absolument pas à la sixième ! C'est dramatique, elle ne leur donne aucun devoir !

– Oui enfin là, ils sont en grande section de maternelle.

– Mais justement, mais c'est là où tout se joue ! Il faut pas se laisser faire ! Il faut lancer une pétition, on va alerter le rectorat ! *(Elle se transforme en poule.)* Cot-cot-codec, cot-cot-codec ! Sinon ils vont rater le bac, cot-cot-codec ! Ils vont avoir un mauvais dossier scolaire cot-cot-codec ! On va mobiliser la PEEP, l'association des parents d'élèves, cot-cot-codec !

La mère sensuelle approuve : Coi-coi-coi !

La femme chic : Miaou, miaou, miaou !

La femme agressive : Cot-cot-codec !

*(Elle aboie.)* Wouf wouf wouf wouf wouf !

Et c'est là que tu réalises que les instits, en plus de supporter les élèves, doivent en plus se farcir les parents d'élèves !

*(Elle s'agenouille sur une musique sacrée.)*

C'est pour ça, ça m'énerve les gens qui disent : « L'éducation des enfants, c'était mieux avant, nous, à notre époque, on s'amusait avec un bout de bois. » Ouais, mais t'aurais eu une console de jeux, tu t'serais fait moins chier, non ?

À toutes les époques, on a dit : « L'éducation des enfants, c'était mieux avant. » Je vais vous citer une phrase d'un grand philosophe : « Les enfants d'aujourd'hui ne respectent rien, les enfants d'aujourd'hui sont des tyrans. » C'est signé Platon.

OK, alors Platon, pour les moins de 25 ans, je précise que ça n'est pas le chien des « Anges de la téléréalité ». Platon, c'est un philosophe grec. Philosophe comme Éric Cantona, grec comme Nikos Aliagas.

Le problème de l'éducation, c'est qu'après les enfants grandissent, et ils deviennent des ados. Et on appelle ça des a-dos, parce qu'on les a sur le dos !

La phrase préférée des ados, c'est : « T'inquiète pas, maman. »

*(Voix d'ado en train de muer.)* « T'inquiète pas, maman ! Je bois pas d'alcool dans les soirées, je prends que des mojitos ! »

*(Voix d'adolescente agacée.)* « T'inquiète, maman, je me drogue pas. J'ai tout essayé, je ne supporte pas ! »

*(Voix d'adolescente mollassonne.)* « T'inquiète pas, maman, j'ai couché avec lui, mais je te promets, je l'aime pas ! »

Ah, ben me voilà rassurée !

En fait, le problème de l'éducation, c'est qu'avant c'était clair : ça, ça se fait, ça, ça se fait pas. Ça, c'est bien, ça, c'est pas bien.

Maintenant l'éducation, c'est open bar, chaque parent fait son cocktail personnel. Par exemple, tu prends un problème simple, t'as un gamin qui rentre de l'école en pleurant :

*(Enfant qui pleure.)* « Maman, on m'a volé mon stylo ! »

T'as autant de manières de réagir que de parents. T'as la maman psychologue, celle qui a fait Marcel Rufo première langue, option Dolto approfondie :

*(Voix doucereuse.)* « Qu'est-ce que tu ressens exactement du fait de la perte de ce stylo ? Est-ce que tu n'aurais pas suscité inconsciemment chez ce petit garçon le désir de s'approprier cet objet transitionnel ? Décris-moi tes sensations corporelles... »

T'as la maman guerrière qui pense que la vie est un combat :

*(Voix agressive.)* « Tu vas pas t'laisser faire, hein ! Tu vas retrouver le nom de ce..., moi j'vais retrouver sa mère, j'vais lui exploser la tête ! Demain, tu vas prendre le sac à dos du gamin tu vas faire pipi dedans ! S'il te dit quelque chose, tu diras c'est de la part de maman ! »

T'as la maman déprimée :

*(Voix atone, corps avachi.)* « Ahh... Pfff... On t'a volé ton stylo... J'sais pas, j'ai envie de dire ça m'étonne pas... Tu sais, la vie c'est un

peu une tartine de merde, donc ça, c'est juste l'apéritif... Mais vas-y pleure, pleure, pleure... Pleure, tu pisseras moins. »

Alors c'est vrai que les enfants d'aujourd'hui sont différents, mais ils ont du mérite à s'en sortir avec toutes ces mamans qui sont toutes plus allumées les unes que les autres.

Puis les enfants d'aujourd'hui, ils ont d'autres qualités. Déjà, ils sont affranchis de la vie. Dès que tu t'engueules avec ton mec, ton gamin se pointe : « Ah, vous allez vous séparer ? Mais vous allez faire une garde alternée ou un week-end sur deux ? »

Par contre, il y a un truc que je regrette, c'est qu'avant, quand ton enfant te posait une question, il n'avait aucun moyen de vérifier la réponse :

*(Voix d'enfant.)* « Maman ! Maman ! C'est à quelle époque, Louis XIV ?

– Ben Louis XIV, enfin, réfléchis trois secondes, Louis XIV : XIVe siècle ! »

Maintenant, mais tu peux être sûre que dans les trois secondes ton gamin il est sur sa tablette :

*(Enfant moqueur.)* « Ah, ah, ah, c'est pas du tout ça ! Ah, ah, ah ! »

Du coup, la fois d'après quand ton enfant te pose une question, tu fais hyper attention à ce que tu réponds :

*(Voix d'enfant.)* « Maman ! Maman ! Y a combien d'étoiles dans le ciel ? »

– Attend mon cœur, maman réfléchit. Tac tac tac... 'Tain, j'ai une connexion de merde ! Je te dirais soixante-dix mille trillions. »

*(Voix d'enfant.)* « Waouh, maman, tu vas de plus en plus vite pour aller sur Google ! »

Et il y a des questions des enfants dont on ne trouve pas les réponses sur Google :

*(Voix d'enfant.)* «Maman, maman, pourquoi on tue des gens parce qu'ils font des dessins ?

Maman, pourquoi on roule sur des enfants avec un camion ?

Maman, pourquoi on assassine un prêtre dans une église ?

Maman, pourquoi tu pleures ?

– Parce que, chéri, maman est inquiète. »

*(Voix d'enfant.)* « T'inquiète pas, maman, moi je t'aime. »

Et là il y a une réponse qui change jamais malgré les époques et c'est tant mieux, c'est : « Moi aussi je t'aime, mon cœur. »

Avec la collaboration de Gil Galliot

#

# Le coq, le pigeon et la brebis

LE COQ, LE PIGEON ET LA BREBIS
Un petit coq prénommé Nicolas sur une basse-cour régnait.
Mais il était contesté :
Beaucoup d'animaux voraces
Rêvaient pourtant de prendre sa place.
À gauche, la vache Martine et la pintade Ségolène
Crurent un temps pouvoir devenir reine.
Mais ce fut le pigeon François qui leur fit la nique,
Aidé, malgré lui, par le cochon Dominique
Qui manqua d'aller à l'abattoir
Pour avoir culbuté une grande poule noire.

Le pigeon François, qui était maladroit,
Collectionna les bourdes tout en prenant du poids.
Aidé d'abord par le lapin Ayrault puis par Valls le taureau,
Il planta des graines, mais la récolte fut mauvaise.
Pendant que les animaux s'échinaient à trouver du labeur,
Le pigeon voyageur cultivait son bonheur
En roucoulant la nuit
Auprès d'une tourterelle prénommée Julie.

Les canards indiscrets révélèrent le secret :
Le pigeon mou et rond était un étalon.

Dans la cour de la ferme, les animaux pleuraient :
« Nous sommes tous plumés, on s'est fait pigeonner. »
Avec le coq Nicolas, nous étions dans le pétrin,
Avec le pigeon François, nous sommes dans le purin.

Le coq Nicolas avait bien des tracas,
Des juges rapaces avaient pris le coq en chasse.
Dans la cour de la ferme, les animaux murmuraient :
« Le coq est carbonisé, c'est un poulet grillé. »
Son propre poulailler regorgeait d'ennemis :
Fillon, le sombre hibou aux sourcils fournis,
Lemaire, le caneton encore plein d'illusions,
Et Juppé, le héron, s'y voyaient pour de bon.

Le coq Nicolas, le hibou Fillon et Juppé le héron
S'affrontèrent dans un combat à la loyale
Que le hibou Fillon remporta à la surprise générale.
Puis ce fut le pigeon François qui se retira.
Le bouledogue Mélenchon
Aboyait fort et mordait pour de bon.
Quant au paon Macron, il se jugeait si populaire
Qu'il se dispensa lui-même de primaire.

Celle qui se réjouissait tout bas
Des tracas du coq Nicolas
Et des soucis du pigeon François
Était la fille d'un loup borgne qui avait échoué à devenir roi.
Cette louve à la voix rauque et à la chevelure blonde
Se faisait passer pour une brebis aux yeux du monde.
Elle répétait comme une litanie :

« Il faut renvoyer chez eux les animaux étrangers.
Sans eux, nous serions tellement plus heureux. »
Certains moutons l'écoutaient, béats :
« Bêê, bêê, elle dit tout haut ce que nous pensons tout bas, bêê ! »

La louve qui, aux élections, rêvait de faire un carnage,
Régnait sur un étrange marécage.
Il y avait Philippot le crapaud,
Marion le triton
La grenouille Collard,
Et Ménard le têtard.

Prenez garde à ce curieux bestiaire
Qui contamine si aisément les indécis.
Une louve ne saurait se muer durablement en brebis.
Tôt ou tard, le pelage blanc sur le sol glissera.
Les belles manières, le charme, la douceur, tout disparaîtra.
Et, dans sa violence, la vraie nature du prédateur apparaîtra.

Ce que l'on sait,
C'est que, six mois après les élections,
Nul ne sait encore qui de cette farce sera le dindon.

Moralité :
Malgré ce contexte angoissant,
Profitons de l'instant présent
Car celui qui pour l'avenir se fait trop de souci
Ne profite pas pleinement des beautés de la vie.

Avec la collaboration de Gil Galliot

#

# Les émissions de téléréalité

La célébrité, c'est devenu la valeur suprême de notre société, mais ça ne veut rien dire. Il y a des gens célèbres qui sont complètement abrutis, je vous laisse trouver les exemples par vous-mêmes.

Il y a des gens inconnus qui sont formidables. *(Montrant le public.)* Vous, par exemple. Et des gens célèbres qui sont merveilleux. *(Elle se désigne.)*

Avec les émissions de téléréalité, des inconnus peuvent avoir leur quart d'heure de célébrité.

Ce soir, je vais vous montrer comment on fabrique une émission de téléréalité. Déjà, pour réussir une bonne émission de téléréalité, il faut faire un casting, je vais donc choisir deux personnes inconnues.

*(Elle désigne quelqu'un dans le public.)*

Monsieur, venez… Et madame, venez…

Alors, vous savez que pendant ces émissions de téléréalité, y a toujours une voix off qui t'explique ce qui se passe au cas où on n'aurait pas bien compris la situation : « Et c'est déjà fini… » « Et là, c'est le drame… » « Le prix de ce bonheur : 50000 euros. »

Et moi ça me marque. Dans ma vie de tous les jours, j'entends des voix off. Par exemple, je fais l'amour et j'entends : « Et c'est déjà fini... » Il s'endort en ronflant et je pense : « Et là, c'est le drame. » Et je pense : « Le prix de ce divorce : 50 000 euros ! »

Alors, monsieur, vous vous appelez comment ?...

*(La personne répond.)*

Et vous, madame ?...

*(La personne répond.)*

Alors on va commencer par une émission qui aide les couples qui ont des petites difficultés, c'est l'émission « Confessions intimes ». Franck, vous allez jouer aux jeux vidéo, en ayant l'air un peu abruti. Et vous, vous mâchez du chewing-gum.

Générique !

*(Elle parle sur la musique du générique.)* « Cela fait maintenant sept ans que Juliette et Franck habitent dans cette petite maison de l'est de la France. Hélas, depuis trois mois, Franck a perdu son travail de chauffeur routier, il reste prostré devant la télé, il joue aux jeux vidéo dix-huit heures par jour. Juliette, qui élève seule leurs trois jumeaux, est au bout du rouleau. Elle l'abreuve de reproches, allez-y. »

LA SPECTATRICE : « Tu veux bien arrêter de jouer à ton jeu vidéo, s'il te plaît ? »

Alors Franck, c'est parfait. On dirait qu'il a fait ça toute sa vie ! Juliette, comment vous dire ? Un peu moins « bourge ». Il faut qu'on sente le ras-le-bol, allez-y, mâchez un chewing-gum.

LA SPECTATRICE : « Bon, y en a marre ! Y en a marre, tu m'écoutes maintenant ! »

Continuez !

LA SPECTATRICE : « Tu pourrais un peu t'occuper des enfants ! Je vais partir, j'en peux plus ! »

Voilà, insultez-le : « T'es qu'un gros nul ! »

LA SPECTATRICE : « T'es qu'un gros nul ! »

« J'aurais dû écouter ma mère ! »

LA SPECTATRICE : « J'aurais dû écouter ma mère ! »

C'est bien, la même chose, avec le chewing-gum !

LA SPECTATRICE : « J'aurais dû écouter ma mère ! »

Ouais, c'est mieux ! On va faire une dernière prise pour Juliette, ça y est, elle y est ! Avec le chewing-gum, allons-y !

LA SPECTATRICE : « T'es qu'un gros nul, j'aurais dû écouter ma mère ! Heu… j'aurais vraiment dû écouter ma mère ! »

La situation est très tendue, Juliette est au bout du rouleau, elle se confie à la caméra : « J'en peux plus. »

LA SPECTATRICE : « J'en peux plus ! »

Non, mais vraiment : « J'en peux plus !… » Vous n'habitez pas votre personnage, avec le chewing-gum.

LA SPECTATRICE : « J'en peux plus ! »

Allez-y !

LA SPECTATRICE : « J'en peux vraiment plus, c'est insupportable ! »

Vous vous essuyez avec votre foulard, voilà ! « Je vais partir avec le voisin », allez-y !

LA SPECTATRICE : « Je vais partir avec le voisin, j'en peux plus ! »

C'est bien.

De son côté, Franck se confie aussi à la caméra. « Elle me soûle. »

LE SPECTATEUR : « Elle me soûle ! »

« En plus, elle se laisse aller physiquement. »

LE SPECTATEUR : « En plus, elle se laisse aller physiquement. »

« Elle ne s'épile plus. »

LE SPECTATEUR : « Elle ne s'épile plus. »

*(Anne, face caméra.)* « La situation est extrêmement tendue, mais heureusement notre psychologue, coach, comportementaliste, sexologue et vétérinaire vient frapper à la porte du couple pour lui porter réconfort et c'est une Juliette en larmes qui lui ouvre la porte. »

*(La femme ouvre une porte imaginaire.)*

« La psychologue, qui est très efficace, lui montre tout de suite des images de son couple et là, tout à coup, Juliette percute, elle se rend compte qu'elle s'était laissée aller. Elle percute, et elle pleure. Ensuite, la psychologue va voir Franck. *(Elle fait jouer la scène aux deux protagonistes.)* Au début, il refuse de voir les images. Alors la psychologue lui fait parler de son enfance, et là Franck s'effondre.

Mais discrètement, parce que c'est un homme. Il comprend tout à coup qu'il traite sa femme comme son père traitait sa mère et il percute, et il pleure. À force de travail, la coach parvient à renouer la communication dans ce couple, ça va un peu mieux, comme en témoigne Juliette, face à la caméra.»

LA SPECTATRICE: «Ça va un petit peu mieux.»

Ne perdez pas le personnage! Chewing-gum toujours!

LA SPECTATRICE: «Ouais, c'est bon, grâce à vous j'ai réussi à relativiser un petit peu avec mon mari, ça commence à aller mieux...»

«Il ne joue plus que...»

LA SPECTATRICE: «Il joue plus que cinq heures par jour, mais ça devrait s'arranger encore.»

«Je vais attendre pour le voisin...»

LA SPECTATRICE: «D'ailleurs, j'ai décidé que pour le voisin j'allais un peu attendre.»

«Ça va également mieux pour Franck qui se confie aussi à la caméra.»

LE SPECTATEUR: «Ouais, ça va beaucoup mieux. J'ai fait des efforts, je joue plus que quatre heures par jour.»

On peut les applaudir!

On va maintenant terminer avec mon émission préférée, l'émission «Tous ensemble» où on reconstruit une maison pour un couple qui a des difficultés financières. Vous allez faire mon moment préféré, le moment où le couple découvre la maison qui a été reconstruite. Vous allez fermer les yeux et les ouvrir uniquement lorsque je vous le dirai.

*(Elle tient le couple par le poignet, face caméra, ils ont les yeux fermés.)* «Juliette, Franck, il y a sept ans, vous aviez acheté cette petite maison qui était le rêve de toute une vie mais, hélas, tout de suite après la signature, vous avez découvert qu'elle était rongée par les termites, qu'il n'y avait pas de tout-à-l'égout et qu'elle avait été construite sur une faille sismique. Franck, vous n'étiez plus en mesure de terminer les travaux suite à ce terrible accident de trottinette où

vous vous êtes foulé l'orteil gauche. Et vous, Juliette, vous avez peu à peu sombré dans l'alcool.

Ce cauchemar est aujourd'hui derrière vous grâce à la mobilisation de toute une région, tous ces gens du village qui ne vous adressaient pas la parole depuis sept ans sont venus dans l'espoir de passer à la télé. C'est beau, cette solidarité spontanée...

Je sais, Franck, que ce que vous aimez par-dessus tout, ce sont les courses automobiles, et vous, Juliette, ce sont les contes de fées avec les princesses avec des robes roses à paillettes.

Donc je peux vous annoncer que notre décoratrice s'est une fois de plus surpassée, puisque sur tous les murs de votre maison, pour concilier vos deux passions, elle a peint des voitures roses à paillettes.

Je crois qu'il est temps de découvrir ce petit nid d'amour où vous allez vous reconstruire, attention, c'est maintenant ! »

*(Le couple ouvre les yeux et réagit.)*

*(Elle les interrompt et les engueule.)* Non, mais vous vous moquez de moi ? Ça fait dix ans que je fais cette émission, j'ai rarement vu une baraque aussi pourrie ! En plus, ça fait trois semaines qu'il pleut. J'ai un TGV dans quarante-cinq minutes, donc, s'il vous plaît, le moindre des trucs que je vous demande, on vous montre votre baraque : vous pleurez ! Vous payez les travaux avec vos larmes en gros plan, ou sinon je vous montre la vraie facture et vous allez pleurer pour de vrai ! On recommence !

*(Musique, elle reprend une voix sirupeuse.)* « C'est le moment de découvrir cette maison, ce petit nid d'amour où vous allez vous reconstruire. Franck, Juliette, c'est maintenant. »

*(Juliette et Franck pleurent.)*

Et les bénévoles sont là ! Dites-leur : merci, je n'ai pas les mots !

LA FEMME ET L'HOMME : « Merci, j'ai pas les mots ! »

On peut les applaudir ! Merci beaucoup !

*(L'homme et la femme redescendent, Anne reste seule sur scène.)*

Moi, quand je regarde cette émission, au moment où on découvre la maison, à chaque fois je pleure. Mais c'est vrai, quand on regarde ce genre d'émissions, parfois on a l'impression qu'on est un peu manipulé et que les témoins sont aussi un peu manipulés.

Alors vous, s'il vous plaît, la prochaine fois que vous avez la sensation d'être manipulés, n'oubliez pas que vous avez, vous, toujours la liberté de manipuler votre télécommande en faisant… *(Elle fait mine d'éteindre la télé avec une télécommande.)*

#

# Pas facile de s'aimer

*(S'adressant à un spectateur.)*

Aimez-vous, aimons-nous les uns les autres, c'est facile à dire. Mais vous aimez les autres, monsieur ? Oui ? Un peu ? C'est pas beaucoup.

Moi, j'ai une amie, elle me dit toujours : « Il faut aimer son prochain. » Mais je dis : « Si le prochain est comme celui d'avant !… »

Elle me dit : « Il faut donner, donner et Dieu te le rendra. »

J'ai dit : « Oui, mais quand ? »

Déjà, c'est difficile d'aimer les gens qu'on ne connaît pas, mais aimer les gens quand on les connaît bien, c'est pas évident non plus. Regardez dans un couple, quand on connaît quelqu'un, mais je veux dire… bien, bien, bien ! C'est pas évident à aimer, hein ?

Ça m'énerve dans les chansons d'amour : « Aimer, c'est ce qu'il y a de plus beau. »

Moi, je crois plutôt en : « Les histoires d'amour finissent mal… »

*(Le public chante.)* « … en général. »

Vous voyez, vous êtes tous au courant.

Alors sinon, il y a l'amitié. Il paraît que dans les coups durs on peut compter sur ses amis. C'est surtout là où tu t'aperçois que t'as pas beaucoup d'amis sur qui tu peux compter.

Quand tu vas mal, il y en a qui te calculent plus : « Moi, les gens qui vont pas bien, ça m'angoisse. J'ai pas osé t'appeler mais j'ai beaucoup pensé à toi. »

Super, ça m'a été très utile. C'est ce qu'on appelle « les amis télépathes ».

Puis tu as aussi l'amie qui adore les catastrophes. Dès que quelqu'un va mal, elle débarque en moins de trente minutes.

« Tu sais, n'hésite pas à m'appeler quand ça va pas, parce que moi, les gens qui ne vont pas bien, ça me fait sentir moins mal. »

À notre époque, les gens confondent tout : l'amour, le sexe, le bonheur. Mais si t'as trop l'amour du sexe, tu pratiques le sexe sans amour et c'est pas bon pour le bonheur.

Dès qu'on élève un peu le débat, vous avez du mal…

C'est important de réfléchir, parce que « rire, rire, rire »… Ça va, vous avez assez ri pendant une heure et demie ! C'est important aussi de s'ennuyer un peu de temps en temps. Sinon, à la fin de votre vie, vous direz : « C'est déjà fini ? J'ai pas vu le temps passer ! », alors que si vous vous êtes un peu ennuyé, vous direz : « C'est pas trop tôt, il était temps. »

En tout cas, je peux vous dire un truc, la vie n'est pas drôle. Sinon pourquoi les gens paieraient pour aller voir des comiques ?

Alors le rire, ça demeure la meilleure arme pour tuer le temps. Le 7 janvier, on était comme le crayon des dessinateurs : on avait mauvaise mine, le 9 on avait envie de se tailler et le 11 on a retrouvé un peu de couleurs. Ça nous a permis de nous apercevoir qu'il y avait trois mots essentiels auxquels on tenait plus que tout : *liberté, égalité, fraternité.*

Ce soir, je voulais vous dire que je suis catholique, je suis juive, je suis musulmane, je suis protestante, je suis athée, je suis une femme, je suis libre, je suis tout ça à la fois parce que je suis française.

Avec la collaboration de Gil Galliot
et Olivier Faby

# Papa

C'est bientôt la fin de ce spectacle, vous allez pouvoir allumer votre smartphone ! J'ai dit bientôt, j'ai pas dit tout de suite, hein !

Je vous félicite, pour la plupart vous avez réussi à passer une heure quarante sans tripoter votre doudou portatif. On passe notre temps à toucher nos téléphones. Je ne sais pas si vous avez remarqué, plus les téléphones sont intelligents, plus les gens deviennent cons…

On vit au rythme des alertes : Alerte info ! Alerte météo ! Alerte texto ! Alerte e-mail ! Les trucs vraiment importants, t'as pas d'alerte. Ton mec te trompe, t'as pas d'alerte. Moi, les gens qui passent leur temps à tripoter leur smartphone, j'appelle cela de la smarturbation.

C'est vrai, on le touche, on le tripote, on le caresse mais le seul moment où on jouit un peu c'est quand : « Ça y est, oh j'ai trouvé la 4G ! »

J'ai tout dans mon téléphone, moi j'ai deux mille six cent quinze photos, on n'a plus d'albums photo.

Une fois, je suis tombée sur une grande boîte à photos et j'ai retrouvé un cliché noir et blanc avec une petite fille en couche assise par terre, qui donne un biberon d'eau à son père. Et son père est couché sur le ventre et il la regarde en souriant. Et, sous la photo, il y a écrit « août 1966 ». J'ai 1 an et mon père a 30 ans.

Après, j'ai trouvé une autre photo noir et blanc, et là j'ai 5 ans. Je suis sur un petit tricycle dans la forêt, mon père me pousse par la nuque et je crie parce que j'ai l'impression que jamais je n'arriverai à pédaler toute seule.

Ensuite, j'ai retrouvé une photo couleur. Là, c'est un polaroïd, j'ai 15 ans, j'ai des boutons sur le front, de longs cheveux gras et je fais la gueule. Je me rappelle que souvent à cette époque-là, je partais de table avant la fin du repas pour que mon père voie à quel point j'étais une rebelle. Et ça me permettait surtout de ne pas avoir à débarrasser.

Sur une autre photo couleur, j'ai 22 ans, je suis à table avec un mec et mon père nous regarde d'un air circonspect. Il ne le dira jamais, mais je sais bien qu'il pense qu'aucun homme n'est assez bien pour moi. Et moi je ne lui dirai jamais, mais je trouve que mon papa c'est le plus beau, le plus fort, le plus merveilleux, le plus intelligent.

Aujourd'hui, mon père est parti. On dit « il est parti », pour ne pas dire il est mort. Comme quand on dit « on a fait un break », pour ne pas dire « il m'a larguée comme une merde ». Et c'est bien parce que quand t'as un deuil, les gens savent toujours trouver les mots justes pour te réconforter :

FEMME POPULAIRE : « Rhôôo... Ben, un moment faut bien que ça s'arrête, hein ! Ben, il est quand même mieux là où qu'il est. Surtout quand on voit comment qu'il était à la fin ! »

FEMME CHIC CATHO : « Votre papa est libéré, il est parti là-haut, il est bien maintenant. Bientôt, vous irez le rejoindre. »

QUÉBECOISE : « Mais là, Anne, il faut que tu te dises que tout l'amour, puis toute la force que ton père il t'a donnés, ils seront en toi pour toujours. Puis toutes les phrases que t'attendais qu'il te dise, que tu espérais qu'il te dise puis qu'il t'a jamais dites, ben il ne te les dira plus. »

Non, mais c'est pas grave tout ça, parce que je suis grande maintenant, j'ai 50 ans. Je sais pédaler toute seule.

Dis papa, si je tombe de vélo maintenant, qui c'est qui va m'aider à me relever ?

# ANNE ROU(GE)MANOFF

## Théâtre du Palais-Royal, 2012

# Bienvenue

Vous avez vu ? On a changé de président : on est passé de l'hypertendu au deux de tension, du petit nerveux à Guimauve le Conquérant.

Hollande arrête pas de répéter qu'il est un homme normal, mais il a quand même passé vingt-six ans avec Ségolène ! Et la nouvelle, elle est très belle, mais schlaaak ! *(Elle imite un coup de fouet.)*

Y a des gens qui disent que Hollande, c'est la gauche molle. Mais avec Strauss-Kahn, on aurait eu la gauche raide !

La crise est tellement forte que les gens regrettent le passé, ils n'aiment pas le présent et ils ont peur du futur... Ah oui, c'est un spectacle qui a un certain niveau, quand même.

Vous avez toutes ces pubs un peu nostalgiques. Vous avez des mecs avec des chemises à carreaux, assis dans l'herbe, qui tartinent du fromage sur du pain de campagne *(Musique accordéon.)*. « Le goût des choses simples. La laitière Bridélice ! Marine Le Pen ! »... 17,6 % des voix au premier tour, ça fait quand même un Français sur cinq. *(Comptant dans le public.)* Un, deux, trois, quatre, cinq ; c'est vous, monsieur.

J'ai fait un cauchemar : Marine Le Pen était présidente. Il n'y avait plus de nems, plus de sushis, plus de couscous, plus de viande halal ! Plus d'Roumanoff !...

Et là, tout à coup la femme de monsieur percute : « Ah beh oui, Roumanoff, c'est pas… Eh, c'est pas de Franche-Comté, hein ! »

Eh oui, j'ai des origines étrangères, j'avais une grand-mère russe et une grand-mère du Maroc.

J'avais une grand-mère qui parlait comme ça : « Anouchka ! Il ne faut pas que tu manges trrrrop sinon tu vas êtrrrre une grrrrosse babouchka. » Et ma grand-mère du Maroc me disait *(Accent méditérranéen.)* : « Mais mange, ma fille, mange, mange, mange ! Sinon tu t'feras bouffer ! »

D'où ce physique un peu hybride. J'ai des p'tits yeux slaves bridés et un bassin méditerranéen.

Ça m'énerve un peu, toutes ces expressions « Français d'origine marocaine », « Français d'origine algérienne ». Mais comme me dit une amie : « Mais on a tous la même origine, Français d'origine des couilles de mon père ! »

Alors je crois qu'il est temps que je vous dise quel âge j'ai : en fait, j'ai 47 ans…

Ce serait bien que vous ayez l'air un peu étonnés. Non, franchement, j'apprécierais une réaction spontanée, du style : « Ah bon ? Tu les fais pas ! » On va le refaire, si ça vous ennuie pas, hein… J'ai 47 ans.

*(Public.)* « Ooooohhhhhh, tu les fais pas ! »

Ouais, je sais, on me le dit souvent…

Non, mais une femme de 47 ans avant et maintenant, ça n'a plus rien à voir. Maintenant, quand t'as 47 ans, tu peux sortir avec un mec de 25 ans.

S'il est d'accord.

Mais moi ça ne m'attire pas du tout parce que j'imagine un mec très jeune. Dès qu'tu lui fais une remarque, il va dire : « Arrêteuuhh. On dirait ma mèreeuuhh ! »

Alors qu'un mec de ton âge, si tu lui dis quelque chose, il va te dire : « Arrête ! On dirait ta mère ! »

Moi, j'ai une ado de 16 ans. Les ados avant/maintenant, mais ça n'a plus rien à voir !

QUAND J'AVAIS 16 ANS, JE DISAIS À MA MÈRE : « MAMAN, TU SAIS, J'SUIS AMOUREUSE DE CE GARÇON, MAIS T'INQUIÈTE PAS. J'TE PROMETS, JE VAIS PAS COUCHER AVEC LUI. » LES ADOS D'AUJOURD'HUI DISENT : « AH, MAMAN, J'AI COUCHÉ AVEC LUI, MAIS T'INQUIÈTE PAS, J'L'AIME PAS ! »

Moi, je me souviens. Quand j'avais 16 ans, je disais à ma mère : « Maman, tu sais, j'suis amoureuse de ce garçon, mais euh, t'inquiète pas. J'te promets, je vais pas coucher avec lui. »

**« J'AI 1 615 AMIS SUR FACEBOOK. » 1 615 ? DÉMÉNAGE UN JOUR FÉRIÉ ET REGARDE COMBIEN Y EN A QUI VIENNENT.**

Les ados d'aujourd'hui – pas ma fille, hein, mais les ados d'aujourd'hui – disent : « Ah, maman, j'ai couché avec lui, mais t'inquiète pas, j'l'aime pas ! »

J'ai voulu devenir amie avec ma fille sur Facebook, elle m'a refusée. J'ai été obligée de prendre une fausse identité : Jérémy, 19 ans, 1 m 80. Elle m'a tout de suite acceptée.

Je vais sur sa page, je vois : « Anaïs aime trop pas les maths. »

Je mets : « Fuck les maths ».

Elle répond : « Je peux pas, ma mère est trop relou avec les notes. »

Je mets : « Fuck ta mère. »

Et c'est là qu'elle m'a répondu : « Maman, on est au XXI$^{e}$ siècle, plus personne ne dit "fuck". »

Nooon, mais j'adore notre époque, parce qu'on n'est plus jamais seul, grâce à son smartphone.

L'autre fois, il y a un ami qui m'a dit : « J'ai 1 615 amis sur Facebook. » 1 615 ? Déménage un jour férié et regarde combien y en a qui viennent.

Et l'autre fois, ma nièce m'a dit : « Oh regarde, j'ai une application avec un chien qui pète, oh ! J'espère que bientôt ils vont rajouter l'odeur ! » Eh oui, plus les téléphones sont intelligents plus les gens deviennent cons.

Avec leurs smartphones, les gens prennent des photos partout tout le temps *(Voix populaire.)* : « Regroupez-vous ! Monique, pousse-toi ! Gérard, écarte-toi ! Sinon je ne vois pas le cercueil ! »

Moi, souvent, les gens me photographient dans la rue *(Voix racaille.)* : « Euh, madame Moumaroff ? J'peux vous prendre en photo ?

– Oui, bien sûr. Je suis contente, j'ai un public jeune.

– Ouais, c'est pas pour moi, c'est pour ma grand-mère, elle vous adore ! »

Parfois, je me demande quand les gens trouvent le temps de regarder tous ces films, toutes ces photos. « Tiens, regarde, ma chérie, on va regarder un film de quand t'étais petite. Regarde, mon cœur. Là, le sang qui coule, c'est l'épisiotomie de maman. Et la petite boule gluante violette qui sort, c'est toi chérie. Ah bah ça, c'est le plafond ; c'est quand papa s'est évanoui. »

À notre époque, tout le monde cherche le bonheur, mais chacun a une manière différente d'y parvenir. Il y a des gens qui pensent que le bonheur est dans l'alimentation naturelle *(Voix bobo.)* : « Je ne sais pas si tu as remarqué quelque chose de changé, mais j'ai complètement arrêté le café. Le matin, je bois de la tisane de thym… Au début, t'as l'impression de manger un rôti d'bœuf… J'ai complètement arrêté le pain aussi, parce qu'il y a du gluten, c'est mauvais pour l'organisme. Je prends des galettes de riz en polystyrène. Non, mais je te garantis que, quand tu sors dans la rue après avoir bu du thym et mangé du polystyrène, t'es pas dans le même rythme que tout le monde, tu… tu flottes. »

Il y a des gens qui pensent que le bonheur est dans l'activité physique *(Voix sportive.)* : « Ah, je suis contente, là, je sors du sport, ça vide la tête. » C'est vrai que le sport ça vide la tête, y a qu'à écouter les sportifs après les matchs. *(Imitation d'un sportif essouflé, qui a du mal à s'exprimer.)* « Beh, ça a pas été évident parce qu'on a eu une occasion, on a pensé qu'on avait effectué une percée, après on a voulu venir dans le match et on n'a pas pu rentrer. Après, on est ressortis et quand on est revenus, euh, on a pensé repartir, euh, et on y est restés, quoi. »

Ça, c'est le souci des mecs qui ont déjà la tête vide avant de faire du sport, après c'est carrément le courant d'air.

Et y a des gens qui trouvent leur bonheur dans le malheur des autres. Ces gens-là, en général, tu les rencontres dans les files d'attente des pharmacies *(Voix dépressive.)* : « Ça va pas mieux, hein ? Votre papa toujours, Alzheimer et Parkinson ? Il tremble mais il ne sait plus pourquoi ? Et votre oncle, il est toujours hospitalisé, ils savent toujours pas ce qu'il a ?... C'est pas bon quand ils cherchent longtemps comme ça. Mon voisin était rentré pour une verrue plantaire, ça s'est infecté, ils ont dû l'amputer, ils se sont trompés de jambe. Rhôô, je vous ai pas demandé : votre belle-sœur, ça va mieux depuis son suicide ? »

Et y a des gens qui trouvent leur bonheur dans l'amélioration de leur habitat *(Voix excessivement enthousiaste.)* : « Ah là, vous voyez, c'est une grande pièce à vivre, y avait une cloison qu'on a percée, on a creusé ici, on a ouvert là. On a construit une mezzanine en sous-sol, c'est un... un souplex. Ah ben ça, c'était quatre ans de travaux tous les week-ends. On a perdu tous nos amis. Y en a qui nous ont quittés, d'autres qui sont morts pendant les travaux... Et là on a fait une terrasse, on voulait absolument faire une terrasse pour que les enfants puissent jouer sur la terrasse. Les enfants, vous allez jouer sur la terrasse ! Vous prenez l'ordinateur. Il pleut ? Vous allez sur la terrasse. Et là, on a fait une table pour manger avec nos amis. Mais on n'a plus d'amis. »

C'est ça souvent : quand tu cherches le bonheur, tu crées ton propre malheur.

À notre époque, les gens ont un avis sur tout et surtout un avis *(Voix doucereuse.)* : « Ah ben moi, je ne suis pas toi, mais si tu as fait ça inconsciemment, c'est comme un cri d'alarme qu'il a voulu te lancer. Parce que moi je pratique le psychologisme en amateur... »

Et la connerie en professionnel ?

À notre époque, les gens vont voir le psy pour un oui pour un non. Y a même des psys pour enfants. J'ai déjà amené mon enfant chez le psy *(Voix mielleuse.)* : « Bonjour madame, je vous en prie, entrez, installez-vous. Bonjour petite fille. Quel âge tu as ?... 5 ans ! Tiens, regarde, y a des crayons de couleur, tu vas pouvoir nous faire un beau dessin... C'est bien que vous ayez pris le temps de venir, madame, je crois que vous êtes un petit peu occupée avec votre métier de saltimbanque... *(S'adressant alternativement à la petite fille et à la maman.)* Qu'est-ce que tu nous as fait comme dessin ? Un monstre rouge ? C'est bien qu'elle puisse le verbaliser, madame… Tu sais ce qu'elle fait comme métier, ta maman ? Elle fait rire les gens. Enfin, plus exactement, elle essaie de faire rire les gens. Elle n'y parvient pas toujours… Moi, personnellement, vous ne me faites pas du tout rire. Mais ne pleurez pas, madame ! Je vous en prie.

Venez, installez-vous ! Tiens, laisse une place à ta maman. Elle va nous faire un beau dessin… Alors racontez-moi, madame, vous vous mettez en rouge comme ça vous êtes sûre qu'on vous voie bien de loin. Les rires, ça vous rassure et les applaudissements, c'est votre oxygène.

Vous allez être contente, madame, parce qu'il me semble que c'est bientôt la fin du premier sketch. »

Avec la collaboration de Chris Deslandes

#

# La bouchère et la Grèce

Ben moi j'suis inquiète de ce qui se passe, avec l'euro. Avec Jean-Claude, pour aider l'Irlande on avait acheté du whisky, pour aider la Grèce on a acheté de l'huile d'olive, m'enfin j'ai dit à Jean-Claude : « Si les prochains c'est le Portugal, moi par solidarité je refuse d'arrêter de m'épiler ! »

En plus, ça m'étonne à moitié que ça aille pas bien en Grèce. Avec Jean-Claude, on avait été y a trois ans en vacances là-bas, on avait remarqué des trucs bizarres : leurs monuments. Ben y sont pas terminés ! Pis ça les empêche pas de les faire visiter !... Ben n'importe comment, quand on est en club de vacances, on voit bien que l'Europe c'est pas facile à construire, hein ! Vous prenez les cours d'aquagym, ben on n'est pas pareils : les Anglais ils boivent, avant, pendant et après ; les Allemands sont là une demi-heure en avance ; les Italiens et Espagnols, ils parlent pendant tout le cours, puis nous les Français on est bien placés pour observer tout ça parce qu'on est couchés sur des chaises longues, à critiquer tout le monde.

Non, puis ce qui m'inquiète quand même c'est que ça colle pas très fort entre Angela Merkel et François Hollande. Vous savez comment que ça se dit « le changement c'est maintenant » en allemand ? *(Accent allemand.)* « Bas dout de suite ! »

Ah ben moi, je suis persuadée qu'Angela Merkel, elle regrette Sarkozy... Ah ben moi, je suis sûre qu'entre... Ah ben déjà, ils n'arrêtaient pas de se réunir la nuit, soi-disant pour sauver l'euro. Fallait voir leurs têtes le lendemain des réunions ! Elle, elle était toute pimpante, lui il était complètement pompé !

Ah bah Angela Merkel, c'est le genre de femme dont on s'méfie pas, parce qu'elle ressemble à rien. Elle se fond dans le décor, tu la prends pour un meuble, tu t'assieds dessus puis finalement t'es bien dedans !

J'ai dit à mon banquier : « Monsieur Ben Kaoud, j'ai entendu dire que la Grèce elle devait 200 milliards d'euros, pis vu qu'elle pouvait pas payer, les banques avaient coupé la poire en deux. Avec Jean-Claude, on doit encore 6715 euros, on voulait savoir si y avait moyen de... Non ? Ah ben alors, permettez qu'on retire notre plan épargne avant terme.

– Eh bien c'est votre droit le plus strict... »

Je voyais bien qu'il était pas content. Et il commence à fouiller son ordinateur sans rien dire. Quand ils font ça les banquiers, c'est pas bon. Pis au bout de dix minutes, il me fait : « Madame, je veux juste vous informer que si vous retirez cette somme avant la date prévue, il y aura une pénalité de 2048 euros. »

J'ai dit : « Pardon ? C'est vous qui m'avez dit que ce placement était sûr, même s'il rapportait pas grand-chose. Non seulement ça m'a rapporté presque rien, pis maintenant c'est à moi d'vous payer quelque chose ? Il va falloir faire un geste commercial. Sinon je change de banque ! »

Ah ben là, il a eu peur. C'est là qu'il m'a offert un agenda en plastique. Jean-Claude, il m'a dit : « T'aurais dû gueuler plus fort, t'aurais eu le calendrier mural. »

Avec la collaboration de Pascal Argence,
Bernard Mabille et Olivier Faby

# L'exposé sur la Première Guerre mondiale

*(Le personnage est une adolescente.)*

Maman, mais c'est à cette heure-ci que tu rentres du travail ? Mais moi j'ai un exposé à faire, quoi ! J'ai été obligée de me débrouiller toute seule ! En plus, la prof elle a interdit qu'on recopie une seule phrase sur Internet !

*(Elle lit.)* « La Première Guerre mondiale s'est finie le 11 novembre parce que c'était un jour férié. Les conditions de vie des soldats pendant la Première Guerre mondiale, c'était juste vraiment trop dur. Cependant, toutefois, dorénavant, néanmoins, on peut constater… »

Ça, j'aime bien mettre ça parce que ça me fait genre gagner une ligne.

« Cependant, toutefois, dorénavant, néanmoins, on peut constater que dans les tranchées les soldats n'avaient pas d'électricité car il n'y avait pas de rallonge assez longue. Et avec la pluie ça aurait pu finir comme Claude François. Les soldats souffrisaient de la faim… souffrurèrent… souffratirent… avaient faim. Verdun n'étant pas sur la Côte d'Azur, le climat n'étant pas franchement tropical, souvent il arriva que les soldats grelottassent, on a donc appelé ça la guerre froide. Comme les soldats étaient entre hommes, certains devinrent homosexuels pour passer le temps. C'est ce qu'on appelle l'amitié franco t'allemande. »

Eh ça, j'suis juste hyper fière, parce que c'est marqué nulle part quoi, c'est un truc que j'ai déduit purement par moi-même. Et la prof elle a dit que c'était bien qu'on avait une réflexion personnelle. Tu vois, c'est bien j'trouve, que j'lui apprenne des trucs qu'elle a pas percutés.

*(Elle lit.)* «Pour communiquer avec leurs familles, les soldats utilisaient des pigeons voyageurs et, franchement, c'était pas évident d'arriver à écrire sur les ailes d'un pigeon. Les soldats étaient angoissés, ils savaient que certains ne reviendraient pas vivants et que les autres seraient sauvés par le public. Souvent, ils pensaient : "Mais dire que tout ça c'est à cause de ce salaud d'Hitler." »

Quoi ? Hitler, quoi ? C'est pas la Première Guerre mondiale ?

Mais maman, mais sois pas psychorigide !

Mais, même si t'as pas vu le 2, tu comprends quand même le 1 !

*(Elle lit.)* « On peut dire que c'était pas un dîner presque parfait mais un combat vraiment mal fait qui a pris fin avec la destruction du mur de Berlin et le débarquement des GI sur les plages de Normandie en Angleterre. Mais tout cela est une autre histoire, points de suspension... »

Quoi, c'est nul ? Mais maman, mais moi déjà j'ai pas confiance en moi, quoi... J'crois que la seule solution serait que tu le fasses à ma place. Mais maman, c'est pas parce que t'as eu 11/20 la dernière fois au devoir de français que tu dois te décourager ! Mais je sais que tu seras pas là au bac français, mais je suis au point pour le bac français. J'ai tout lu. *Le Rouge et noir* de Jeanne Mas, *Roméo et Juliette* de Kamel Ouali...

**L'AUTRE FOIS, LOÏC, LA PROF LUI A DEMANDÉ C'ÉTAIT QUOI LA CAPITALE DE LA HOLLANDE, IL A RÉPONDU TULLE.**

Mais maman, tu sais bien que chaque année les profs ils disent : « Le niveau baisse, le niveau baisse. » Mais moi, chaque année, les profs ils me disent : « Vous avez pas le niveau, vous avez pas le niveau. » Bah j'veux dire heureusement que le niveau baisse, sinon je ne pourrais jamais espérer rattraper le niveau !

Puis excuse-moi, tu dois comparer aux gens de ma génération. L'autre fois, Loïc, la prof lui a demandé c'était quoi la capitale de la Hollande, il a répondu Tulle.

La capitale de Taïwan ? *Made in.*

Et la capitale de la Suède ? Ikea !

Puis maman, j't'assure, la prof d'histoire-géo elle m'aime trop pas. L'autre fois, elle s'est précipitée vers moi pendant le cours, elle a fait : « Ça suffit ! De quel droit vous parlez pendant mes cours ?! »

Et moi j'ai répondu direct : « Et vous, de quel droit vous enseignez pendant que je bavarde ?! »

Mais comment elle a trop pété un câble ! Elle a fait : « Y en a marre ! Interrogation surprise, ouvrez les guillemets, fermez vos gueules ! » J'lui dis : « Madame, si vous parlez comme ça dans le présent, comment voulez-vous que nous dans le futur on se rappelle de vous dans le passé autrement que comme quelqu'un d'imparfait ? »

Et, euh, tu sais c'qu'il m'a dit, Loïc ? « Mais t'inquiète pas, le bac, c'est pas la mer à boire, c'est juste ta mère à calmer ! »

Avec la collaboration de Florian Gazan

#

# *Dis, maman, c'est quoi... ?*

La petite fille : « Eh, maman, c'est quoi un dictateur ?

L'ado : – Mais qu'est-ce qu'elle vient nous soûler celle-là ! Dictateur, c'est quelqu'un qui parle dans un dictaphone !

La petite fille : – Mais maman, c'est quoi un dictateur ?

La maman : – Eh bien un dictateur, ma chérie, c'est quelqu'un qui n'est pas content quand on n'est pas d'accord avec lui.

La petite fille : – Comme toi, maman ?

La maman : – Non, enfin moi, quand je suis pas contente, je tire la gueule, pas sur la foule.

La petite fille : – Eh maman, maman, c'est quoi un raciste ?

La maman : – Eh bien un raciste, ma chérie, c'est quelqu'un qui n'aime pas les gens qui ne sont pas comme lui.

La petite fille : – Comme toi, maman ? T'aimes pas les filles qui sont très minces.

La maman : – Non, un raciste, ma chérie... C'est quelqu'un qui n'aime pas soit les Noirs, soit les Juifs, soit les Arabes.

La petite fille : – Alors, les Noirs, les Juifs et les Arabes, eux, ils sont pas racistes ?

La maman : – Ben, il arrive que parfois eux aussi ils n'aiment pas non plus les gens qui ne sont pas comme eux.

La petite fille : – Je comprends pas.

La maman : – Eh ben va jouer ! »

C'est vrai, c'est pas facile à expliquer !

J'aurais dû lui dire que tout commence par une pensée, et après la pensée vient la parole. Vous savez, toutes ces phrases qui commencent par : « Je suis pas raciste, mais enfin y a quand même un moment… faut reconnaître que… »

« Moi, je ne suis pas raciste, bien évidemment, enfin faut quand même dire que… »

« Moi, j'suis pas raciste, mais bon… »

Et après la pensée, après la parole, vient l'action.

Tous les racistes ne prennent pas une arme pour aller détruire les gens qui leur déplaisent, y en a qui prennent juste un bulletin de vote.

Mais n'oublions pas que tout commence toujours par une pensée.

Avec la collaboration de Gil Galliot

#

# J'ai fait tout les régimes

Il y a des femmes, quand elles vont pas bien, ça leur coupe l'appétit. Il y a des femmes, quand elles vont pas bien, elles mangent pour se rassurer et, quand elles vont bien, elles mangent pour fêter ça.

Devinez à quelle catégorie j'appartiens.

Moi, j'ai fait tous les régimes. J'ai fait le régime Dukon… Dukan ! Tu manges que des protéines, tu brûles des protéines et t'as une haleine de protéine.

*(En se bouchant le nez.)* « Tu fais le régime Dukan ?

– Ouais, comment tu sais ?… »

Le plus dur pour moi quand je fais un régime, c'est quand je suis devant un buffet. Au début, j'suis pleine de bonnes résolutions. Je me dis : « Un buffet, je vais pouvoir manger des crudités sans sauce, du poisson grillé, des légumes. » Et tout d'un coup, j'arrive devant les pommes de terre sautées. Et là, j'entends une voix qui me dit : « Résiste, prouve que tu existes ! »

Et j'entends une autre voix qui me dit *(Elle chante.)* :

« Ne me laisse pas tomber
Je suis si fragile
Être une femme boursouflée
Tu sais c'est pas si facile. »

Et tout d'un coup j'entends la voix d'mes bourrelets qui me disent *(Voix de manifestant.)* : « On veut, on veut, à manger vraiment !

Assez, assez de fromage blanc !

On veut plus d'haricots verts, donne-nous des pommes de terre !

Anne, si tu savais, ton régime où on s'le met !

Aucu, aucu, aucu-ne restriction ! »

Et là je me dis : « Ça fait trois mois qu'j'ai pas mangé de pommes de terre sautées. Trois mois, ça fait douze semaines, je pose deux, je retiens un… j'vais en prendre quarante-huit. »

Je connais tout sur les régimes.

Quand tu stockes du gras ça s'appelle de la cellulite, quand tu stockes de l'eau ça s'appelle de la rétention d'eau, quand tu stockes des crèmes amincissantes c'est du gaspillage.

Ils mettent toujours : *Une réduction de trois centimètres de tour de cuisse est observée.*

Ils te donnent jamais le diamètre de la cuisse au départ. Imagine, elle fait 1 m 50 !

Alors je vois des hommes parmi vous qui pensent : « Ouais, les régimes c'est des histoires de femmes. »

Et la bouée abdominale qui vous pousse sur le ventre après 35 ans ?

Les mecs sont beaucoup plus cool avec ça, hein, ils font : « Oh, je plais quand même, et puis c'est confortable. » Eh oui, comme dit le célèbre proverbe que j'ai inventé : « Homme enrobé qui a du blé n'a pas besoin d'se priver. »

Mais moi, souvent, il m'arrive de rêver de vivre à une autre époque, quand les femmes rondes et plantureuses étaient à la mode.

Par exemple au XVIIe siècle.

« Regardez, monsieur le duc, les domestiques nous ont préparé une magnifique collation !

– Oh, marquise, vous êtes dodue à ravir ! »

Oui, j'aurais été grasse, mais j'aurais été marquise.

[JE CONNAIS TOUT SUR LES RÉGIMES. QUAND TU STOCKES DU GRAS ÇA S'APPELLE DE LA CELLULITE. QUAND TU STOCKES DE L'EAU ÇA S'APPELLE DE LA RÉTENTION D'EAU. QUAND TU STOCKES DES CRÈMES AMINCISSANTES C'EST DU GASPILLAGE.

« Regardez, nous avons une pyramide de gâteaux au chocolat, un saladier de crème offert par le comte de Chantilly. Des petits pots de pâte à tartiner qui nous arrivent d'Italie offerts par le prince de Nutella ! »

Oui, on aurait dit que ça existait déjà.

C'est mon rêve, c'est moi qui décide.

« Et une énorme baignoire de pommes de terre sautées !

– Oh, marquise, permettez que je vous lise un petit sonnet :

*Oh madame, gloire à toutes vos rondeurs,*
*Vous voir si grassouillette me remplit de bonheur,*
*Et s'il y a une image qui jamais ne me quitte,*
*C'est votre gracieux fessier pétri de cellulite.* »

C'est vrai que nos ancêtres se cassaient beaucoup moins la tête avec les régimes. Nos ancêtres, ils mangeaient tranquille des tartines de pain, de beurre et de confiture. Mais moi, quand je vois du pain, du beurre et de la confiture, je me dis : « Ah, des lipides, des glucides, *vade retro* gros bide ! »

Les femmes font tellement d'efforts pour mincir.

Elles se promènent toute la journée avec des énormes bouteilles d'eau minérale dans laquelle elles font dissoudre une petite poudre marron dégueulasse. Elles boivent ça avec application toute la journée : « Sluurp, j'me draine... J'en bois trois litres par jour pour aller plus vite, j'espère que j'vais pas faire un coma hydraulique. »

Ce genre de femmes, tu les reconnais tout de suite parce que dès qu'elles arrivent quelque part elles font... *(Mine de chercher les toilettes.)* J'ai une amie, elle passait tellement de temps à se drainer, j'lui ai dit : « Mets une couche Confiance, ça ira plus vite. »

Mais, parfois, j'me demande pourquoi je fais tous ces efforts.

En plus, mon mec il me dit tout le temps : « Mais Anne, arrête avec tes régimes, je t'aime comme t'es ! T'as pas une autre jupe pour sortir ? »

Non, mais c'est vrai qu'au lit c'est quand même mieux une femme ronde.

Vous imaginez une femme trop maigre ?

« Oh, j'vais t'manger l'bras !

– Non, c'est ma cuisse. »

Mais, parfois, j'me demande pourquoi je fais tous ces efforts.

Pour espérer ressembler aux icônes de la mode ? À Victoria Beckham ?... Victoria Beckham, la pouffe anorexique mariée au footballeur milliardaire qui respire la joie de vivre ? *(Accent anglais.)* « Oh, j'ai fait une indigestion, j'ai mangé une carotte. »

Moi, mon grand bonheur quand je parviens enfin à mincir, c'est d'aller dans une boutique de vêtements.

Dans la cabine d'essayage, j'essaie un pantalon, je sors la tête de la cabine et je dis à la vendeuse : « Excusez-moi, vous l'auriez en 38 ? Parce que le 40 est vraiment beaucoup trop grand ! »

Et puis il y a toutes ces remarques adorables que me fait le public dans la rue : « Oh, mais c'est Anne Roumanoff ! C'est incroyable, vous êtes beaucoup moins grosse qu'à la télé. »

Avec la collaboration de Gil Galliot

#

# La coach québécoise

J'me présente, Marie-Hélène Robitail. Pis savez-vous d'où j'm'en viens ? D'où j'm'en viens ? Du Québec. J'm'en viens du Québec, pis dans mon pays l'Québec, j'suis coach en bien-être intérieur... Pis là j'en vois pas mal parmi vous qui font : « Ben voyons donc, on n'a pas besoin de coach nous autres. »

J'vais vous poser des p'tites questions pour savoir si vous avez besoin de mes services. Applaudissez ceux qui parmi vous ont du mal à s'endormir le soir. *(Applaudissements.)*

Applaudissez ceux qu'ont du mal à se lever l'matin. *(Applaudissements.)*

Applaudissez ceux qui mangent trop. *(Applaudissements.)* Applaudissez ceux qui boivent trop. *(Applaudissements.)* Applaudissez ceux qui fument toutes sortes de substances. *(Applaudissements.)* Applaudissez ceux qu'ont applaudi plusieurs fois. *(Applaudissements.)*

Vous avez pas mal de toxines en vous. Y a les toxines de l'air que vous respirez, les toxines des choses que vous mangez, pis y a les toxines des gens que vous fréquentez. Il arrive que notre conjoint soit rien qu'un gros tas de toxines.

Alors pour vous aider à vous libérer de vos toxines, j'vais prendre quelqu'un parmi vous. Pis là je vois que vous êtes tous en train de penser : « Pourvu que ce soit pas moi qu'elle choisisse. » Pis là-haut, vous êtes bien contents d'être en hauteur là.

J'hésite là, parce que c'est important là. Monsieur, c'est toi que je prends, avec le col, oui, c'est toi là. Oui toi, oui, viens. On l'encourage.

« Comment tu t'appelles ?

– Frédéric.

– Ouais, t'as pas mal de toxines en toi, Frédéric. T'as une femme actuellement auprès de toi ?

– Oui.

– Comment elle s'appelle ?

– Marianne.

– Marianne pis tu l'aimes, là ?

– Oui.

– Mais t'as beau l'aimer, y a quand même des fois, des moments là...

– Euh...

– Pis souvent tu dis rien parce que tu sais que si tu dis quelque chose ça fait des chicanes, ça va envenimer, alors t'emmagasines tout ça en toi pis ça macère, là... C'est comme ça que ça se passe, là... Ça fait combien de temps que t'es avec Marianne, Frédéric ?

– Trois ans.

– Trois ans... Oui, mais ça suffit déjà pour envoyer des toxines. Alors là ce soir, si tu veux bien, on va se libérer des toxines que t'as en toi, comme ça t'iras avec elle sur des bonnes bases. C'est quoi ça, Frédéric ?... Y a pas de piège, là. C'est ? Une jambe. La jambe, c'est le pilier du corps. Pis ça c'est quoi là ?

– Le sol.

– Oui, mais en dessous le sol c'est quoi, là ? La terre ! Tu vas implanter tes piliers du sol dans la terre. Vas-y, implante, implante, implante vraiment, là ! Plie légèrement, pis là tu vas penser à toutes les fois où Marianne elle t'a envoyé des toxines. Tu vas envoyer toutes les toxines de Marianne au fin fond de la terre. Vas-y !

Vas-y, tu peux taper, ouais, ouais !... Pis là-haut, c'est quoi Frédéric là-haut ?

– Le ciel.

– Le ciel. Ben les toxines qui restent, on va les envoyer très haut dans le ciel, envoie-les très haut avec les bras. Ouais !... Tu te sens mieux, Frédéric ?

– Un peu.

– Est-ce que Marianne a toujours sa maman ?

– Oui.

– Comment elle s'appelle ?

– Nicole.

– Puis c'est pas évident quand t'as Nicole et Marianne dans la même pièce, ça fait comme deux générations de toxines ensemble. Là, Frédéric, tu vas penser à toutes les fois où elle t'a... Puis tu vas envoyer toutes les toxines de Nicole dans la terre. Vas-y, envoie ta belle-mère dans la terre !... Ouaiis ! Pis dans le ciel ! Envoie ta belle-mère au ciel ! Très bien ! Est-ce que tu te sens mieux, Frédéric ?

– Oui.

– Alors on continue ! Qu'est-ce que tu fais comme métier ?

– Cariste.

– Donc t'as quelqu'un au-dessus toi, là ? Est-ce que des fois, il te... *(Signe : les boules.)* C'est quoi le prénom de ton patron ?

– Franck.

– Franck. Tu vas penser à toutes les fois où Franck il t'a... Pis tu vas envoyer toutes les toxines de Franck dans la terre. Vas-y, envoie ! Ouais ! Pis dans le ciel ! Pis dis-lui : “Franck, tu m'fais chier”... Quand est-ce que tu vas revoir ton patron ?

– Demain.

– Quand tu vas le revoir, tu vas penser à moi et quand il va commencer à te... Tu vas faire les petits mouvements que je t'ai appris mais comme il y aura du monde autour de toi, tu vas les faire discrètement. Vas-y. *(L'homme fait les mouvements discrètement.)* Mais on s'entend que cette phrase, “Franck, tu me fais chier”, tu la penses dans ta tête, tu ne la dis pas en vrai ! Je veux que tu perdes tes toxines, je ne veux pas que tu perdes ton emploi. Merci beaucoup, Frédéric, bonne chance. »

*(Elle raccompagne le spectateur qui descend de scène.)*

Vous êtes tous en train de penser : « Mais il en a de la chance, là. Il est tout libéré de toutes ses toxines, pis nous on a gardé les nôtres ! »

Alors vous allez penser présentement à la personne qui actuellement vous énerve le plus au monde. On a tous quelqu'un qui nous pourrit la vie. Que ce soit notre conjoint, notre ex-conjoint, nos parents, nos beaux-parents, nos enfants, notre patron, notre employé, notre voisin, notre collègue. Tout le monde a bien identifié cette personne ?

Si y en a plusieurs, vous prenez la pire. Vous allez penser très fort à cette personne. Vous allez envoyer toutes ses toxines au sol avec un grand coup, très haut dans le ciel, et pour plus d'efficacité vous allez faire un p'tit cri qui vient des tripes : « Ah ! » Attention, tout le monde est prêt… Un, deux, trois :

*(Le public.)* « Aaaah ! »

Ouais, c'est un beau lâcher de toxines par exemple, là. Là, y a toutes sortes de toxines qui flottent toutes au-dessus de vous. Mais faut faire quelque chose, sinon elles vont toutes retomber sur vous. Vous allez même récupérer les toxines des gens d'en haut qui vous appartiennent pas. C'est pour ça qu'il est important de se libérer définitivement de ces toxines. Savez-vous quel est le meilleur remède contre les toxines ? C'est ? C'est ?… *(Le public répond : Le rire !)* Mais plus fort que le rire, c'est ?

L'amour ! Mais y en a qu'une seule qui est au courant, là ? Il faut que vous arriviez à aimer la personne qui vous énerve le plus au monde ! J'ai pas dit que c'était facile, par exemple. J'ai dit qu'il fallait essayer. On va procéder en trois étapes… Première étape, vous allez dire à cette personne : « Je te comprends. »

*(Le public.)* « Je te comprends. »

Là, vous comprenez pas grand-chose, là... Faut le dire avec tout votre cœur : « Je te comprends »...

*(Le public.)* « Je te comprends. »

Deuxième étape : « Je te pardonne »...

*(Le public.)* « Je te pardonne. »

Et troisième étape : « Je t'aime »... Pff... Si vous faites ça, vous gardez les toxines en vous. C'est pour votre bien qu'il vous faut aimer la personne qui vous énerve. « Je t'aime. »

*(Le public.)* « Je t'aime. »

Ouais ! Là, y a toutes sortes d'ondes d'amour qui flottent toutes au-dessus de vous, là. J'les prends pour moi.

Tous ceux que j'ai libérés de leurs toxines, quand vous partez tout à l'heure, pensez bien à mes 300 euros.

Avec la collaboration de Pierre-Bruno Rivard

#

# *Sauvons les riches*

*(Une femme très riche manifeste avec une pancarte sur laquelle est écrit : « Sauvons les riches ! » Elle scande.)*

« Sauvons les riches ! Sauvons les riches ! »
C'est ma première manif. Je ne savais pas du tout comment il fallait s'habiller, j'ai mis un petit pantalon Armani, un pull Zadig & Voltaire, j'aurais pas dû mettre mes Louboutin, j'ai beaucoup trop mal aux pieds.

Vous avez vu ? On ne manifeste pas comme les pauvres de la République à la Bastille ! Non, on manifeste de l'Alma aux Champs-Élysées. Comme ça, on peut faire les soldes avenue Montaigne.

« Halte, halte, au délit de faciès ! Vive les foulards Hermès ! »

Si vous voulez vous restaurer, on n'a pas de merguez-frites, on a fait des verrines de tarama au saumon fumé.

Non, mais fallait faire quelque chose parce que dans ce pays se développe un vrai richissisme... Un richissisme... Un racisme antiriches.

Mais, avec Pierre-Olivier, on en arrive à avoir honte d'avoir de l'argent. Il y a quelques années, on arrivait à aller régulièrement en vacances à l'île Maurice. L'année dernière, on a été à l'île de Ré. Cette année, il m'a proposé d'aller en week-end à Lille.

Ah non, mais Pierre-Olivier me l'a dit! Il m'a dit: «Agnès, si Hollande continue comme ça, il va falloir que tu te remettes à travailler!» Travailler? Mais j'ai pas l'temps! J'fais du shopping, du footing, du lifting. En plus, j'm'occupe des enfants. Notre fils étudie dans une université américaine. J'vais quand même le voir toutes les trois semaines!

Notre fille se marie dans un an dans le Luberon avec six cents personnes. Je lui ai dit: «Ma chérie, si ça continue comme ça, tu ne te marieras pas dans un mas du Luberon, mais au Buffalo Grill de Cavaillon!»

«Pour les riches, des couilles en or! Pour les pauvres, des nouilles encore!»

Faut quand même dire la vérité aux gens. Nous, les riches, on dépense quand même beaucoup plus que les pauvres.

Qui va dans les grands restaurants? C'est nous!

Qui fait grimper les prix de l'immobilier? C'est nous!

Qui paie beaucoup d'impôts? C'est nous!

J'ai plein d'amis qui pensent partir à l'étranger.

«À Bruxelles, avec Bernard Arnault! Tant pis si le climat n'est pas trop chaud!»

**« POUR LES RICHES, DES COUILLES EN OR! POUR LES PAUVRES, DES NOUILLES ENCORE! »**

Ils ont dit qu'ils allaient faire la chasse à l'exil fiscal. Au lieu de s'occuper des riches qui sont partis, ils feraient mieux de s'occuper des pauvres qui sont restés.

J'ai peur qu'avec Hollande, la France ne devienne les Pays-Bas. Hollande/Pays-Bas: humour de riche!

«L'ISF nous coûte la peau des fesses!

La Sécu, ça coûte la peau du cul!»

Non, faut arrêter de nous ostraciser comme ça. Faut arrêter. Je vois Pierre-Olivier, il a créé sa boîte, il a bossé comme un fou. Pendant des années, il travaillait nuit et jour. Et c'est seulement longtemps après qu'il a hérité de son père !

Pis faut arrêter, tout le temps, de plaindre les pauvres. Ils peuvent avoir une vie tout à fait palpitante ! Ben, un pauvre qui retire de l'argent à la tirette de la carte bleue, il ne sait jamais si ça va marcher… Suspense !

Oh, mon Dieu, mais il me semble que les CRS se dirigent vers nous ! On va quand même pas se faire matraquer par des smicards ! Les amis, regroupons-nous tous au Bristol ! J'vais tenter de les retenir en entamant un petit chant capitaliste !

*(Sur l'air de* L'Internationale.*)* « Groupons-nous et demain ! Multinationale sera le genre humain ! »

Avec la collaboration de Gil Galliot

#

# *La stagiaire*

*(Une fille lymphatique, avachie sur une chaise, répond au téléphone.)*

Allô ? J't'appelle d'la boîte où je fais le stage. Ouais, ça s'passe trop bien. Ouais, ça fait trois jours.

Ouais, j'suis super bien intégrée et tout.

Eh, faut pas que j'parle trop fort parce que, tu sais, c'est un bureau open space. Tu connais l'expression « les murs ont des oreilles » ? Ben là, y a pas d'murs, mais il y a beaucoup d'oreilles.

Nan, j'suis contente parce que le patron il me donne pas des tâches subaldalternes.

Là, ce matin, il m'a demandé : « Nadia, vous me réservez un billet d'avion sur Internet. » Il m'a filé sa carte bleue et tout. Ben tu m'connais, j'suis perfectionniste, j'avais peur que ça se passe pas bien… j'l'ai fait plusieurs fois. Il a été débité sept fois.

Nan, mais t'sais, sinon j'fais les trucs classiques des stagiaires. T'sais, j'fais l'café et tout. Ouais, c'est une machine à café, là ! C'est une George Clooney, là. Ouais, mais j'avais vu la pub, mais j'savais pas comment ça marchait la machine, tu sais. J'ai commencé par prendre les capsules, tu sais, je les ai percées avec des ciseaux, j'les ai versées dans les gobelets, après j'ai versé l'eau par-dessus. J'ai cru que les capsules elles allaient fondre. Eh, t'aurais vu la tête du café, la marée noire avec des grumeaux ! Le patron il m'fait : « Ça ressemble pas trop à du café. » J'dis : « Ben vous vous ressemblez pas à George Clooney. »

Nan, mais sinon j'fais les photocopies. Eh, tu verrais la photocopieuse. Mais l'engin spatial là ! A4, C8, B9, D12, on dirait le menu d'un resto japonais. Ouais, mais moi j'savais pas sur quel bouton appuyer, t'sais, je savais pas, j'ai fermé les yeux. J'ai fait ma prière. Jackpot ! Et tu sais combien je voulais de photocopies ? Trois. Tu sais combien que j'en ai chopé ? 3313 !

**PME : « PAS MOYEN DE S'ENNUYER ».**

Ouais, j'avais les boules pour la planète.

Mais eux ils avaient les boules tout court.

Nan, mais ça va parce que le patron c'est… Faut pas que je le dise, mais c'est le nouveau mec à ma cousine. Ouais, mais elle m'a dit, elle m'a dit : « Tu fais rien voir. » J'lui ai dit : « T'inquiète et tout. » Il s'appelle Didier, moi j'l'appelle cousin.

*(Au patron.)* Ça va, cousin ?

Non, mais t'sais, ils m'ont expliqué, ici c'est une PME. PME : « Pas Moyen de s'Ennuyer ».

*(Le téléphone sonne.)*

Attends, j'te laisse, j'réponds au téléphone… « Ouais, Agence Image Communication, j'écoute. Vous voulez parler à qui ? À Lucas ? D'la part de qui ? Sonia ? »

*(Elle crie.)* Hé Lucas, c'est Sonia !

« Nan, il m'fait des signes qu'il est pas là. Mais vous le connaissez bien ? Vous êtes une amie à sa femme ? Il vous a pas dit qu'il était marié ? Oh l'bâtard ! Il vous a pris pour faire un CDD. Un Coup à Durée Déterminée. Ouais, bon courage ! »

*(Le téléphone sonne.)*

« Ouais, Agence plomberie sanitaire chauffage, j'écoute ! »

Wouah, j'ai confondu avec la boîte où j'travaillais avant. C'est l'ancien mec à ma cousine, il était plombier.

« Agence Image Communication. *Yes !* »

Hé, c'est des Anglais ! Nan, mais t'inquiète j'suis bilingue.

« Yes, yes, I am the new stagiaire. What do you want to speak to what ? The boss ? The boss is my cousin and my cousin is rich ! Don't qwite. I passed it to you, darling. Bye bye bye. »

*(Le téléphone sonne.)*

« Agence Image Communication, j'écoute. Vous voulez parler à la comptabilité ? C'est pour la facture impayée du photocopieur ? 3316 euros ? »

C'est pour une facture.

« Nan, ils me disent que malheureusement ils ne l'ont pas reçue. Vous l'avez envoyée trois fois ? »

Ils l'ont envoyée trois fois.

« Non, ils l'ont pas reçue. Hé, sérieux, vous avez un mauvais karma avec la poste, vous ! Nan, mais monsieur on vous dit qu'on l'a pas reçue. J'veux bien fouiller, j'ai le courrier là, je vous dis qu'on l'a pas reçue !... Hé, j'ai chopé la facture ! Hé, comment que j'suis trop intuitive ! Ouais, mais j'crois qu'ils ont pas trop de thunes pour, euh... pour la payer. Nan, parce que la banque n'arrête pas d'appeler. Là, ils ont pris des stagiaires non rémunérés. Pour vous faire patienter, ce qu'on peut faire, c'est que j'peux vous refiler des capsules ! Comme j'ai pété la machine à café. J'vous prépare un sac de capsules, j'vous fais ça ! J'vous embrasse. »

Quoi ? C'est quoi le problème, cousin ?

Tu veux plus que j'fasse des photocopies, tu veux plus que je réponde au téléphone, tu veux plus que j'fasse du café ?

Ouais, mais en gros j'suis comme le cornichon dans le Big Mac, j'suis juste là pour décorer ?

J'vais t'dire, mais j'en ai rien à faire de ton stage.

Moi, mon truc c'est la musique. J'en ai fait une chanson.

Spéciale dédicace à tous les stagiaires exploités.

*(Sur un air de rap.)* « T'as les stagiaires boulets qui sont pas des fusées

T'as les stagiaires motivés qui aimeraient bien y arriver
Qu'on soit stagiaire boulet ou stagiaire motivé
On a tous qu'une seule envie
Décrocher un CDI
J'en ai parlé à mon patron vous savez ce qu'il m'a dit ?
Mais même un CDD
Tu peux toujours rêver. »

Avec la collaboration de Florian Gazan

#

# *35 ans de mariage*

FRANÇOISE : « C'est gentil de m'aider à mettre la table pendant que les hommes ils boivent l'apéro au salon. C'est quand même nos 35 ans de mariage, à Jean-Claude et à moi. Enfin, faut pas croire que c'est le bonheur. Avec Jean-Claude, si on n'avait pas eu les enfants à rembourser et puis la maison à élever…

Enfin, j'ai toujours été fidèle mais, enfin, je n'ai pas de mérite parce que je n'ai jamais eu de proposition. M'enfin, ça n'empêche pas que je me bats pour mon couple, je fais des efforts.

L'autre coup, à Jean-Claude, j'avais mis des jarretelles. J'avais éteint les lumières. J'avais mis des petites bougies, de la petite musique douce. Il ouvre la porte. Puis il m'a demandé : "Le disjoncteur a sauté ?" Ben, il veut toujours que je mette des dessous féminins, mais lui il se balade avec son t-shirt Football Club de Metz 1992, taille XXL, avec tout le matériel qui pendouille. Ah ben j'lui dis, je lui dis : "Jean-Claude, attention, le désir sexuel c'est comme une flamme, ça s'entretient ! À chaque fois que tu proutes, tu l'éteins !"

LA JEUNE FILLE : – Maman, moi franchement je t'admire. T'as réussi à passer trente-cinq ans avec papa, quoi !… Parce que moi, j'ai 26 ans, et mon record de durée de couple c'est trois semaines, et encore on se voyait tous les huit jours !

LA VIEILLE DAME : – Mais c'est pas la même génération, parce que nous, à notre époque, c'est pas que les gens s'entendaient mieux, mais les gens préféraient s'ennuyer à deux plutôt que de s'emmerder tout seuls… Je vous ai pas dit ce qui est arrivé à tata Roselyne. Elle devait disperser les cendres de son mari dans la mer, y a eu un coup de vent, elle a tout pris dans la figure ! Ah, ben elle l'a dit : "Il m'aura fait chier jusqu'au bout !"

FRANÇOISE : – Ben moi, jusqu'au bout je me bats pour mon couple. J'y dis à Jean-Claude : "Jean-Claude, il faut que tu me surprennes." Je suis contente, parce qu'il a fait des efforts. Vous savez, à "L'Île de la tentation", ils mettent des roses sur les lits. Ben il m'a fait pareil. Il avait pas enlevé les épines ! Ah ben, pour être surprise, j'ai été surprise. Je me suis retrouvée aux urgences : vaccin antitétanos… Après, il m'a dit : "On va regarder un film porno, ça va booster la libido." Il y en a qui sont bien garnis. Pis ils font des trucs en une heure que j'ai pas fait en trente-cinq ans, moi ! À chaque fois qu'ils sont en train de… T'as des gens qui arrivent !… Des pompiers, des électriciens, des secrétaires, des infirmières, ça surgit de partout ! Ça nous est jamais arrivé, ça ! Nous, pendant qu'on faisait le câlin, les seuls qui nous ont dérangés, c'étaient les gamins : "Maman, j'arrive pas à dormir ! – Oui, ben moi j'arriverai pas à jouir…"

LA VIEILLE DAME : – Quand même, la nature est bien faite quand on y pense, parce que plus tu vieillis, plus ton ventre pousse, et tes rides elles se creusent mais plus ton partenaire, de près, il voit flou.

LA JEUNE FILLE : – Ben je m'excuse, mamie, maman, quand je vous entends parler comme ça, j'suis vraiment pas pressée d'être deux, quoi ! Et en même temps, moi aussi j'aimerais bien un jour trouver chaussure à mon pied, quoi. Mais pour l'instant, j'essaie des modèles et j'ai tout le temps des ampoules.

**L'AMOUR, C'EST REGARDER ENSEMBLE DANS LA MÊME DIRECTION : L'ÉCRAN PLASMA DE LA TÉLÉVISION.**

Françoise : – C'est parce que tu cherches trop à tirer le gros lot. Faut pas chercher le gros lot. Il faut chercher le numéro complémentaire. Avec ton père, on est complémentaires : je parle, il m'écoute… C'est vrai, dans un couple, si les deux parlent en même temps, on s'entend pas. Si personne se parle, on s'ennuie.

Avec moi, il s'ennuie pas, j'parle tout le temps !

On est complémentaires… Je fais la cuisine, il mange.

Il laisse traîner ses affaires, je range.

Non, mais attention, je m'entretiens quand même, parce qu'il arriverait quelque chose, ben euh… je serais toujours en état de…

Ah ben, pour l'instant, il est toujours en pleine forme, mais on ne sait jamais. Les hommes, ça vit moins longtemps que les femmes.

Puis il a du cholestérol. Tiens, Jean-Claude, veux-tu encore un peu de foie gras ?

Non, pis ce qui est beau avec Jean-Claude c'est qu'on partage les mêmes valeurs. Y a une phrase qu'il dit que j'aime beaucoup, c'est : "L'amour, c'est regarder ensemble dans la même direction : l'écran plasma de la télévision."

La vieille dame : – Eh ben c'est gai, toi t'as le nez devant l'écran de ta télé, toi t'as le nez dans ton iPhone, depuis tout à l'heure t'arrêtes pas d'envoyer des e-mails, des tweets, des textos.

La jeune fille : – Mais excuse-moi, mamie, on est au XXIe siècle. Je suis connectée. Je suis reliée !

La vieille dame : – Ah ben t'es tellement connectée, reliée, qu'à chaque fois que tu viens ici t'es toujours toute seule.

T'as pas encore compris qu'à force d'être tellement proche des gens qui sont loin t'en arrives à être loin des gens qui te sont proches ? »

#

# *Je me souviens*

C'est bientôt la fin de ce spectacle… Vous êtes plusieurs ce soir, et chacun d'entre vous gardera de cette soirée un souvenir différent.

La vieille dame : « Ben moi j'me souviens que, quand j'étais jeune, on espérait que le futur soit mieux que le présent. Et maintenant on espère juste que le futur soit pas pire que le passé. »

La petite fille : « Ben moi je me souviens que, dans le premier sketch, elle dit que les gens qui vont sur la scène c'est parce qu'ils ont besoin qu'on les regarde. Mais si tous les gens qui avaient besoin qu'on les regarde ils allaient sur la scène, y aurait trop de gens sur la scène et pas assez de gens dans le public ! »

L'ado : « Moi, je me souviens que j'arrive jamais à me rappeler des trucs dont j'ai besoin. Là, pour le bac, ma mère a pas arrêté de me dire : "Révise !" J'ai dit : "Mais maman, je révise pas ! Je découvre !" »

La Québécoise : « Est-ce que vous vous souvenez comment je m'appelle ? Vous avez déjà oublié mon nom, par exemple. Je m'appelle Marie-Hélène Robitail. Est-ce que vous vous rappelez quelle est la meilleure manière de lutter contre les toxines ? C'est ?… L'amour ! Tâchez de vous en souvenir, là ! »

Et moi, Anne, je me souviens de toutes les fois où j'ai été fière d'être française.

Je me souviens quand j'étais déléguée de classe en 4e, et qu'on a tous ensemble chanté *La Marseillaise* dans la cour d'honneur du lycée.

Je me souviens de mon père qui était caché dans une école catholique pendant la guerre.

Je me souviens de la Coupe du monde 98, quand on se sentait invincibles en chantant « I will survive ».

Je me souviens du score de Jacques Chirac au deuxième tour des présidentielles de 2002.

Je me souviens des Français qui donnent chaque année au Téléthon, même quand ils n'ont pas d'argent.

Je me souviens que je suis fière d'avoir des origines étrangères.

Je me souviens que dans la cour de récréation, on me disait : « Roumanoff popoff. » Et aussi « Roumanoff patate », mais ça c'est parce que j'étais un peu potelée.

Je me souviens de Lydia, ma grand-mère russe qui est née en Lituanie, qui a vécu en Allemagne et qui a émigré en France en 1933.

Et je me souviens de Gracia, ma grand-mère du Maroc, qui rêvait de devenir écrivain. Quand elle démarrait un énième début de roman sur sa petite machine à écrire mécanique au milieu de ses sept enfants qui criaient, sa sœur lui disait : « Alors Victor Hugo, ça avance la littérature ? »

Être français, c'est aussi tout critiquer.

Ne jamais être content.

Se croire plus malin que les autres.

Doubler dans les queues.

Aimer bien manger.

Boire trop.

Savoir s'habiller.

Mal parler anglais.

Ne jamais avoir tort.

Avoir l'air au courant de tout.

N'être dupe de rien et n'en penser pas moins.

Et puis, ce soir, je me souviens aussi de tous ceux qui ont su trouver les mots pour m'encourager à faire ce métier :

Femme populaire : « Vous voulez faire des sketchs, mais vous êtes une femme. Oh non, je suis désolée, on est en 1987, ça ne nous intéresse absolument pas. »

Femme chic : « Anne, euh... vous êtes rigolote, bien sûr, mais vous comprenez que pour ce rôle le réalisateur recherche une vraie comédienne. »

Femme, voix grave : « Bon, on a pensé à vous pour ce personnage. Comme je vous l'ai dit, c'est un personnage qui a un physique très ingrat, et bon... Vous avez fait des essais formidables mais, malheureusement, on a trouvé une comédienne beaucoup plus moche que vous. »

Femme snob : « Mais c'est pas possible, elle est encore là, Anne Roumanoff ? Mais comment elle fait ? Elle couche ? Non, Anne Roumanoff, elle couche pas pour réussir, elle réussit pour coucher. »

Et c'est pour ça que ce soir je me souviens surtout que, sans vous, je ne serais pas là, merci.

#

# ANNE A 20 ANS

Théâtre des Bouffes Parisiens, 2008

OURG-LA-REINE – BRUZ – CHATOU – CHAVILLE – CRAPONNE –
EUTZWALD – DOUAI – GARDANNE – LANNEMEZAN – LONGJUMEA
AISONS-LAFFITTE – MENTON – NEUVES-MAISONS – ONET-LE-
ÂTEAU – PRAGUE (RÉPUBLIQUE TCHÈQUE) – ROISSY-EN-BRIE
UTUN – AVRILLÉ – BAR-LE-DUC – BEAUPRÉAU-EN-MAUGES

# Les 40 ans

Est-ce que ça va ce soir ? Je lis dans vos yeux la surprise. *(Voix populaire.)* : « Oh ben, elle est pas truquée l'affiche, elle a beaucoup maigri ! »

D'autres pensent *(Voix snob.)* : « Vingt ans de métier ? Elle a commencé à 10 ans ? »

Il m'est arrivé un truc auquel je ne m'attendais pas du tout, j'ai eu 42 ans. Mon mari m'a dit : « T'inquiète pas, Anne, tu les fais pas ! Tu fais 39. »

Non, mais 40 ans, c'est bien, c'est l'âge de la maturité.

C'est vrai, quand on te fait une vacherie, à 20 ans tu gueules.

À 30 ans, tu fais la gueule.

À 40 ans… tu fermes ta gueule.

Quand l'instit de ton gosse te dit : « Elle est pas assez concentrée en classe, c'est une année vitale pour son avenir, la moyenne section de maternelle ! »

T'as envie de lui dire : « Et toi, t'as rien d'autre à faire que de me prendre la tête à 6 heures du soir ? T'as pas de gamin qui t'attend à la maison, toi, avec la tronche que t'as, t'as trouvé personne pour t'en faire ? »

Mais tu dis : « Merci beaucoup de m'avoir alertée, madame Cassecouillard. »

Je me suis acheté la crème «Je fais dix ans de moins».

Au bout d'une nuit, j'espérais faire une semaine de moins, un jour de moins, une heure de moins !

Je vais voir mon mec :

«Tu remarques quelque chose de changé ?

– Tu t'es pas brossé les dents ? »

Je vais voir ma fille de 10 ans : «Mais ma peau, regarde bien ma peau !

– T'as des boutons d'acné qu'ont poussé par-dessus les rides… »

Je suis pas pressée que ma fille devienne ado. L'autre fois, je suis tombée par hasard sur une émission la nuit, sur la bande FM *(Voix ado.)* : «Allô, j'ai 14 ans, je voudrais aller jusqu'au bout avec mon copain parce que ça fait longtemps qu'on est ensemble, quatre jours. Mais hier soir, il avait apporté une capote de son cousin, il l'avait rincée. J'ai voulu la repasser, mais elle a fondu. »

**JE ME SUIS ACHETÉ LA CRÈME « JE FAIS DIX ANS DE MOINS ». AU BOUT D'UNE NUIT, J'ESPÉRAIS FAIRE UNE SEMAINE DE MOINS, UN JOUR DE MOINS, UNE HEURE DE MOINS !**

À 40 ans, il y a des trucs super qui t'arrivent pour la première fois *(Elle chantonne.)* : «C'est ma première mammographie. »

Pour ceux qui ne connaissent pas, on te prend le sein, on te l'étale comme un œuf au plat et, au moment où tu crois que tu vas mourir comprimée, on te dit : «Attention, maintenant, ça va un peu serrer ! »

Mais pourquoi les mecs ne font pas des couillographies ?

Je mets souvent des baskets parce que, j'ai remarqué, ça donne un côté jeune, sautillant. Mais, quand tu fais 1 m 60, ça a un côté balle de ping-pong.

Moi, j'essaie de faire du sport… J'ai plein d'amis qui me disent *(Voix sportive BCBG.)* : «Tu sais, moi, quand je cours, ça me vide la tête, je pense plus à rien. »

[

QUAND JE CROISE UNE GROSSE QUI COURT, JE ME DIS : « LA PREUVE QUE ÇA SERT À RIEN. »
QUAND JE VOIS UNE MAIGRE, JE ME DIS : « MAIS POURQUOI ELLE SE FATIGUE COMME ÇA ? ELLE VEUT PERDRE UN OS ? »

Je ne dois pas courir assez vite, moi. Moi, quand je trottine, j'arrête pas de penser !

Quand je croise une grosse qui court, je me dis : « La preuve que ça sert à rien. »

Quand je vois une maigre, je me dis : « Mais pourquoi elle se fatigue comme ça ? Elle veut perdre un os ? »

Quand je vois des hommes tout rouges, dégoulinant de sueur, je me dis : « Faut le marquer sur les baskets : le sport tue ! »

Non, mais 40 ans, c'est l'âge des bilans. Maintenant, à la rubrique sexe, je peux marquer : « maîtrise ». Je dis pas ça que pour moi ! C'est connu, les femmes de 40 ans sont bien meilleures au lit que les femmes de 20 ans.

*(Silence.)*

OK... Juste pour savoir, les hommes qui sont d'accord avec ça, applaudissez...

Les autres, c'est parce que vous n'avez pas encore essayé.

Moi, ça fait quinze ans que je suis avec le même homme et, dans les magazines, ils conseillent pour érotiser le quotidien de prendre un bain ensemble. Mais nous, on n'a jamais réussi à rentrer à deux dans la baignoire !

Dans les magazines, ils conseillent aussi l'infidélité impromptue. Ça, c'est comme les scouts, faut être toujours prête. Faut avoir un string. Pas la culotte en coton avec les moustaches qui dépassent.

Moi, ça fait vingt ans que je fais ce métier. Souvent, on me demande si c'est pas trop répétitif. Mais tous les métiers sont répétitifs !

Je vais vous donner des phrases, vous allez me dire les métiers :

« Un conseiller fromage est demandé en caisse 8. »

*(Le public répond :)* « Caissière. »

Non, maintenant, on dit hôtesse de caisse.

« Lâche cette arme ! »

*(Le public répond :)* « Policier. »

Non, enseignant !

Il y a un truc qui a beaucoup changé nos vies, ce sont les nouvelles technologies. Regardez le GPS *(Voix GPS.)* : « Tournez à gauche. J'ai dit : tournez à gauche. » Ça change de votre femme qui dit : « Tourne à gauche ! J't'ai dit de tourner à gauche, pourquoi t'as pas tourné à gauche ? »

Maintenant, avec le GPS, votre femme dit : « Elle t'a dit de tourner à gauche. Pourquoi tu fais pas ce qu'elle te dit ? Ça ne sert à rien d'avoir payé 300 euros pour se farcir cette pétasse avec sa voix sucrée et ne pas faire ce qu'elle te dit ! »

Moi, je trouve que ça serait bien si on pouvait avoir un GPS pour nous guider dans la vie *(Voix GPS.)* : « Ne rentrez pas dans ce centre commercial, vous êtes à découvert. Fermez les yeux et faites demi-tour immédiatement. »

Alors, juste pour savoir, applaudissez, les femmes qui pensent que ce sont elles qui commandent à la maison.

*(Certaines applaudissent.)*

Les plus malignes, ce sont celles qui n'ont pas applaudi.

Il faut laisser croire aux hommes que ce sont eux qui dirigent.

C'est la technique Carla Bruni.

En tout cas, moi, y a un truc qui m'énerve, c'est quand je rencontre des gens que je n'ai pas vus depuis longtemps et qu'ils me disent : « Oh, Anne, tu n'as pas changé ! »

J'ai pas changé ? Quinze ans de mariage, vingt ans de régime, cinq ans de psychothérapie, un énorme travail intérieur sur moi et j'ai pas changé ?!

« Mais toi non plus t'as pas changé, t'es toujours aussi con ! »

Moi, je trouve, le plus important dans la vie, c'est de s'accepter tel qu'on est.

Et ça, j'suis contente parce qu'il me reste encore quarante ans pour y arriver.

#

# Les parents sans autorité

Bienvenue à cette réunion de parents sans autorité... Applaudissez, celles et ceux qui ont des enfants... Et ceux qui estiment n'avoir aucun problème pour se faire obéir, applaudissez. *(Elle désigne un spectateur.)* Monsieur, vous viendrez témoigner tout à l'heure.

Alors, pour vous aider à retrouver l'autorité que vous avez perdue sur vos enfants, vous allez répéter après moi ces petites phrases clés :

« Non, je ne t'achèterai pas ça. »

*(Le public répète.)*

Là, vous pouvez déjà sortir la carte bleue. Essayez de le faire beaucoup plus ferme, beaucoup plus tonique !

« Non, je ne t'achèterai pas ça ! »

*(Le public répète.)*

Là, en général, l'enfant demande : « Pourquoi ? » Et vous répondez : *(Le public répond :)* « Parce que. »

Il y en a qui étaient déjà là la semaine dernière...

Autre phrase essentielle :

« Ne brûle pas cette voiture, elle est à nous. »

Avant que monsieur ne vienne nous rejoindre sur scène pour un exercice très concret, on va écouter le témoignage de nouveaux adhérents. Vous connaissez le principe, quand un adhérent se présente, vous lui souhaitez la bienvenue en l'appelant par son prénom.

Mère snob : «Bonsoir à tous, je m'appelle Agnès.

*(Le public.)* – Bonsoir Agnès.

Mère snob : – J'essaye de faire manger cinq fruits et légumes par jour à mon fils, mais c'est vrai que les pâtes et le riz c'est moins fatigant à éplucher… Il y a huit jours, j'avais fait l'effort de cuisiner une ratatouille surgelée, il a renversé l'assiette, j'ai tout de suite pris rendez-vous chez le psy… Je lui ai dit : "Est-ce qu'il n'aime pas la ratatouille parce que c'est le plat préféré de ma mère et que je ne m'entends pas avec elle ? Est-ce que son dégoût de la tomate vient de sa peur du sang au moment de l'accouchement ?" Le psy m'a dit : "C'est vous qu'il faut soigner."»

La bobo : «Bonsoir, je m'appelle Marie-Claude.

*(Le public.)* – Bonsoir Marie-Claude.

– Moi, j'essaie de faire régner la démocratie participative dans ma famille monoparentale. Souvent, je demande à ma fille : "S'il te plaît, est-ce que tu voudrais bien participer au débarrassage de la table ?" Elle me dit : "J'en ressens pas le besoin." Je lui réponds : "Ouais, mais c'est un peu comme les impôts, personne ne ressent vraiment l'envie de les payer, mais c'est essentiel." Elle me dit : "Mais moi je suis non imposable !"»

La femme pincée *(Au début autoritaire, puis au bord des larmes.)* : «Bonsoir messieurs dames, je m'appelle Geneviève.

*(Le public.)* – Bonsoir Geneviève.

– Dans le civil, je suis professeur d'histoire-géographie dans un collège. Je n'ai aucune difficulté pour me faire obéir, mais à la maison j'ai des petits soucis… Après cinq ans de jachère sentimentale, j'ai entamé une liaison avec un collègue enseignant. Il a tenté de rétablir l'ordre dans la maison, confisquant la console, la Wii, Internet… Mes enfants ont changé les serrures, ils m'ont interdit de le revoir. Là, j'étais punie dans ma chambre tout le week-end avec leurs devoirs à faire. J'ai réussi à m'échapper pour venir ici. Je voulais vous dire : tenez bon, accrochez-vous !»

*(S'adressant aux spectateurs.)* Monsieur, venez, c'est à vous. Venez monsieur. On l'encourage… Le temps que monsieur vienne nous rejoindre, une question fondamentale : qui commande, les parents ou les enfants ?

*(Le public.)* « Les parents. »

Les parents ! Vous devez en être sûrs, c'est la base de l'éducation. Très bien, on va faire un exercice tout simple. Une situation que tous les parents connaissent. Ce sont les courses au supermarché avec un enfant en bas âge.

*(Elle s'agenouille et devient une petite fille, au début très souriante et charmeuse.)*

« Papa, s'il te plaît, tu pourrais m'acheter des bonbons ?

**SOUVENT, JE DEMANDE À MA FILLE : « S'IL TE PLAÎT, EST-CE QUE TU VOUDRAIS BIEN PARTICIPER AU DÉBARRASSAGE DE LA TABLE ? » ELLE ME DIT : « J'EN RESSENS PAS LE BESOIN. »**

Le monsieur : – Sans sucre, alors.

– Oui, tu m'achètes des bonbons ?

Le monsieur : – Si tu veux. »

Le but est de montrer à ces parents déboussolés comment résister aux caprices d'un enfant. Vous devez en aucun cas acheter les bonbons, c'est le but de l'exercice. On reprend.

« Papa, s'il te plaît, tu pourrais m'acheter des bonbons ?

Le monsieur : – Non, tu n'auras pas de bonbons.

– Pourquoi ?

Le monsieur : – C'est mauvais pour tes dents.

– Oui, mais moi je veux des bonboooons !

Le monsieur : – Oui, mais tu n'en auras pas.

– Je veux des bonboooons !

Le monsieur : – Ah, si tu commences comme ça, on rentre tout de suite à la maison.

– Je veux des bonbons !

Le monsieur : – Je veux pas le savoir.

– Je veux des bonbons !!!!

Le monsieur : – Allez !

– Noooon, je veux des bonbons, aaah maman ! *(Elle hurle.)*

Le monsieur : – Non, tu n'auras pas de bonbons.

– Mais pourquoi ?

Le monsieur : – Parce que c'est mauvais.

– Mais papa, je t'aime !

Le monsieur : – Moi aussi, je t'adore.

– Mon papa chéri d'amour que j'aime plus que tout au monde, plus que maman, je t'aime. Papa, tu m'achètes des petits bonbons ?

Le monsieur : – Je suis obligé de craquer !

– Oui.

Le monsieur : – D'accord. On prend un petit paquet. »

Alors, est-ce que monsieur a bien réagi ?

*(Le public répond.)* « Non. »

Non, monsieur. Il va falloir revenir aux réunions.

Ce qui est dur à gérer dans ce genre de situation, évidemment c'est le regard réprobateur des témoins de la scène. Il y a les commentaires indirects *(Voix autoritaire.)* : « De mon temps, on lui aurait mis une bonne raclée, pis terminé. On supprime le service militaire, la peine de mort, ça fait des terroristes de 3 ans et demi ! »

Puis il y a les gens qui vous donnent des conseils *(Voix populaire.)* : « Oh, je veux pas me mêler, je vous observe depuis tout à l'heure, vous avez le profil idéal pour postuler à "Super Nanny" ! »

Il y a une phrase toute simple pour clouer le bec des gens. Et c'est : « J'aide mon enfant à se structurer. »

*(Elle fait répéter au public.)*

Et si ça ne suffit pas, vous rajoutez : « Et je t'emmerde ! »

#

# La caissière de supermarché

*(À la cantonade.)*

Un conseiller fromage est demandé en caisse 8 ! *(À la cliente.)* Je suis désolée, madame, le code-barres il passe pas. *(Au public.)* Elle m'a pas dit bonjour, le code-barres, il passe pas.

C'est-à-dire, maintenant, les gens, quand ils arrivent en caisse de supermarché, ils sont très énervés, y a tellement de produits ! Rien que si tu veux acheter des yaourts, le rayon yaourts, il fait plusieurs dizaines de milliers de kilomètres.

Sinon t'as les yaourts allégés. C'est-à-dire, ils enlèvent du gras, ils rajoutent du prix.

Il y a même les yaourts au goût de tarte au citron. Les gens ils imaginent qu'ils mangent une tarte au citron prédigérée... Ou alors c'est pour les vieux qui n'ont plus de dents.

Il y a même le yaourt qui soi-disant fait baisser le cholestérol. Mais qu'est-ce qui se passe si tu en manges et que tu as pas de cholestérol au départ ? Tu deviens cholestérol-négatif.

Et t'as toute une portion du rayon yaourts, c'est les yaourts à l'ancienne. C'est pas des vieux yaourts anciens tout pourris, non, c'est des yaourts faits par la laitière... La laitière, elle a pas de jean, elle a pas Internet, elle a pas de RTT, elle a juste son petit turban de laitière et toute la journée, depuis le XVII^e siècle, elle touille des yaourts... Elle devrait en parler aux prud'hommes. Elle a un CDI, Contrat à Durée Interminable. Elle voudrait bien s'arrêter de travailler, la pauvre, mais elle peut pas, elle est coincée derrière l'emballage.

Ils racontent toutes sortes de choses sur les emballages.

L'autre fois, je vois sur des céréales : *Ces céréales apporteront à votre enfant énergie et bonne humeur pour bien démarrer la journée.* Ils n'ont jamais vu la tronche des ados le matin !

*(Voix d'ado qui mue.)* « Quelle heure il est ?

– Mange encore des céréales, mon chéri. »

L'autre fois, sur une tablette de chocolat, j'ai lu : *Ce chocolat vous fera vibrer de désir et fondre de plaisir.* Ils veulent nous faire croire que, si tu manges du chocolat, tu as un orgasme.

C'est pas vrai. C'est quand tu as pas d'orgasme que tu te gaves de chocolat.

**SINON T'AS LES YAOURTS ALLÉGÉS. C'EST-À-DIRE, ILS ENLÈVENT DU GRAS, ILS RAJOUTENT DU PRIX.**

Je ne dis pas ça pour moi parce que, grâce à Dieu, j'ai fait ma vie, mais ce serait bien s'il y avait un petit code-barres sur les êtres humains ! On pourrait le scanner discrètement, par exemple avant d'embrasser quelqu'un pour la première fois. Il y aurait la date de fabrication, la date d'expiration, le taux de lipides et des petits renseignements utiles : « Cinquante-trois langues ont été dans cette bouche avant vous. »

Ah oui, quand même ! Des fois, vaut mieux pas savoir.

« Il s'est brossé les dents à 8 h 20 ce matin, là il est 18 heures. À midi, il a mangé du poulet au curry. Non seulement il pue de la bouche, mais peut-être qu'il a la grippe aviaire. »

Souvent, les gens ils viennent à moi me poser des questions. L'autre fois, y a un monsieur il m'a dit : « Pardon madame, qu'est-ce que c'est "jambon sélectionné" ? »

C'est-à-dire, il y a un sélectionneur de cochons qui passe dans les fermes : le Raymond Domenech de la basse-cour. Il observe les cochons, il dit : « Toi oui, toi non. » Et le cochon, il fait : « Ron-ron-ron. »

L'autre fois, il y a une dame, elle me dit : « Pardon madame, il y a une tranche gratuite, c'est laquelle ? »

Moi, je trouve que le nom des produits « café Grand'Mère », « confiture Bonne Maman », c'est pas adapté à la société actuelle. Pourquoi pas « le biscuit à ma demi-sœur », « le café du nouveau mec à ma grand-mère » ?

Moi, je vous dis franchement, ce que je préfère par-dessus tout, c'est regarder les petits couples d'amoureux que tu vois que c'est la première fois qu'ils font les courses ensemble. Ceux-là, tu les vois, ils irradient de bonheur à travers les rayons.

*(Voix amoureuse mièvre.)* : « Oh, regarde le rayon fromage, tu aimes le camembert ? Moi, je préfère le gruyère. D'accord, prends de la mozzarella. »

Et tu revois les mêmes six mois plus tard *(Désagréable, blasée.)* : « Oublie pas le PQ ! »

Quand vous arrivez devant les caisses, c'est vous qui scannez du regard la caisse qui risque d'avancer le moins lentement : lui, il a fait des provisions pour la Troisième Guerre mondiale ; là, la caissière ça fait dix minutes qu'elle essaie de changer son rouleau ; là c'est opération escargot, la mamie elle raconte son dossier médical depuis l'Antiquité…

Vous choisissez soigneusement une file d'attente et, par un phénomène mystérieux inexpliqué à ce jour par les scientifiques du monde entier, sitôt que vous avez choisi une file d'attente, elle s'immobilise. Tandis que les files de gauche et de droite se débloquent soudainement.

C'est pour ça que les gens font tous la gueule dans les queues de supermarché. Ils sont tous en train de regretter : « Pourquoi j'ai pas pris la file d'à côté, pourquoi ? »

Quand je vous annonce le total, alors là vous faites encore plus la gueule. Surtout quand je rappelle que je donne plus de sacs plastique. Là, j'entends : « Merde, fait chier la planète !

L'AUTRE FOIS, JE VOIS SUR DES CÉRÉALES : « CES CÉRÉALES APPORTERONT À VOTRE ENFANT ÉNERGIE ET BONNE HUMEUR POUR BIEN DÉMARRER LA JOURNÉE. » ILS N'ONT JAMAIS VU LA TRONCHE DES ADOS LE MATIN !

– Monsieur, voyons, c'est pour des motifs écologiques ! »

À mon avis, c'est pour des raisons économiques.

Si Leclerc, Carrefour et Auchan s'intéressaient vraiment à l'environnement, ça fait longtemps que vous rouleriez avec des caddies en bois éclairés à la bougie.

Et je vous vois repartir sur les parkings des supermarchés, les sacs pleins de produits allégés tellement lourds à porter.

Vous rentrez chez vous, vous faites le plein de votre frigo mais à l'intérieur vous ressentez comme un grand vide.

Vous avez acheté des vitamines, du calcium, du magnésium, des oméga-3, du plaisir, du désir, mais vous avez rien prévu à manger pour ce soir.

#

# La vendeuse de vêtements

*(Démarche nonchalante, perruque avec les cheveux dans les yeux. À une cliente.)*

Vous remettez sur cintre, s'il vous plaît, on est vendeuses de vêtements, pas rangeuses de vêtements.

Ouais, madame, c'est très fashion le petit pantalon blanc, mais ce sera mieux après votre accouchement parce que là on dirait le bonhomme Michelin. Oh, vous n'êtes pas enceinte ? C'est les ballonnements de la ménopause.

*(À sa collègue.)* Eh, faut que je te dise Karima, je me suis fait une cuisine américaine dans mon studio : j'ai posé le micro-ondes sur ma table de nuit.

J'ai 15 m$^2$ mais j'ai aménagé en duplex grâce à des lits superposés. En bas le coin saloon, en haut le coin bedroom. Le souçaïe, c'est le plafoon. Bah, si je sors pas de my bed en rampant, je m'assoomme.

*(Au client.)* Monsieur, vous voyez pas que je suis en train de discuter avec ma collègue ? Attends, mais les gens sont d'un sans-gêne !

*(Au client.)* Oui, c'est du faux cuir mais c'est du vrai plastique. À 12 euros…

*(À sa collègue.)* Non, mais c'est vrai qu'aujourd'hui j'suis un peu speed. Parce que j'avais rendez-vous avec ma nouvelle banque.

Tu sais, je me suis inscrite à la banque, ils font la pub, les banquiers ils sont tous complètement fumés et ils chantent des chansons à leurs clients ! Alors moi, tu sais, pour me mettre dans le mood, j'avais fumé et j'avais préparé une petite choré personnalisée à la Kamel Ouali. Je me pointe dans le bureau du banquier et j'lui fais *(Elle se lance dans une chorégraphie avec beaucoup d'énergie.)* :

« Je suis à découvert,
Ne soyez pas en colèèère. »

J'ai vite déchanté. Il était pas du tout enchanté. Je lui ai dit : « 1 300 euros, par rapport à l'État français, c'est rien. Moi aussi je serai à l'équilibre budgétaire en 2020. » J'ai plus de banque…

*(Au manager du magasin.)* Salut Fred. Non, mais Fred c'est pas ce que tu crois… Y a eu un problème technique dans le RER parce que y a un chien qui s'est suicidaïe parce que sa niche a brûlé dans une émeute en banlieue… Non, j'ai pas pu vous phoner. Je vais vous raconter toute ma life, SFR m'a tout coupé. Tout ça parce que je leur dois 8 515 euros. Mais no souçaïe.

*(À sa collègue.)* Non mais lui, depuis qu'il est manager, il dream éveillé, quoi ! Je suis arrivée une fois à l'heure, depuis il aimerait que ça se reproduise tous les jours.

Je m'excuse mais si le travail c'était tellement bien, pourquoi on te paie pour le faire ?

*(Très excitée.)* Alerte, j'aperçois un immense beau gosse !

*(Séductrice.)* Bonjour… C'est quatre articles maximum par cabine. Vous en avez neuf ? No souçaïe, je vous donne un 4 et un 3. 4 et 3 = 9. Je vous laisse vous installer, si vous avez besoin de quoi que ce soit, vous m'appelez, je m'appelle Sylvie, mais on prononce Sylvaïe.

**CE QUE JE PENSE DE CE PETIT HAUT BEIGE ? EN TOUTE SINCÉRITÉ ? FAUDRAIT FAIRE DES UV. ÇA VOUS FAIT UN TEINT DOLIPRANE CANARD WC.**

*(À sa collègue.)* Il me fait palpiter le string… Mais n'importe quoi, il est pas homo ! Attends, y a aussi des hétéros qui ont des abdos.

*(À une cliente.)* Ce que je pense de ce petit haut beige ? En toute sincérité ? Faudrait faire des UV. Ça vous fait un teint Doliprane Canard WC.

*(Au patron.)* Oui, Fred, je sors la marchandise des cartons, je la mets en rayon. No souçaïe.

*(À sa collègue.)* Non, mais lui, s'il continue à me persécuter comme ça, moi je démissionne à la fin de mon CDD ! Mais moi je m'en fous, je trouve du boulot quand je veux, je suis bac moins 3 ! Mais il me l'a dit, le mec à Pôle emploi, il m'a dit : « Votre chance à vous, c'est qu'à force vous êtes spécialisée en boulots non qualifiés. »

Avant d'être ici, j'étais chez McDo. J'avais pas la patate, je sentais la frite.

Non, mais j'vais dire, de toute façon j'ai eu vachement de boulots mais j'ai jamais eu d'emploi parce que j'ai la grippe précaire. Et la grippe précaire, c'est comme la grippe aviaire, y a pas de vaccin.

*(Au client.)* Ça va, les petits pantalons ? Oh, sorry, je vous ai surpris torse nu.

*(À sa copine.)* Il a des poils partout, on dirait un yeti, j'adore…

Faut que je te donne mon nouveau number parce que Mickaël il arrête pas de me coller. Mais au lit, « m'essayer, c'est m'adopter ». Comme on dit : « C'est en forgeant qu'on devient forgeron, c'est en niquant qu'on devient niquebon. »

Ah non, mais lui je le sentais trop bien : « Homme à lunettes, tempête sous la couette. »

Non, mais tu sais, je suis pas OK avec Sarkozaïe, parce que moi c'que j'aimerais c'est travailler beaucoup, beaucoup moins, pour gagner beaucoup, beaucoup plus.

*(Au client.)* Y a rien qui va ? Non mais laissez, monsieur, je vous en prie, je vais ranger, je suis là pour ça. Je vous raccompagne.

Vous m'excusez, avec ma collègue, on a fait un pari : elle me dit que vous êtes homo… Bi ?

Mais qui c'est qui a gagné alors ?

Ah… On a raison toutes les deux. Bi, no souçaïe… *(À sa collègue.)* Big souçaïe.

*(Au manager.)* Oui, Fred, j'ai sorti la marchandise des cartons, j'ai mis en rayon. Fred, c'est pas de ma faute si quelqu'un a remis la marchandise dans les cartons !… Non, mais vous savez, Fred, j'ai une devise : à salaire minimum, travail minimum !

#

# Le slam du régime

Je voudrais faire un slam pour ces millions de femmes
Pour qui le plus grand drame c'est de prendre… 500 grammes
7 heures sur la balance,
J'observe la tendance
Ça y est, j'ai regrossi,
La journée est pourrie.

Je suis d'une humeur de chien,
J'aboie sur mon conjoint
Sachets protéinés
Qui donnent envie de gerber
Je veux vaincre cette graisse
Qui squatte dans mes fesses.

Pour me remonter le moral,
Je me soûle… à l'eau minérale
500 millilitres, un litre, deux litres,
Je vais bientôt sombrer dans un coma hydraulique.

5 heures, la boulangerie, le goûter des enfants
L'odeur des croissants m'agace prodigieusement
22 heures, dîner chez des amis,
Gâteau au chocolat, je dis : « Non, non merci »
Puis j'en reprends trois fois.

Je voudrais faire un slam pour ces femmes au régime
Accros à l'aspartam, droguées au Canderel
Y en a qui croient en Dieu, au Seigneur éternel,
Elles croient dur comme fer à c'qu'elles ont lu dans *Elle*.

Mourir pour des idées, c'est tellement démodé
Rentrer dans son maillot, ça, c'est vraiment le pied
Avant, il fallait résister aux Allemands
Aujourd'hui, il faut résister... aux féculents
On combat les bourrelets, on vainc la cellulite
Les combats d'aujourd'hui sont un peu pathétiques.

Se plier à la norme pour ne pas être rejetée,
Physiquement correcte pour être enfin aimée.

Je voudrais faire un slam pour ces Occidentales
Qui, sans penser à mal, se pourrissent le moral
À vouloir ressembler aux modèles squelettiques
Des magazines fashion, déesses anorexiques.

Ailleurs sur la planète, on voudrait juste bouffer
Même si c'est un peu gras, même si c'est trop sucré
Y en a qui en ont trop et d'autres pas assez
Y en a qui font envie et d'autres vraiment pitié.

Ce culte de l'apparence et du chacun pour soi
Ce rêve du corps parfait qu'on n'atteindra jamais

Devient de la démence et frise l'indécence,
C'est mon avis à moi
Vite, donnez-moi
Du gâteau au chocolat !

#

# Le fournisseur d'accès Internet

Maintenant, on a tous des fournisseurs d'accès Internet : « Moi je suis SFR, moi je suis Free, moi je suis Orange… » Moi, je suis dans la merde.

Le premier truc qu'on demande, c'est : « Entrez votre login. »

Moi, je sais jamais si on doit dire *login* comme vagin ou *logine* comme angine.

C'est comme dans les portables : « Entrez votre pin. »

J'ai un copain, il a vraiment essayé de rentrer sa… Ils ont mis trente-quatre heures à le désincarcérer. Elle était tout orange, il criait : « Laissez faire, l'SFR ! »

Ah, mais maintenant t'arrives dans une famille à 8 heures du soir, t'as l'ado sur Instagram, le père sur Internet, le gamin avec sa console et la mère qui crie : « À table ! »

*(Elle imite Tarzan.)* « ÀÀÀÀ table ! »

*(Elle chante sur l'air de* Carmen.*)* « Venez manger, sinon je vais m'énerver. » Faut que je vous envoie un mail pour que vous veniez bouffer ?

Là, t'as pas d'autres solutions que de couper le disjoncteur de l'immeuble. Et là ils font tous : « Hein ? Quand est-ce qu'on mange ? »

Puis avec le numérique maintenant, il y a des millions de photographes. Je vois à la fin de mes spectacles :

*(Voix populaire.)* « Anne, je peux vous prendre en photo ?

– Oui, bien sûr. Avec le monsieur ? D'accord. *(Sourire crispé.)*

– Alors, voilà, le flash. Non, j'ai éteint l'appareil… Ah ben oui, t'as qu'à le faire si t'es tellement malin. Oui, y a deux boutons, ben c'est l'autre, c'est tout, ça va ! Souriez, souriez. Voilà ! Souris, souris ! Ben là, elle sourit et toi tu fais la gueule, déjà que tu rends pas bien en photo… Je vérifie… Je me suis photographiée moi-même. »

La principale nouveauté, c'est qu'y a plus de fils aux ordinateurs. T'es chez toi, t'es connectée à Internet, ton ordinateur est relié par des ondes invisibles à ta box. Mais juste quand tu veux envoyer un mail, toujours à ce moment-là, on te dit : « Désolé, votre connexion wi-fi n'est plus disponible. »

**MOI, JE SAIS JAMAIS SI ON DOIT DIRE *LOGIN* COMME VAGIN OU *LOGINE* COMME ANGINE.**

Y a un problème, mais où ? Va réparer une fuite d'eau invisible ! Tu prends l'ordinateur, tu le rapproches de la boîte : « Dis bonjour à la boîte… Tu te connectes où je te pète la tête ! »

Et tout d'un coup il t'annonce : *Veuillez contacter votre fournisseur d'accès.*

Là, tu décroches ton téléphone et tu t'aperçois qu'il n'y a plus de tonalité parce que tu as eu la bonne idée de supprimer ton téléphone fixe pour faire des économies. Donc le fournisseur d'accès, on l'appelle avec le portable.

*(Elle imite la voix du répondeur.)* « Ta-ta-ta-ta, votre temps d'attente sera facturé 34 centimes d'euro la minute. »

Tu comprends mieux pourquoi ça s'appelle connexion haut débit. C'est la vitesse à laquelle ils aspirent ton compte.

« Ta-ta-ta. »

C'est pour ça qu'ils appellent ça la hot-line, parce que quand t'appelles t'as chaud.

« Ta-ta-ta. »

C'est pas le moment que ton mec te demande quelque chose : « Aaahhhhh ! Tu vois pas que je suis occupée, merde !... Oh, pardon monsieur... » Il a raccroché.

Ils sont très susceptibles au Maroc. Mais toi t'as vraiment besoin de te connecter. Alors tu rappelles :

« Ta-ta-ta... Nous sommes heureux de vous annoncer que votre temps d'attente est estimé à... Tût ! Tous nos collaborateurs sont actuellement occupés. Avez-vous pensé à nous joindre sur notre site Internet ? »

#

# La délocalisation

*(Une femme populaire pousse un chariot et s'adresse au public.)*

Pendant trente-trois ans, j'ai travaillé dans une usine de chaussettes, puis il y a deux ans ils nous ont délocalisé l'usine en Chine. Le patron a dit : « C'est pas de ma faute, c'est la mondialisation, c'est plus nous qui décidons. »

C'est plus lui qui décidons, mais c'est lui qui nous virons.

J'avais pas de travail, je tournais en rond, j'ai dit à mon mari : « Plus personne s'intéresse à moi depuis que je suis au chômage. » Il m'a dit : « Arrête de payer les factures et tu verras. »

La dame de Pôle emploi, elle m'a dit : « Madame Laminoir, faut comprendre, vous avez 54 ans, vous n'êtes plus toute jeune ! »

J'ai dit : « Et puis alors ? Chirac, il a travaillé jusqu'à 74 ans, personne lui dit rien ! Puis le pape il a travaillé jusqu'au bout.

– C'est pas pareil, madame Laminoir, eux, ils sont médiatiques. »

Moi aussi je suis médiatique, je suis passée à France 3 Nord-Pas-de-Calais, quand qu'on a brûlé les chaussettes !

Puis m'envoyez pas à la boutique de l'emploi comme tous mes collègues ! La boutique de l'emploi, ça procure surtout de l'emploi à ceux qui tiennent la boutique.

J'ai une collègue, elle a fait un stage de trois mois là-dedans. Le premier mois, ils lui ont dit que son look ça n'allait pas du tout, fallait tout refaire. Le deuxième mois, son CV n'allait pas du tout, fallait tout refaire. Puis le troisième mois, elle a eu un entretien avec un employeur, il l'a pas reconnue sur la photo. Il lui a dit : « Vous seriez pas un peu instable psychologiquement ? »

C'est là que la dame de Pôle emploi elle m'a dit : « Puisque vous êtes vraiment motivée, j'ai un métier d'avenir à vous proposer : auxiliaire gériatrique. Accepteriez-vous de suivre une formation rémunérée ?

– Parce qu'il faut une formation pour apprendre à torcher les vieux ?

– Déjà, madame Laminoir, on ne dit pas vieux, on dit personne âgée.

– Faut pas dire ceci, faut pas dire cela. Oh, oh ! Et moi, je suis pas au chômage peut-être ? Je suis en année sabbatique rémunérée par les Assedic ? »

Finalement, j'ai accepté son stage. Elle était contente, elle a dit : « Comme ça, je vous raye des statistiques ! »

Elle me l'a dit : plus qu'elle en raye beaucoup, plus qu'elle a une prime. Ils font ça pour lutter contre le chômage de ceux qui fabriquent les statistiques.

Bah, c'était facile le stage, on nous a appris que les personnes âgées fallait leur parler fort.

Faut dire *(Elle crie.)* : « Ça va, mémé Simone ? »

J'avais l'habitude à l'usine, avec le bruit des machines.

On a même eu un cours de relation à la personne âgée. Ça veut dire : faut dire oui oui à tout ce qu'ils nous disent, puis faire à notre idée. J'ai l'habitude, ça fait trente-trois ans que je suis mariée.

Je les aime bien, mes petits papis-mamies.

Ils me disent : « Ça va, jeune fille ? »

Je dis : « Jeune fille, voyons donc, j'ai 54 ans ! »

Quand t'as 98 ans, 54 ans, c'est tout jeune.

J'ai une petite collègue, elle est bac + 5 en communication, elle a pas le moral parce qu'elle me dit : « C'est pas ce que j'avais prévu de faire comme travail.

– Mais oui, mais quand tu dis "Ça va ?" à mémé Simone, c'est de la communication ! »

J'AVAIS PAS DE TRAVAIL, JE TOURNAIS EN ROND, J'AI DIT À MON MARI : « PLUS PERSONNE S'INTÉRESSE À MOI DEPUIS QUE JE SUIS AU CHÔMAGE. » IL M'A DIT : « ARRÊTE DE PAYER LES FACTURES ET TU VERRAS. »

Des fois, je discute avec eux, je dis : « Oh, j'ai le bourdon, je pense à mon ancien travail. »

Ils font : « Quoi ?

– J'ai dit : j'ai le bourdon, je pense à mon ancien travail !

– Ah non, non, merci, je ne veux pas de paille. »

C'est de la communication.

Et puis souvent ils se plaignent : « C'est pas bon, ce qu'on mange. »

Je dis : « C'est pas de ma faute, c'est la mondialisation, c'est pas nous qui décidons. »

C'est vrai, la bouffe, elle est toute délocalisée chez Sodexo.

C'est pas nous qui décidons mais, hélas, c'est nous qui la bouffons.

C'est intéressant d'observer les personnes très, très âgées. J'ai remarqué que bien souvent la tête que t'as quand t'es très, très vieux, c'est souvent la tête de l'expression que t'as eue le plus souvent au cours de ta vie. Comprenez-vous ? Par exemple, quelqu'un qui est tout le temps de mauvais poil, ben à la fin de sa vie, il y a de fortes chances qu'il ait une tête comme ça. *(Elle fait la tête.)*

Que quelqu'un qui n'a pas d'énergie quand il a 20 ans, à 98 ans il tiendra plus debout. Pis ceux qui se font tout le temps du souci, ils sont paralysés par l'angoisse.

*(Au public.)* C'est pour ça qu'il faut faire très attention à la tête que vous avez actuellement… J'en vois beaucoup parmi vous qui feraient bien de se méfier.

Dites voir, applaudissez ceux qui ont des vêtements *made in China*.

Pis ceux qui n'en ont pas, applaudissez.

Ben, avez-vous regardé d'où qu'elles viennent, vos chaussettes ?

Vous achetez du *made in China* pour faire des économies.

Plus vous faites des économies, moins l'économie va bien, moins vous gagnez d'argent, plus vous achetez du *made in China*, et ainsi de suite, c'est cumulatif, comprenez-vous…

Ils sont très intelligents les Chinois qui ont mis ça au point.

Ils fabriquent pour moins cher mais ça dure beaucoup, beaucoup moins longtemps.

Regardez voir les grille-pain. Avant, un grille-pain, ça durait vingt ans. Maintenant, au bout d'un an pile, la tartine, soit elle reste à l'intérieur soit elle sort complètement cramée. C'est plus des grille-pain, c'est des brûle-pain.

On aurait dû se méfier de gens capables de manger du riz avec des baguettes.

Mais avant, quand j'allais dans les restaurants chinois et qu'ils disaient *(Accent asiatique.)*: « Oh, bonjour, comment ça va ? » Je me disais : « Oh les pauvres, ils ont pas beaucoup de clients, ils sont contents de nous voir ! »

C'est pas normal de tout le temps se marrer comme ça.

Ils se foutaient de notre gueule *(Accent asiatique.)*: « Vous nous prenez pour des cons, on va se venger. Vous allez en bouffer du *made in China* ! »

On peut rien faire, ils sont 1 milliard 300 millions, nous on est 60 millions. Qu'est-ce qu'on est par rapport à eux ? Un petit pois dans un bol de riz cantonais ?

Le seul secteur dans lequel la France est encore n° 1 mondial, c'est le tourisme. Et c'est d'autant plus une performance que dans l'ensemble on est très désagréables avec les touristes.

Tu vas dans un restaurant français même très chic *(Accent chic désagéable.)*: « Vous aviez réservé ? Non ? Mais vous serez combien ? Deux ? Ouuh... »

Tout prend des proportions, en Chine. Imaginez la quantité de cons qu'il y a en Chine. Comme c'est un peuple très intelligent – comme nous, les Français –, imaginez qu'il y a seulement 20 % de cons... 20 % de 1 milliard 300 millions, ça fait 300 millions de cons, et pas si cons que ça puisqu'ils sont capables de parler le chinois !

*(À la cantonade.)* Oui, j'arrive, mémé Simone !

Vous savez qu'est-ce qui est bien avec mes petits vieux ?

C'est qu'ils sont tellement vieux puis tellement seuls qu'avec eux, au moins, je suis sûre d'une chose : ils ne délocaliseront jamais en Chine.

# Le divorce

Moi, cette année, j'ai plein de copines qui ont divorcé. Juste pour savoir, applaudissez, celles et ceux qui ont déjà divorcé. *(Applaudissements.)* Et ceux qui vont bientôt divorcer... Applaudissez !

Non, mais il faut dédramatiser, moi j'ai plein de copines qui me disent *(Voix chic joyeuse.)* : « Anne, si tu savais à quel point je suis soulagée depuis que je connais le montant de ma pension alimentaire. »

Par contre, j'ai remarqué, une femme divorcée de plus de 40 ans n'a plus qu'une obsession : « Un hooomme ! Je veux un hooomme ! » C'est plus le démon de midi, c'est la foufoune en folie !

À tel point que quand une copine divorcée me dit : « Il est vachement sympa, ton mec.

– Ah non, non, non ! Ne crois pas ça, il a l'air comme ça, mais à vivre au jour le jour...

– Non, mais physiquement, il est bien quand même.

– Ah non, non, non ! Là, c'est parce que tu le vois debout, mais allongé sur le dos on dirait qu'il attend des triplés. »

Maintenant, les gens passent des nuits entières à surfer sur les sites de rencontre comme Tu Niques, Meetic.

C'est incroyable, mais tu tapes « homme 29 ans », mais c'est la foire aux bestiaux ! Il y en a qui mettent leur photo, on voit bien que c'est pas leur vraie photo, et il y en a qui mettent leur photo, on voit bien que c'est leur vraie photo...

Le divorce aujourd'hui, ça fait la fortune des psys et des avocats.

Dans toutes les religions, c'est facile : le mariage c'est bien, le divorce c'est mal.

Pour les psys, c'est déjà plus compliqué *(Imitant un psy.)* : « Le fait que vous soyez mal en étant mariée ne veut pas dire que vous serez mieux en étant divorcée. Vous serez peut-être un peu moins mal, ce qui peut être un moindre bien, vous me suivez bien ou vous me comprenez mal ? »

Pour les avocats, le bien, le mal, ça dépend qui les paie.

Moi, j'aurais bien aimé être psy, écouter les petits secrets des gens... Le problème c'est qu'on n'a pas le droit de répéter. Et ça, clairement, j'aurais pas pu !

C'est vrai, un des grands bonheurs de la vie à deux, c'est quand même de pourrir son conjoint. Si possible sans se faire prendre.

Par exemple, t'as le papier-toilette. Bon, il y en a plus, tu le remplaces. Mais qu'est-ce qu'il se passe quand il en reste juste un tout petit peu ? Genre tu peux te moucher dedans. Là, tu peux rembobiner discrètement le rouleau, tu vaques à tes occupations, tu attends un peu, et il y a forcément un moment où tu vas entendre : « Merde ! » *(S'approchant d'un air satisfait.)* « Il y a un problème, mon chéri ? Bien sûr, je t'apporte un rouleau... Ah, y en a plus ! Ah si, j'en ai trouvé un... »

Et c'est là qu'intervient la partie la moins agréable du processus. *(Elle se bouche le nez.)* C'est là que tout d'un coup tu prends la pleine mesure de l'expression « pour le meilleur et pour le pire ».

Y a plein de moyens de pourrir son conjoint. Par exemple, il rentre tard. Tu peux te coucher en travers du lit, mais vraiment bien en transversal, et tu fais semblant de dormir très profondément. Il fait des efforts incroyables pour pas te réveiller, il se déshabille dans le noir, il se cogne dans les meubles. Et au moment où il veut rentrer dans le lit, hop, tu changes de position. Et au prix de contorsions incroyables, il pense qu'il est parvenu à ne pas te réveiller, tu fais : « Oh, je dormais ! » Alors que la télécommande est encore chaude…

Y a encore des points sur lesquels on n'arrive pas à se mettre d'accord, même après des années de vie commune.

Nous, c'est sur le fait d'avoir ou non à rincer la vaisselle avant de la mettre dans le lave-vaisselle.

Applaudissez, ceux qui trouvent que c'est important de rincer la vaisselle.

*(Quelques applaudissements.)*

Ah quand même !…

Et ceux qui trouvent que c'est complètement débile, applaudissez.

*(Applaudissements plus nourris.)*

Tous ces hommes avec qui j'aurais pu vivre en parfaite harmonie !

Mais c'est un gros problème entre nous, il ouvre le lave-vaisselle, il scrute toutes les assiettes.

« Tu l'as pas rincée, celle-là ?

– Mais, chéri, tu me connais.

– C'est quoi ça ? C'est un peu de jaune d'œuf séché ? »

*(Elle crache sur le plat puis l'astique.)*

Quand tu vas voir un psy, il t'explique que tous tes problèmes viennent de tes blessures d'enfance. Des vacheries que tes parents t'ont faites entre 0 et 5 ans, qui te marquent pour la vie entière.

J'ai beaucoup réfléchi au cas de mon mari, et je pense que, quand il était petit, on a dû lui servir du lait dans des biberons mal rincés.

#

# La femme refaite

*(Une femme qui a abusé de la chirurgie esthétique – seins et lèvres – entre en scène.)*

Depuis que j'ai fait ces petits travaux de rénovation, tout le monde se retourne sur moi dans la rue, les hommes, les femmes, les jeunes, les enfants.

Au zoo de Vincennes, un singe est tombé amoureux de ma bouche de babouin.

Il y a des femmes de ma génération qui se laissent complètement aller. J'ai une amie, elle me dit : « Ce qui compte, c'est d'être bien dans sa tête. »

Mais moi aussi je suis bien dans ma tête, je souris en permanence, même quand je fais la gueule !

Et puis je préfère qu'on m'appelle Silicone Valley plutôt que Jurassic Park.

Avant, on faisait de la chirurgie esthétique pour avoir un petit coup de jeune. Maintenant, c'est pour avoir un petit coup avec un jeune.

Je suis une occasion, la carrosserie est refaite à neuf mais le moteur est d'origine.

*(À un homme dans le public.)* Vous avez quel âge ? 27 ans ?

J'ai arrêté les moins de 25 ans. Ah non, ils sont rapides au décollage mais on a à peine le temps de s'envoler qu'ils ont déjà atterri. Puis leur conduite est trop brutale.

L'autre fois, il y en a un qui m'a tellement secouée, il m'a fait craquer les coutures...

J'en ai eu pour 8000 euros de réparation.

Les assurances n'ont pas voulu me rembourser, pourtant, je regrette, c'est un accident domestique !

Ça a changé ma vie. Mes petits-enfants m'appellent « momie ».

Mon fils me dit : « La chirurgie esthétique, c'est bien si ça ne se voit pas. » J'ai dit : « Si ça se voit pas, ça sert à quoi ? »

Vous savez comment m'appelle, mon chirurgien ?

Son appartement témoin... Avec ce que je lui ai laissé, il pourrait m'appeler sa résidence secondaire.

Non, mais j'ai eu de la chance, j'ai été bien opérée.

J'ai une amie, on l'a tellement tirée, elle doit dormir les yeux ouverts.

La dernière fois qu'elle a éternué, il y a une fesse qui a éclaté.

Elle a trop vite repris l'avion après la pose de ses prothèses mammaires, elle a explosé en plein vol.

Elle voulait donner son corps à la science, ils n'en ont pas voulu.

Pour rembourser le crédit de ses opérations, sa famille a dû la revendre en pièces détachées sur eBay.

Lors de ma dernière rhinoplastie, à force de raboter, raboter, le chirurgien m'a complètement pulvérisé ma cloison nasale. D'où ce timbre de voix un peu particulier.

**JE PRÉFÈRE QU'ON M'APPELLE SILICONE VALLEY PLUTÔT QUE JURASSIC PARK.**

Avec le chirurgien, au lieu de se faire un procès, on s'est arrangés à l'amiable, il m'a fait une opération bonus, il m'a complètement refait le... *(Elle désigne son sexe.)*

À quoi ça sert que le haut soit tout tiré si le bas est tout plissé ?

Ah, ça a changé ma vie ! Je ne suis plus jamais seule dans mon lit, mais toujours aussi seule dans la vie.

Mon fils me dit : « Maman, c'est à cause de ton caractère égocentrique, faudrait te faire agrandir le cœur. »

J'ai tout de suite appelé la clinique.

J'ai dit : « Allô, je voudrais un devis pour agrandir le cœur. »

Huit jours après : « Madame, nous avons appelé partout, au Brésil, à Los Angeles. Pour se faire agrandir le cœur, il n'y a qu'une seule solution : faut faire un travail spirituel sur soi. »

Vous voulez dire aller fouiller à l'intérieur ?

J'ai dit : « Ah non, ah ça jamais ! Ça me fait vraiment trop peur. »

#

# L'enterrement

*(Une vieille dame juchée sur une échelle recouverte d'un drap noir assiste à son propre enterrement. On ne voit que sa tête dans un halo de lumière.)*

Oh, ils sont venus ! Puis eux aussi ils sont là. Pis là, ils sont venus, toute la famille. Oh, je suis contente, y a du monde à mon enterrement !

Par contre, les gens racontent vraiment n'importe quoi :

« Elle est mieux là où elle est… »

Ben qu'est-ce que t'en sais ? J'ai pas envoyé de cartes postales pour dire que j'étais bien arrivée !

« Dire qu'il y a une semaine encore elle était vivante. »

C'est le principe, une seconde avant d'être mort, tu respires encore.

« On sait pas quoi dire… »

Eh bien, tais-toi !

« On est bien peu de chose… »

Surtout toi !

Oh, et il est pas festif le croque-mort, il met une mauvaise ambiance à faire la gueule comme ça. *(Voix sinistre.)* « La famille, veuillez me suivre s'il vous plaît. »

L'autre jour, quand il leur a imprimé le devis, c'est eux qui tiraient une tête d'enterrement.

C'est des circonstances, t'as pas le cœur à négocier.

Tu vas pas dire : « Je réfléchis et je repasse dans une semaine. »

Il est mignon comme tout, le curé, ils ont pris un jeune, à vous faire regretter le célibat des prêtres. Qu'est-ce qu'il raconte ?

*(Voix de curé avec un léger écho.)* « Réjouissons-nous tous ensemble du départ dans la lumière... »

Réjouissons-nous, faut pas exagérer quand même.

Moi, ça me fait plaisir que les gens ils chouinent un peu...

Tiens, regarde ma petite-nièce comment qu'elle braille. Mais mouche-toi donc, nigaude, sinon, avec ton piercing dans le nez, tu vas attraper le tétanos !

Mais qu'est-ce qu'il fait son frère ?... Il prend des photos du cercueil avec son portable et il les envoie à ses copains.

« Car elle a enfin trouvé la paix et la sérénité... »

Non, mais c'est vrai qu'on est bien là-haut. On n'a plus peur de rien, le pire est arrivé. Pour la première fois de ma vie, je n'ai plus du tout peur de grossir, même pas peur de pourrir...

Je me fais plus de souci pour les loyers, les impôts, les factures. Les droits de succession, c'est eux qui vont les payer. Ils vont avoir à payer les crédits Sofinco, Cofinoga, Cetelem. Sur la fin, je me suis un peu lâchée sur le téléachat... Oh, ben j'avais des petits problèmes de mémoire, j'ai des produits que j'ai achetés plusieurs fois... J'ai sept cuit-tout vapeur, douze bermudas ventre plat et dix-neuf matelas gonflables pour invités surprise.

Qu'est-ce qu'il raconte mon beau-frère ?

*(Voix d'homme chuchotée.)* « À la fin, je voulais pas aller la voir, ça servait à rien, elle reconnaissait plus personne. »

Je reconnaissais qui je voulais !

Lui, j'ai jamais pu le blairer. Quand il s'est pointé à la maison de retraite, j'ai dit : « Bonjour madame. »

Ah, elle est là, m'ame Laminoir, la p'tite dame de la maison de retraite… Oh, c'est gentil, qu'est-ce qu'elle dit ?

*(Voix populaire.)* « Elle est belle la plante jaune, c'est triste, elle va pourrir ici. Je la prendrais bien pour chez moi. »

Non, mais elle a raison, j'ai été gâtée en fleurs ! *(Elle lit les inscriptions sur les couronnes.)*

*À mémé Simone forever.*

*Regrets éternels.* Faut pas exagérer quand même.

*À tonton Marcel.* Là, c'est le fleuriste qui s'est trompé de convoi.

Oh, puis là aussi dis donc : *Tous nos vœux de bonheur…* J'imagine le mariage où ils vont recevoir « Sincères condoléances ».

*(S'adressant au ciel.)* Oui, ben trois secondes, je remonte ! *(Au public.)* Normalement, on n'a pas le droit de venir voir mais j'ai eu une autorisation spéciale.

J'ai pas le droit de vous raconter ce qu'il se passe là-haut en ce moment mais c'est le bordel. Ils ont voulu mettre la vie des gens sur informatique et ça a buggé. Ils doivent tout ressaisir manuellement.

Mais y a une bonne ambiance, les gens sont détendus, chaleureux. On voit des gens qu'on a perdus de vue.

La seule chose qui me manque beaucoup, il y a pas la télé.

En tout cas, profitez bien de chaque instant de la vie parce qu'oubliez pas que, dans un instant, le présent ce sera du passé.

Puis oubliez pas de dire à tous ceux que vous aimez que vous tenez à eux parce que, quand ils seront plus là, ce sera trop tard.

*(Elle chante doucement, tandis que la lumière s'éteint.)*

Prendre un ancien par la main
Et l'emmener en chemin
Prendre un ancien par la main
Et lui dire je t'aime bien.

#

# Portraits de 20 ans

*(Accent méridional.)*

« Excusez-moi, je voulais souhaiter bon anniversaire de carrière à Anne Roumanoff. Je sais pas si vous me reconnaissez ? Je suis Bernadette. Bernadette, le personnage qui a fait connaître Anne Roumanoff, il y a vingt ans… Elle m'a honteusement laissée tomber y a dix ans parce qu'elle faisait tellement bien les connes que tout le monde croyait qu'elle était conne en vrai. Moi qui la connais bien en vrai, elle est loin d'être conne, Anne Roumanoff, vu qu'elle a fait Sciences Po. Mais c'est pas non plus un critère, quand tu vois tous les cons qui en sont sortis. »

*(Voix de Ségolène Royal.)* « En tant que future première secrétaire du Parti socialiste, je voudrais féliciter Anne Roumanoff pour la comiquitude dont elle fait preuve depuis vingt ans. Moi-même, je tiens à vous annoncer solennellement ce soir que, si je ne parviens pas à prendre la direction du PS, je compte me lancer dans l'humour. Car j'ai prouvé à de nombreuses reprises que je pouvais être drôle sans faire exprès. Je compte intituler mon premier one-woman show *La gazelle nique les éléphants.* »

*(Voix de vieille dame.)* « Je voulais remercier Anne Roumanoff car à chaque spectacle il y a une personne âgée. Même si ce coup-ci elle me fait clamser. Vous savez pourquoi elle fait toujours venir des

grands-mères sur scène ? Parce que ses vraies grands-mères ne l'ont jamais vue sur scène. »

*(Voix de snob.)* « Je suis désolée d'interrompre ce flot d'auto-satisfaction narcissique pour vous dire que je suis navrée : Anne Roumanoff ne me fait absolument pas rire. Je trouve ça un peu affligeant, cette prolifération d'humoristes à l'heure actuelle. Non, mais le fait d'être obligé de payer pour rire, je trouve ça pathétique. Vous-mêmes, j'aimerais que vous réfléchissiez trois secondes à toutes les merdes que vous avez dans vos vies en ce moment, que vous avez tenté d'oublier ce soir. Vous voyez ? Tout de suite, vous riez moins. Ça prouve bien qu'on peut pas rire et réfléchir en même temps. Pensez-y ! »

*(Voix de bouchère.)* « Moi, je m'excuse, je suis dans le commerce, personne n'est venu fêter mes vingt ans de carrière. Tout le monde s'en fout, hein ! Personne n'est venu me demander : "Comment c'était votre premier bifteck ?" De toute façon, j'vais dire, à l'heure actuelle, qu'on soit artiste, artisan, employé, étudiant, profession libérale ou commerçant, quand on a bossé vingt ans, il reste minimum trente ans à bosser pour espérer toucher une retraite potable. Alors je vous avertis tout de suite, vous n'avez pas fini de la voir, la mère Roumanoff ! »

# Slam pour ceux qui font rire

Je voudrais faire un slam
Pour ceux qui ont choisi le difficile métier
De déclencher l'hilarité
On a le succès et la popularité
Mais pour avoir un article élogieux dans *Libé*
Il faut bien souvent attendre d'être décédé
Avoir besoin d'entendre les rires du public
C'est un peu pathologique
Nous, les humoristes, nous sommes de grands angoissés
Mais tous les grands angoissés ne sont pas comiques
C'est pas tous les jours marrant
De faire rigoler les gens
Il faut se renouveler, se battre à chaque instant
La route est longue mais elle n'est pas terminée
Merci à vous de m'avoir accompagnée
Pendant toutes ces années.

#

# FOLLEMENT ROUMANOFF

Théâtre Bobino, 2003

# L'ÉPOQUE DE L'APPARENCE

Vous savez que j'ai quinze ans… de métier ? Il me reste encore vingt-sept ans à cotiser, merci Raffarin.

C'est surtout les femmes qui ont peur de vieillir. Quand on dit un homme mûr, ça a un côté rassurant. Une femme mûre, ça a un côté… fruit pourri.

Vous savez que le spectacle s'appelle *Follement Roumanoff.*

Ce soir, pour vous, j'vais faire des choses folles, je vais me déshabiller.

Merci de votre enthousiasme…

Mais on vit vraiment à l'époque de l'apparence. À l'époque de l'apparence, il faut penser comme tout le monde *(Voix snob.)* : « Ah, tu devrais boire un litre d'eau par jour parce que ça élimine les toxines… »

Oui, puis un litre de vin, ça donne bonne mine ?

Au fait, est-ce que parmi vous il y aurait des hommes qui se trouvent trop gros ? Applaudissez, s'il vous plaît, les hommes qui se trouvent trop gros. *(Le public applaudit.)*

Maintenant, les femmes qui trouvent leur mec trop gros, applaudissez. *(Le public applaudit.)*

Et les hommes qui trouvent leur femme trop grosse… *(Personne n'applaudit.)*

Voyez, les hommes sont beaucoup plus diplomates que les femmes.

À l'époque de l'apparence, il faut tout le temps aller bien. Mais les gens qui vont trop bien, c'est énervant.

**QUAND ON DIT UN HOMME MÛR, ÇA A UN CÔTÉ RASSURANT. UNE FEMME MÛRE, ÇA A UN CÔTÉ… FRUIT POURRI.**

Le snob : « Ah, ça va très bien, on a vendu nos actions avant que le marché s'effondre. Et toi, toujours au chômage ? »

Mais les gens qui ne vont jamais bien, c'est fatigant.

La déprimée populaire : « Je suis ballonnée. J'ai des remontées acides… Et puis j'ai ma fissure à l'anus qu'a pas cicatrisé. »

À l'époque de l'apparence, on n'écoute pas les gens quand ils nous parlent.

« Ça va ?

– Heu, pas trop, j'ai ma mère qui est en train de mourir.

– Super ! »

Vous-même, là, je suis sûre que vous n'écoutez pas vraiment ce que je dis, là.

Je suis sûre qu'il y en a des tas qui pensent à des choses qui n'ont aucun rapport. Peut-être qu'il y en a parmi vous qui se disent :

*(Pète-sec.)* « Alors, deux places : 60 euros, quatre heures de baby-sitting : 24 euros, deux restos après, si on prend pas de vin : 40 euros… 124 euros, déjà j'ai pas tellement envie de rire. »

*(Naïve.)* « C'est fou, elle arrive sur scène avec dix minutes de retard, elle a encore rien fait et tout le monde l'applaudit. Moi, même quand je me pointe en avance au bureau, personne me dit bravo. »

*(Admirative.)* « Oh ! là, là ! Qu'est-ce qu'elle est jolie Anne Roumanoff ! Elle est sympathique, elle est chaleureuse, elle est bien coiffée… »

*(Au public.)* Et alors ? C'est moi qui écris le texte !

#

# LA TÉLÉRÉALITÉ

On fait rêver les gens avec la célébrité, mais c'est pas toujours drôle d'être célèbre. On est obligé d'être aimable avec les gens. *(Voix racaille.)* « Oh, t'es la meuf qui passe à la télé ! C'est quoi ton nom déjà ? Tu veux pas m'pistonner, parce que moi aussi j'veux être star. P'tain, tu pourrais m'répondre. Mais comment elle s'la pète, salope ! C'est quoi ton nom déjà ?

– Claire Chazal. »

Quand on est célèbre, on est obligé d'être aimable avec les journalistes.

*(Voix chic.)* «Heu, j'voulais savoir comment vous écrivez vos sketchs ?

– Ben, j'observe les gens. J'regarde autour de moi.

– Mais comment vous vient l'inspiration ?

– Ben, j'observe les gens, j'regarde autour de moi.

– Mais comment vous trouvez vos idées ?

– En me grattant les couilles. »

*(Journaliste snob.)* «Anne, bonjour, Géraldine Lefrimeur de *Marie-Claire*. Anne, on prépare un grand article sur les femmes célèbres qui ont une gueule... et on a pensé à vous. On ferait une photo en noir et blanc, très belle, très glamour avec un grand photographe.»

*(Photographe, accent sud-américain.)* «Yé souis Santiago, yénie de la photo. Non pas bésoin de maquiyage, yé vais photographier ton

âme. On va baisser les loumières… Yé vais mé baisser aussi. Voilà, ça c'est original… Lève la tête, plouss plouss plouss. Plouss, plouss…

– Mais on risque pas un petit peu de voir mes trous de nez en gros plan, là ? Je peux voir le Polaroid ? *(Elle le regarde.)* Non, mais c'est *Alien 3*, la fille d'Elephantwoman !

**ET IL Y A DES AMIES QUI M'ONT DIT : « OH, T'AS DE LA CHANCE, T'ES LA PLUS JOLIE DES FILLES MOCHES. »**

*(Journaliste snob.)* – Anne, on était d'accord, c'est pas une photo beauté, c'est une photo réalité. Dis-moi, Anne, quand exactement t'es-tu aperçue que tu avais ce physique hors norme ? »

Voilà comment je me suis retrouvée avec deux grandes pages dans *Marie-Claire,* avec ce titre : « Ces femmes qui ont un physique ingrat ».

Véridique. Pourquoi j'irais inventer une histoire pareille ?

Et il y a des amies qui m'ont dit : « Oh, t'as de la chance, t'es la plus jolie des filles moches. »

J'ai pris une grande décision, je voulais vous l'annoncer ce soir : j'ai décidé de me reconvertir en chanteuse inconnue.

Merci de votre soutien.

Vous savez, quand on chante, le plus dur c'est de trouver son style donc j'ai beaucoup travaillé et ce soir je vais vous présenter cinq styles de chanteuses inconnues et c'est vous qui déciderez celle que vous préférez, grâce au boîtier électronique qui se trouve sous votre siège.

Y en a qui ont regardé.

C'est vous qui déciderez grâce à vos applaudissements.

N'oubliez pas, c'est vous qui choisissez.

*(Jingle musical.)*

La chanteuse corse : « Rosetta, 19 ans, Ajaccio. Je suis corse comme Laï-titia Casta et Charles Pasqua. Si vous m'éliminez, c'est vous qui serez éliminés… Je vais vous interpréter des chants polyphoniques corses… toute seule. »

*(Elle chante avec une main à l'oreille et l'autre poing serré.)*

« Aaaaaaaaajaaaaaccio ! »

Une voix off l'interrompt : « Merci. »

La chanteuse lyrique : « Héloïse, 24 ans, Perpignan. Je suis issue du monde du lyrique et je me suis dit : "Pourquoi ne pas tenter ma chance dans l'univers frelaté de la variété ?" »

« Dans la clairière abandonnée, é, é, é, é, é, é, é...
Avec toi, je me suis promenée, é, é, é, é... »

La voix off : « Merci. »

L'Australienne : « Kate, 22 ans, Melbourne, Australie. Je fais le world music, musique du monde, influx de toute l'influence musicale que j'ai connue depuis qu'j'ai quitté l'Australie. »

« Depuis qu'j'ai quitté l'Australie
J'ai connu des hommes de tous les pays.
*(Mélopée arabisante.)* Hamaiamamah !
*(Mélopée chinoise.)* Tchingatchingatchinga !
*(Mélopée africaine.)* Oungaoungaoungaoua ! »

La voix off : « Merci. »

La chanteuse ringarde : « Nicole, 26 ans, Bures-sur-Yvette. »

« C'est un rendez-vous d'amour-e
Que j'espère depuis toujour-e
Je veux être chanteu-se
Car ça me rend heureu-se
Pourquoi ? Pourquoi ?
Pourquoi pas ?
Je ne comprends pas pourquoi
Dès qu'le public me voit
Il a de l'eczéma
Et il me crie : "Casse-toi !" »

La voix off : « Merci. »

La Québécoise : « Linda-Céline, 19 ans, Montréal. Avant tout, je voulais vous remercier, là. J'suis tellement contente d'être là, puis tellement contente d'avoir l'immense chance d'être jugée par vous ce soir, là t'sais. Toutes les chanteuses québécoises qui viennent en

France sont des chanteuses à voix et puis c'est pas original, là. C'est pour ça, j'ai décidé d'être la première chanteuse québécoise sans voix. »
*(Elle chante très doucement.)*

«Depuis que je chante
On me dit toujours
Plus fort, on t'entend pas
Mais t'as pas de voix.
Je vous crèverai pas les tympans
M'entendre chanter c'est reposant
J'ai qu'une note dans ma voix
C'est celle que vous entendez là. »

LA VOIX OFF : «Merci.

– Merci à vous, chui tell'm'ent contente. »

*(À la façon d'un animateur.)*

Le moment des votes est maintenant terminé. Vous avez été plus d'un million à voter ce soir. Un million à 50 centimes d'euro l'appel. Merci… Merci ! Merci de dépenser votre argent aussi bêtement. Dans quelques instants, vous saurez qui *nous* avons décidé que *vous* choisissiez.

Je vais demander à notre huissier de venir nous rejoindre sur le plateau avec les résultats. *(L'huissier entre.)* Merci maître.

Dans cette enveloppe, le nom de la gagnante.

Dans quelques instants, quatre candidates repartiront chez elles en pleurant, une seule sera choisie, elle pleurera aussi, c'est que du bonheur.

J'ouvre l'enveloppe et là, gros, gros, gros suspense…

Et là, surprise…

Vous avez voté pour qu'Anne Roumanoff reste comique parce qu'elle chante vraiment trop mal !

#

# LA STANDARDISTE D'HÔPITAL

*(Elle est assise à une table d'accueil.)*

Hôpital Saint-Joseph, j'écoute. Vous avez un oignon au pied ? Pourquoi pas une échalote ?

*(À quelqu'un qui se présente.)*

Qu'est-ce qu'il y a monsieur ?... Vous cherchez à manger pour votre grand-mère ? Elle n'a pas eu à manger ? Si, mais elle trouve que c'est pas bon ? C'est pas un restaurant ici, monsieur, c'est un hôpital. On ne cherche pas à ce que les gens reviennent.

Hôpital Saint-Joseph, j'écoute.

La dermato ? Vous avez six mois d'attente pour un rendez-vous. Mais, plaignez-vous, en Angleterre ils attendent dix ans !

*(À quelqu'un qui se présente.)*

Qu'est-ce qu'il y a, madame ?... Vous avez l'impression que vous allez accoucher ? Vous avez votre carte Vitale ? Mais à quoi vous pensiez en partant de chez vous, hein ? Bon, je vais tâcher de vous localiser dans l'ordinateur. Quelle est la date de votre terme ?

Non, je vous demande pas la date à laquelle vous vous êtes fait sauter, je vous demande la date à laquelle vous devez accoucher. Vingt-deux février... Effectivement, vous êtes en avance. Madame Grastapopoulos, je ne vous conseille pas d'accoucher aujourd'hui, je n'ai pas de lit libre en maternité avant huit jours. Tâchez de vous retenir.

Hôpital Saint-Joseph, j'écoute…

Un neurologue ou un urologue ? Ben, vous avez mal où ? À la tête ou à la zigounette ? C'est un neurologue ! Ne quittez pas…

Allô la salle de travail ? Ici, c'est Anita à l'accueil. J'ai une Mme Grastapopoulos qui me dit qu'elle va accoucher incessamment sous peu. Elle a des contractions toutes les dix minutes… *(À la femme enceinte.)* Vous avez pris du Spasfon ? Quatre. D'accord, je lui dis. *(Elle raccroche.)* Madame Grastapopoulos, je vais vous demander de vous asseoir et de patienter tranquillement, ils ne peuvent pas vous accueillir dans l'immédiat, il y a huit accouchements en cours. Mais qu'est-ce que vous avez toutes à vouloir pondre aujourd'hui ? Pourtant, ce n'est pas la pleine lune, hein ! Mais ne paniquez pas madame, c'est peut-être une fausse alerte… ou une gastro.

Hôpital Saint-Joseph, j'écoute…

Oui, je sais : sur le répondeur du dermato, ils mettent qu'ils ferment à 5 heures et demie mais à partir de 3 heures moins le quart y a plus personne. C'est les RTT… Repose-toi Tout le Temps.

Madame Grastapopoulos, il est formellement interdit de téléphoner dans l'enceinte de l'hôpital avec un téléphone portable !

Oui, ben, tout à l'heure, vous avez vu un médecin passer avec un portable mais lui il est médecin, pas vous !

Non, non, non, vous avez une cabine au fond du couloir, à huit cents mètres à gauche. Mais marchez en soufflant, ça va vous faire du bien. Ben on vous a pas appris ça aux cours de préparation à l'accouchement ? *(Elle souffle.)* Vous avez rendez-vous pour le premier cours la semaine prochaine ?

Madame Grastapopoulos, si vous accouchez aujourd'hui, pensez à annuler votre cours de préparation à l'accouchement. Car tout rendez-vous non décommandé moins de quarante-huit heures à l'avance est dû et non remboursé par la Sécu.

Hôpital Saint-Joseph, j'écoute… Non, ici c'est pas la radiologie, c'est la standardologie.

*(À quelqu'un qui se présente.)*

Qu'est-ce qu'il y a, madame ? Vous cherchez votre père, il a été hospitalisé pour une appendicite, il n'est pas en chirurgie générale ? Je regarde où c'est qu'on a bien pu le fourrer. *(Agressive.)* On met les malades où on peut, madame. On est en pénurie de tout, de lits, d'infirmières, de médecins mais pas de malades. Y en a de plus en plus.

Alors, j'ai un Roberval en orthopédie… Oui, pour une appendicite. Non, madame, le problème n'est pas les trente-cinq heures, le problème c'est qu'ils n'ont pas embauché derrière.

Les malades ne sont pas là pour trente-cinq heures à l'hôpital, ils sont toujours là, hein ! Ils disent pas : « Ma semaine est terminée, je m'en vais. » *(À sa collègue.)* Y a que les médecins ici qui font quatre-vingt-dix heures.

Mais c'est un sacerdoce, médecin d'hôpital ! C'est comme curé, sauf qu'ils peuvent sauter les infirmières mais jamais les standardistes.

Monsieur Grastapopoulos, ça ne sert à rien de vous énerver. Mais pourquoi croyez-vous que les patients s'appellent les patients ? Alors faites comme votre femme, asseyez-vous et prenez un Spasfon.

*(À sa collègue.)*

Tu sais qu'hier on a sonné chez moi à l'interphone, j'ai dit : « Hôpital Saint-Joseph, j'écoute » ? Quand je décroche chez moi, je dis toujours : « Ne quittez pas » et je fais le zéro pour sortir.

Hôpital Saint-Joseph, j'écoute ? La nutrition ? Vous avez deux ans d'attente pour un rendez-vous. Mais qu'est-ce que vous avez toutes à vouloir maigrir ? Vous n'avez qu'à venir bouffer ici, ça va vous couper l'appétit, hein !

Monsieur Grastapopoulos, vous n'avez pas à nous parler sur ce ton. Service public, ça ne veut pas dire au service du public, ça veut dire payé par le public ! On a peut-être la sécurité de l'emploi comme vous dites, monsieur, mais on a aussi l'assurance de ne pas être augmentés, hé !

Il y a un an, les ministres se sont augmentés de 70 %, nous on a des augmentations annuelles de 0,001 %.

Le standard, j'écoute !

Ah, ben monsieur Grastapopoulos, j'ai une bonne nouvelle pour vous : on a trouvé une chambre individuelle pour votre femme… en gérontologie. On a eu un départ définitif précipité.

Non, mais les gens ont tort de se sentir en sécurité à l'hôpital, hein. Statistiquement, c'est l'endroit le plus dangereux de France.

Hôpital Saint-Joseph, j'écoute. *(Elle pianote sur son téléphone, paniquée.)*

Holà, ne quittez pas. Allô la salle de travail ? Ça y est, elle a perdu les eaux, et tout le reste. Non, mais attendez, c'est quoi le problème ? Vous avez un brancard, mais le brancardier est en RTT ? Non, non, moi je n'appelle pas les pompiers pour qu'on la transfère dans un autre hôpital, hé ! Non, écoutez, je vais vous la monter moi-même.

Venez, monsieur Grastapopoulos ! Il faut tout faire ici.

*(Elle met le répondeur. Sur une musique classique, on entend une voix.)* « Hôpital Saint-Joseph, bonjour. Merci de bien vouloir patienter jusqu'à l'explosion du système de santé français. »

#

# LA PROF DE CATÉCHISME

Aujourd'hui, les enfants, dans ce cours de catéchisme, nous allons aborder le thème du pardon. Qui peut me dire ce qu'est le pardon ? Oui, Kevin ?

Quand quelqu'un te fait une crasse, tu lui exploses la tête et il te pardonne ?

Ce n'est pas tout à fait cela. Jésus a pardonné à son ami Judas qui pourtant l'avait trahi.

Oui Kevin ? Jésus n'avait pas le choix, vu qu'il était cloué ? Mmmm…

Dans le Notre-Père, on dit : « Pardonnez-nous nos offenses. »

Est-ce qu'il y en a parmi vous qui connaissent les sept péchés capitaux ?

Oui, Thibaut ? C'est une émission de Julien Courbet ?

Thibaut, tu n'es pas encore catholique, mais tu es déjà cathodique.

Quels péchés connaissez-vous ?

Mentir, mmm… Voler… Participez, les autres enfants. Ne me forcez pas à vous interroger individuellement !

Oui Nina, est-ce que télécharger un CD sur Internet c'est voler ?

Je crains que oui.

Mais c'est moins pire que de voler dans un magasin ? Exact Kevin.

Des autres péchés ?

La gourmandise...

Mais c'est moins pire que de se droguer ? Merci Kevin.

La luxure. C'est un péché par la pensée. Certains y pensent beaucoup mais ne pratiquent pas du tout. *(Elle soupire.)*

Oui Sébastien ? Pourquoi c'est important de pardonner ?

Quand on en veut à quelqu'un, on ne se sent pas bien, on peut avoir des maladies.

Des boutons... Non, dans ton cas, c'est de l'acné, Nina.

Si vous n'arrivez pas à pardonner à quelqu'un qui vous a fait du mal, vous pouvez faire une petite prière pour demander à Dieu de vous aider.

Est-ce qu'il y en a parmi vous qui font des petites prières ?

Oui Thibaut ? Tu as prié pour avoir un nouveau téléphone portable mais ça n'a pas marché ?

Ah, Kevin se propose de t'en vendre un qu'il a trouvé dans la rue. Merci Kevin.

Tu vois Thibaut, ta prière est exaucée.

Veillez à ne pas confondre Jésus et père Noël.

Oui, Sébastien ?

Pourquoi si Dieu existe, au Proche-Orient, ils se battent ?

Les voies du Seigneur sont impénétrables.

Cela rejoint le thème de ce jour, Sébastien.

Comment les Israéliens et les Palestiniens pourraient arriver à faire la paix, se réconcilier en se... ? En se... ? Pardonnant. Très bien.

Je vois qu'il y en a un qui a une once de spiritualité. Dieu merci.

Voyez, les religions sont comme des chemins différents qui mènent en haut de la montagne... La montagne, c'est Dieu.

Si on se bagarre parce qu'on n'est pas d'accord sur le chemin, on n'a aucune chance d'arriver au sommet. Je vous laisse méditer cette métaphore de mon invention.

Oui, Sébastien, pourquoi Dieu laisse les hommes se perdre en chemin ?

Je t'en pose, moi, des questions ?

Tu es libre aussi de te taire parce que moi je ne peux pas répondre à toutes tes questions.

Parce que les hommes sont libres.

En résumé, ce qui t'arrive de bien dans la vie c'est grâce à Dieu, toutes les merdes, c'est à cause de toi. Et c'est valable pour toutes les religions.

On va terminer par un chant de pardon.

*(Elle chante.)*

« Pardonnons, pardonnons,
À tous ceux qui nous cassent les bonbons. »

*(Elle fait chanter le public.)*

Là, c'est les choristes au début du film. On va essayer de faire les choristes à la fin du film.

*(Elle chante et fait chanter le public.)*

« Pardonnons, pardonnons,
À tous ceux qui nous cassent les bonbons. »

*(Elle chante.)*

« Pardonnons, pardonnons,
Pardonnons à tous les cons. »

#

# LES DEVOIRS

Anaïs, tu as fait tes devoirs, ma chérie ?

Viens, on va aller regarder les petits exercices amusants que ta maîtresse a prévus pour nous pourrir la soirée.

Non, mais t'inquiète pas mon cœur, ce soir maman va rester très calme.

*(Elle se dégourdit les bras de manière compulsive.)*

Alors : colorie, si tu entends le son « ke ».

Le premier dessin, ma chérie, c'est un... chien, très bien. Est-ce que dans « chien » tu entends le son « ke » ? Oui... tu l'entends ? *(Elle souffle.)*

Écoute bien, mon cœur, c'est ch-ien ou c'est k-ien ?

C'est chien. C'est dommage que tu aies ko-lorié.

Non, mais ne pleure pas, mon cœur, on va gommer.

La maîtresse ne veut pas que tu gommes ?

Alors on va rayer. Elle ne veut pas non plus que tu rayes ?

Elle nous fait un peu k... ier ta maîtresse !

Chérie, maman est bac + 4, maman devrait arriver à gommer sans que Mme Leglodin s'en aperçoive.

Regarde faire une professionnelle du gommage, je saisis le cahier dans une main, la gomme dans l'autre, j'immobilise le papier, je respire profondément. Et merde, j'ai fait un trou dans le cahier.

Mais ne pleure pas, mon cœur. On a encore au moins douze ans à tirer.

Alors, deuxième dessin, c'est un bracelet. Oui, maman elle voit un ballon. On va demander à papa qu'est-ce qu'il voit sur le dessin.

*(Très gentiment.)*

Qu'est-ce que tu vois, chéri, sur le dessin ?

*(Agacée.)* Ben, tu ne sais pas ? Tu te concentres, t'éteins la télé, tu participes. C'est niveau CP. Qu'est-ce que tu vois ?

Une assiette.

*(Elle souffle.)*

Il pense qu'à bouffer… *(À son fils.)* Oui, Timothée, je corrige ta dictée. Alors : « Les oiseaux chantent sur les branches des arbres. »

Non, mon cœur, on va pas compter les fautes, ça va nous déprimer tous les deux. Alors, dans une phrase, Timothée, il faut identifier le verbe, où est le verbe ? Branche. Du verbe brancher. Je comprends mieux pourquoi tu as mis « ent » à la fin de branche. Non, chéri, le verbe, c'est « chante » et, comme il y a plusieurs oiseaux qui chantent, qu'est-ce qui se passe à la fin de « chante », Timothée ? On met… un « s ».

*(À son mari.)*

Je sais pas, mais moi j'étais bonne en orthographe. Ça, ça vient de toi. Ou de ta mère… *(À sa fille.)* Mais non, Anaïs, je n'ai pas encore dit du mal de mamie. En plus, elle va tout cafter. Oui, chérie, dans « cafter » y a le son « ke ». Alors oiseau, tu as écrit « oizo ». Alors…

Mais je ne sais pas ce qu'il y a sur ce dessin, Anaïs ! Tu diras à Mme Leglodin qu'elle apprenne à dessiner. *(Elle souffle.)* « Kkkkkeeee. »

Alors, oiseau… ça s'écrit « o-i-s-e-a-u » et, comme il y a plusieurs oiseaux, qu'est-ce qui se passe à la fin d'« oiseau », Timothée ? On met… « e-n-t » ?!

*(De plus en plus agacée, à son mari.)*

Mais je ne sais pas quand est-ce qu'on mange ! *(Elle souffle.)* « Kkkkkeeee »… comme cuisine. Tu sais où elle est la cuisine ? Eh ben cherche !

*(À son fils.)* Qu'est-ce qu'on met à la fin des mots pluriels ? On a vu ça hier soir, Timothée, qu'est-ce qu'on met à la fin d'« oiseau ». On met un s, très bien ! Sauf qu'« oiseau » n'est pas un mot normal. Donc, à la fin d'oiseau, non, on ne met pas un « k », Anaïs… Un « x », tu peux dire merci à ton père, il a faim.

Voilà, c'est comme journal, journaux. Oizal, oizo. Merci Anaïs. Ou maman énerval, énervaux.

*(Au public.)* Non, mais c'est formidable, les enfants. C'est tellement éveillé, ça pose toujours plein de questions.

*(Voix d'enfant.)* « Maman, maman, c'est quoi ces trous sur tes cuisses ?

– De la kellulite, ma chérie.

– Hé, maman, tu sais, quand tu mets un string, on dirait les messieurs japonais qui font des combats. »

Le problème, avec les enfants, c'est pas la fabrication, c'est le service après-vente.

#

# LA BOUCHÈRE ET L'INSÉCURITÉ

*(Elle est assise sur un tabouret.)*

Alors, deux entrecôtes, 12 euros. Merci, bonne journée à <vous. Faites attention avec votre sac à main ouvert… Avec tout ce qui se passe.

Oh, ben nous, par mesure de sécurité, on a mis une vitrine blindée à la boucherie, j'ai un gilet pare-balles sous mon chandail. Puis une bombe lacrymogène sous la caisse.

Y a huit jours, j'ai confondu avec ma bombe de laque. J'ai pleuré toute la journée. *(Elle rit.)*

Par mesure de sécurité, Jean-Claude, il a voulu qu'on vende notre belle BMW contre une Fiat Punto 1979. Même pas cotée à l'Argus. Ben, depuis, on ne s'fait pas cambrioler mais on n'arrête pas de se faire contrôler.

Hier au soir, je m'étais trompée dans mes dosages de Ricard à l'apéro. Ils m'ont fait souffler… Avec la bombe lacrymogène, la Fiat Punto, le gilet pare-balles… direct en garde à vue !

Non, j'avais pas mes papiers d'identité sur moi. Ben, je les laisse toujours au coffre, à la banque, par mesure de sécurité. En plus, je m'étais trompée, j'avais pris l'imper à ma fille. Qu'est-ce que je trouve pas dans la poche ? Une boulette de drogue douce. Ben, je l'ai avalée. Cul sec.

Au commissariat, je chantais : « Où qu'elle est Julie Lescaut, je veux voir Navarro ! »

Ils m'ont libérée de suite.

6,50 euros, merci, bonne journée à vous.

Oui, on met toujours une petite timbale pour la Croix-Rouge, oh ben nous, dès qu'on peut aider, on le fait. Mais, enfin, faut faire attention parce qu'on dit : « Donnez, donnez, Dieu vous le rendra », oui, mais quand ?

Le frère à mon mari, il a donné contre le cancer, il l'a eu quand même.

Nous, on a prêté de l'argent à des amis, on a perdu l'argent et les amis.

Vous avez vu tous ces gens qui votent extrême droite ?

Dans notre famille, on est pour les étrangers. Ça a commencé avec mon père breton qui a épousé ma mère normande. Oh non, puis du côté à Jean-Claude, son père est basque, sa mère est corse. *(Elle fait le bruit d'une explosion.)* Chez eux, quand ça pète, ça pète.

**LE FRÈRE À MON MARI, IL A DONNÉ CONTRE LE CANCER, IL L'A EU QUAND MÊME.**

Non, puis je n'sais pas si vous avez su, mais notre fille elle sort avec un Black. Elle voulait voir si c'était vrai... Oh ben, apparemment oui, parce que ça fait deux ans que ça dure. Oh ben, elle me l'a dit : « When you touche a Black, you never come back. »

Non, puis notre fils il fréquente une jeune fille d'origine algérienne, Latifa, gentille comme tout. Moi, je l'appelle Latita, comme ça, ça sonne comme la femme à Johnny.

Non, mais elle est très brune, elle pourrait aussi bien être italienne !

Ben on le lui dit avec Jean-Claude : « Latita, tu te teindrais en blonde, ça ne se verrait pas que t'es beur ! »

Non, mais ce sont des gens comme vous et moi, madame Blancheteau. Mais vous aussi vous pourriez être étrangère, à partir du moment où que vous voyagez.

C'est la théorie de la relativité de Frankenstein.

*(À une cliente.)* Bonjour madame euh… bonjour. Oui, oui, oui, vous inquiétez pas, c'est du poulet au grain élevé en plein air, il se les caille. Comme nous.

Oh ben, faut faire attention avec la mondialisation, parce qu'aux États-Unis ils fabriquent des poulets à huit pattes, pour avoir huit cuisses. C'est pour ça qu'avec Jean-Claude, nous, on mange rien de tout ce qui est OGM, j'aurais trop peur d'être modifiée.

La viande est bonne mais les gens viennent surtout pour moi, parce que j'anime. C'est vrai, lui à part dire : « Et avec ça, qu'est-ce que je vous mets ? »

Eh ben, c'est une tête de veau, hein… il a un caractère de cochon. Ben, ça fait vingt-cinq ans qu'on est ensemble mais, comme on travaille toute la journée, ça fait cinquante ans d'un couple normal, hein !

Non, par contre c'est vrai que pour ce qui est de… c'est un cheval. Oh ben avec lui, le soir, si je veux être tranquille je dois mettre deux barrettes de Lexomil dans son calva, hein… Ah sinon c'est un marteau-piqueur.

Ben oui, mais c'est la viande rouge. Il mange que ça, même au petit déjeuner, alors… Oh ben les gens sauraient ça, on en vendrait plus, hein !

Ça va pour vous les affaires en ce moment ? C'est dur ?

Non, mais à partir du moment qu'on est en vie, on est en insécurité ! Elle me le dit, Latita, elle me dit : « Françoise, il faut arrêter d'avoir peur de tout sinon on ne vit plus. » Et c'est vrai, moi, je vois, je passe ma vie à faire attention au lieu de faire attention à la vie.

#

# LA VOYANTE

*(Femme chaleureuse avec un accent du Midi prononcé. Un guéridon au centre de la scène. Elle descend dans la salle.)*

Eh ben, y en a du monde dans ma salle d'attente ! Qui c'est qui a rendez-vous avec moi pour une consultation de voyance et qui ne le sait pas encore ?... Je vous sens pas rassurés, détendez-vous. J'ai besoin de m'approcher car je suis une voyante myope. Qui c'est qui a rendez-vous avec moi ? Détendez-vous... Je suis une professionnelle mais détendez-vous.

*(Elle s'adresse à un spectateur.)*

Vous avez de la chance, monsieur, venez. On l'encourage. Venez, installez-vous.

*(Ils s'installent autour du guéridon.)*

« Je vais vous équiper d'un petit boîtier qui va m'aider à mieux percevoir les ondes qui émanent de vous. Détendez-vous. Ouvrez vos chakras. Vous vous appelez Michel, n'est-ce pas ?

– Non, Alain.

– Oui, ben c'est le même genre de prénom, Alain ou Michel. Mais vous avez un Michel dans votre entourage ?

– Non.

– Parce que, sitôt que vous êtes entré, j'ai vu clignoter au-dessus de votre tête "Michel". C'est que vous le connaissez pas encore.

– Peut-être…

– Vous êtes né quand, Alain ? N'ayez crainte, rien de ce qui sera dit ici ne sortira de ce cabinet. Je suis tenue à la confidentialité du secret professionnel déontologique. Vous êtes né quand ?

– Le 25 février.

– Il me faut la date exacte…

– 1951.

– Ah oui, quand même !… Et vous êtes donc… poisson. Je ne veux pas vous affoler mais je me dois de vous dire ce que je vois. L'année ne va pas être une année facile pour les poissons, surtout que vous avez déjà beaucoup souffert étant petit. Surtout au niveau de l'adolescence. Vous aviez des complexes. Et des problèmes cutanés. Ça n'a pas toujours été facile avec les filles, hein ? Et maintenant, ça va mieux, ça va beaucoup mieux. Attention à ce que ça n'aille pas trop bien, hein ? Vous avez une femme actuellement auprès de vous.

– Oui.

– Oui, y a un "e" dans son prénom ?

– Oui.

– Comment elle s'appelle ?

– Odile.

– C'est une assez belle femme, Odile ?

– Peut-être…

– Peut-être, non. C'est une assez belle femme. Attention. Odile est une femme, comme toutes les femmes, qui n'est jamais contente. Il faut toujours lui donner plus. Quand est-ce la dernière fois que vous lui avez fait un petit cadeau ?

– Cette nuit.

– Non mais, attendez, je parle pas du don de votre corps qui est naturel dans un couple, je parle d'un cadeau qu'on achète, qu'on emballe et qu'on offre. C'était quand la dernière fois ? Pour son anniversaire, vous lui avez offert un petit cadeau ?

– Non.

– Alain, vous n'êtes pas assez attentif. Je ne veux pas vous affoler mais je me dois de vous dire ce que je vois. Moi, je vois quand même Odile avec des valises. Vous avez un voyage de prévu ?

– Oui.

– Oui, où ça ?

– En Martinique.

– Oui, mais même pour la Martinique, je vois beaucoup de valises, hein ? Oh je vous rassure tout de suite, vous êtes derrière les valises, vous les portez. Il s'agit d'un déménagement. Vous allez déménager. Quand est-ce la dernière fois que vous avez déménagé ?

– Je n'ai jamais déménagé.

– Et ben, vous allez bientôt déménager près d'un point d'eau. Quand je dis de l'eau cela peut être aussi bien la mer, qu'un fleuve, qu'une rivière, qu'un étang, qu'une flaque d'eau. Vous faites un métier de contact ?

– Oui.

– Qu'est ce que vous faites comme métier ?

– Banquier.

– Banquier... Oui, c'est un métier de contact. Et ça marche bien ?

– Très bien.

– Je ne veux pas vous affoler, Alain, mais je me dois de vous dire ce que je vois. Vous avez dans votre entourage professionnel immédiat une femme bélier ascendant capricorne, qui vous veut de la médisance et qui va vous mettre des gros bâtons dans les roues dans les six mois à venir. C'est une femme qui a eu un petit sentiment pour vous, vous ne vous en êtes même pas-t-aperçu, vous n'avez pas donné suite, elle vous en tient rigueur. Dites-moi les prénoms de vos collègues femmes.

– Françoise...

– C'est pas elle.

– Laëtitia...

– Non plus.

– Évelyne...

– Évelyne, c'est elle. Vous avez des plantes vertes dans votre bureau ?

– Oui.

– Il faut en rajouter contre les mauvaises ondes d'Évelyne. Est-ce que vous faites du sport ?

– Oui.

– Il va falloir en faire plus sinon vous allez avoir des petits problèmes de dos, au moment du déménagement. Vous savez qu'on s'est déjà rencontrés tous les deux ? Oui en Égypte, il y a vingt-cinq siècles. Vous étiez un chameau. Mais vous avez beaucoup évolué depuis, hein ? Quel est le parfum d'Odile ?

– Euh...

– Vous n'êtes pas assez attentif, Alain. Elle travaille Odile ? Qu'est-ce qu'elle fait comme métier ?

– Infirmière.

– Infirmière, elle voit passer beaucoup de monde, hein ? Il y a un Michel dans son entourage ?

– Peut-être...

– Renseignez-vous ! Je ne veux pas vous affoler, Alain, mais je me dois de vous dire ce que je vois. Dans l'entourage professionnel immédiat d'Odile, il y a, dans les semaines, les mois ou les années à venir, un Michel qui va rôder autour d'elle et mettre en péril la stabilité du bonheur de votre couple, sauf si vous faites exactement ce que je vous dis. Vous allez me choisir un jour de la semaine... Ben, dites-le-moi !

– Mercredi.

– Tous les mercredis pendant trois mois, vous allez offrir à Odile un petit cadeau : en alternance, fleurs, bijoux, parfums. Les bijoux fantaisie sont acceptés et les dérivés de parfum, comme un savon, également. Au bout de ces trois mois, vous réduisez peu à peu la cadence pour revenir à votre rythme annuel. Vous avez un petit peu d'argent de placé de côté ?

– Oui.

– Vous avez beaucoup d'argent de placé, je le vois. Et ça a baissé. Eh bien, ça va continuer de baisser mais vous allez vous y habituer. Est-ce que vous avez une dernière question concernant votre avenir ?

– Non.

– Vous avez les 300 euros ?… Je vais vous dire, Alain, compte tenu que vous avez des très bonnes ondes, exceptionnellement, je vous fais pas payer. J'ai un dernier flash vous concernant, mais rien de grave, je vous rassure. Vous allez rencontrer une artiste, vêtue de rouge, une assez belle femme dans les 35 ans, enfin qui aura l'air d'avoir 35 ans. Cette femme, d'un coup d'un seul, à un moment que vous vous y attendrez pas du tout, va vous faire subitement entrer dans la lumière… Et suite à cet instant de gloire fugitif, j'entends des voix venues de la pénombre qui vont hurler, mais hurler : "Alain, on t'aime !" Il faudra bien en profiter… Parce que ça ne se reproduira plus jamais. Et suite à cet instant de gloire fugitif, Odile vous regardera différemment. Mais il faudra néanmoins offrir les petits cadeaux les mercredis comme vous vous y êtes engagé devant de très nombreux témoins. Bonne chance, Alain. »

#

# ÉLODIE, 4E C

Attends, c'est dans trois minutes le contrôle d'histoire. Attends, comment c'est, la révolution russe ? Heu, attends, je, avec heu… Lénine et Stallone. Heu, non, Staline et Lénone.

Non, j't'ai pas appelée parce que ma mère elle m'a pris la tête hier soir avec la facture détaillée de France Telecom. Attends, j'ai dit : « Maman, on n'a qu'à pas payer. Ils ont 21 milliards d'euros de déficit, ils verront pas la différence ! »

Ma mère, elle m'fait : « Élodie, ça suffit, c'est pas l'hôtel, ici ! »

'Tends, j'm'en suis aperçue, à l'hôtel, dans ta chambre, on fait le ménage tous les jours.

Eh, j't'ai pas dit qu'est-ce qu'elle a fait, Charlotte, hier, pour pas faire le contrôle de maths ? 'Tends, elle s'est mis un voile sur la tête pour se faire expulser. J'te jure, elle était là, elle f'sait comme ça : « Eh, madame, madame, j'suis convertie !… » Non, ça a pas marché, la prof elle l'a pas crue. 'Tain, elle avait gardé sa croix !

'Tain, v'là Corentin, mais il est trop canon, je le kiffe trop ! Attends, c'est un immense beau gosse !

Non, mais vas-y, on s'rapproche mais naturelles. 'Tain, y parle encore à Audrey. 'Tain mais celle-là, mais comment elle allume tous les gars, mais c'est une chaudière. Attends, c'est pas des jeans taille basse qu'elle a, c'est des jeans fesses basses. 'Tain, j'aime pas, elle a le ventre plat, limite creux. Attends, elle est tellement maigre qu'on pourrait la faxer !

Non, j'ai pas fait la fiche de lecture sur *Les Misérables*. Eh attends, 408 pages, ça m'a soûlée. J'me suis arrêtée à la page 3. Non, mais j'ai acheté le résumé des *Misérables* : 123 pages. Ça m'a soûlée ! J'me suis arrêtée à la page 2.

Au secours, la marée monte, c'est la pêche au thon, voilà JB !

*(À JB.)* Ouais, salut JB ! Ouais, ouais, j'ai reçu tes textos... *(À sa copine.)* Attends, JB, avec son appareil dentaire, on dirait une voie ferrée. Tchou-tchou !...

Eh, JB, à quelle heure il passe le train ?

T'sais, genre il essaie de se coiffer puis il y arrive pas. Puis il a du miel dans les oreilles. On dirait une erreur humaine.

Attends, il arrête pas de m'envoyer des textos : « T-B-L », « t'es belle... » Toi aussi y t'en a envoyé un ? 'Tends, mais JB, mais c'est Jardiland. Il arrête pas de se prendre des râteaux. *(Dans sa direction.)* Hé JB ! Deux râteaux gratuits, une pelle offerte !

*(À la prof.)*

Heu, bonjour madame Chupinot. Quand est-ce que vous penseriez rendre le portable que vous m'avez confisqué ? À la fin de l'année ? Merci...

*(À sa copine.)*

Non, heureusement c'est le portable à ma mère qu'elle a confisqué. Ben, j'lui ai dit qu'j'l'avais perdu.

Non, ma mère, t'sais c'qu'elle m'fait ? Elle toque à ma porte et elle m'fait : « Élodie, heu, tu es sûre que tu n'as pas été victime de racket dans ton établissement scolaire ? »

J'lui ai fait : « Arrête, maman, tu regardes trop "Zone interdite" ! » J'pouvais pas lui dire que c'est Mme Chupinot qui me l'avait rackettisé !

Non, mais j'aime pas, elle veut jamais qu'on parle de l'actualité. L'autre jour, j'ai dit : « Eh, madame, on peut faire un débat sur le Proche-Orient ? » Elle a dit : « Je vous donne dix minutes. »

[ J'T'AI PAS DIT QU'EST-CE QU'ELLE A FAIT, CHARLOTTE, HIER, POUR PAS FAIRE LE CONTRÔLE DE MATHS ? ELLE S'EST MIS UN VOILE SUR LA TÊTE POUR SE FAIRE EXPULSER. « EH, MADAME, MADAME, J'SUIS CONVERTIE !… » NON, ÇA A PAS MARCHÉ, LA PROF ELLE L'A PAS CRUE. ELLE AVAIT GARDÉ SA CROIX !

Dix minutes ? À « C'est mon choix », ils passent une heure sur « Chéri, je veux pas m'épiler » !

Il me regarde, Corentin ! Attends, j'veux pas qu'il voie que j'le kiffe. Eh, tu sais quoi ? J'vais lui envoyer un texto anonyme : « I-K-I-F-U », « I kife you ».

Non, mais faut faire gaffe, parce qu'à force d'écrire en abrégé… Au bac, t'as un point de moins par tranche de dix fautes d'orthographe.

**JB, MAIS C'EST JARDILAND. IL ARRÊTE PAS DE SE PRENDRE DES RÂTEAUX.**

Non, mais attends, j'ai peur que ça me gêne dans ma carrière d'avocate internationale. Ouais, c'est ça que je veux faire. « Votre Honneur, j'ai fixé la caution à 50 000 dollars avec mon associé, Brad Pitt. » Attends, j'parle pas bien anglais ?… C'est pas grave, j'serai avocate internationale en France.

*(Sonnerie du texto.)*

C'est Corentin… Y met : « K-I-C ? » Qui c'est ? Qu'est-ce que j'lui mets ? Qu'est-ce que j'lui mets ? Ouais : « A-P-L », « Appelle ».

Eh, t'sais, l'autre jour, à la manif contre la guerre, JB il voulait faire un lâcher de colombes, mais on n'en avait pas. On a pris des pigeons, on les a bombés en blanc.

Elle est pas là, la prof d'anglais ? 'Tends, elle est encore en arrêt maladie. Mais j'suis trop dégoûtée, moi. Non, mais franchement, 'tain, j'ai passé deux heures à recopier l'antisèche. J'en ai marre de bosser pour rien…

*(Sonnerie du portable.)*

C'est Corentin, c'est Corentin !

*(Elle décroche, faussement décontractée.)*

Allô ? Ah, Corentin… Ouais, ouais, moi c'est Élodie, 4e C. Ouais, j'suis à côté, là… À quoi je ressemble physiquement ? Heu… tu vois Jennifer Lopez ? J'lui ressemble pas du tout. Eh, t'sais quoi,

Corentin ? Eh, tourne la tête sur la droite, j'vais te faire un petit signe discret. Vas-y, tourne la tête, tourne la tête.

*(Elle agite son sac à dos en l'air.)*

Il a raccroché.

#

# LE CHAUFFEUR DE TAXI

*(Il parle avec un accent prononcé.)*

Vous êtes le comique, Roumanoff ?

Moi aussi j'aime rire.

Actuellement à Paris, il y a moins touristes américains et je regrette. Le touriste américain, c'est le seul qui peut faire aller Opéra à Champs-Élysées en passant par périphérique.

Et qui donne pourboire.

Vous avez vu le publicité ?... Avec monsieur qui respire le string.

Soit il a le nez bouché, soit il aime le moule.

Moi je dis à ma femme, je mets pas 100 euros pour morceau de dentelle à mett' dans le cul. Tout ça pour enlever au final.

J'ai pas les moyens de payer ça, madame.

Parce que le taxi, ça va de pis en plus mal. En plus mal en plus pis. De mal en pis mal.

Vous savez pourquoi ?

Parce qu'il y a trop de... et puis de... et surtout de... en France.

Pourquoi tous ces chens-là viennent chez nous ?

Nous, on va pas chez eux.

Chez vous, c'est chez eux ?

Chez vous, pot-êt'e mais pas chez moi.

Croyez pas madame que je suis raciss'. Z'en ai des très bons copains qui sont…

J'ai même un ami à moi qui est… Même ma femme, elle est origine…

Mais je regrette, tout qu'est-ce qui va mal en France, c'est la faute des… et des… et surtout des…

Le chômage, c'est eux, le terrorisme, c'est eux. Le radar, c'est pas eux.

« Faut être tolérant, faut être tolérant. »

Vous, les antiraciss' supportez pas raciss' que les raciss' tolèrent antiraciss' donc raciss' beaucoup plus tolérants que antiraciss', logique.

Moi je dis tous ceux qui sont pas intégrés, il faut les désintégrer.

Vous savez qu'est-ce qu'on fait en Chine, avec tous ceux qui sont pas d'accord ? On tire une balle dans la tête. C'est la famille de la victime qui paie le balle.

Oui, je sais chez vous les droits de l'homme, la France.

Quand on voit ce qui s'est passé chez vous pendant la Deuxième Guerre mondiale, moi tuer un enfant, même un… j'aurais pas pu…

Il paraît qu'on change pendant la guerre, je me pose souvent la question, même pour argent, j'aurais pas pu.

Vous voulez descendre, on n'est pas arrivés ?

Ah vous êtes d'origine… Ah !!!

C'est pas pour vous faire plaisir mais ça se voit pas du tout.

Ne vous inquiétez pas, même s'il y a la guerre ze dénonce pas vous puisque se vous connais.

Quoique c'est toujours les gens qu'on connaît qu'on dénonce.

Faut pas vous énerver comme ça, madame !

Pour une comique, vous avez pas tellement humour.

Madame qu'est ce que je disais c'est juste pour rire. On peut rire de tout, non ?

#

# PEUR EN AVION

*(Elle s'installe dans des sièges d'avion, au centre du plateau.)*

VOIX OFF : « Mesdames et messieurs, bonjour, ici votre chef de cabine. Le commandant Marceau et moi-même vous souhaitons la bienvenue à bord de ce vol A712 à destination de Toulouse. »

Moi, je suis très décontractée en avion, je fais toujours une petite prière avant le décollage :

« Seigneur, je vous remercie de bien vouloir protéger cet avion et tous ses passagers.

Faites que le contrôleur aérien ait bien dormi.

Faites que le pilote d'avion ne soit pas dépressif.

Faites qu'il n'y ait pas de membre présumé du réseau Al-Qaïda à bord.

Faites qu'on ne reçoive pas un missile américain envoyé par erreur.

En cas de problème, s'il y a des survivants, je suis au siège 22D.

Merci. »

Si tout le monde faisait comme moi, on serait tranquille.

*(Elle se crispe sur son siège.)* Oh ! là, là ! Ça y est, on décolle, la moitié des accidents se produisant au décollage, je suis donc à moitié décontractée.

Moi, ce qui me gêne dans les avions c'est la distance par rapport au sol. En fait, il me faudrait des avions qui roulent.

Non, mais à bord ils savent toujours trouver les mots pour te rassurer *(Voix d'hôtesse de l'air.)* «En cas de dépressurisation, des masques à oxygène tomberont devant vous. *In case of depressurisation, oxygen mask fell in you.*»

C'est dans les avions qu'on s'aperçoit que les Français sont loin d'être bilingues.

«Des gilets de sauvetage sont sous votre siège.»

Paris-Toulouse, je préférerais des parachutes.

«La température extérieure est actuellement de moins 38 degrés.»

Non, mais on s'en fout de la température extérieure. On ne tient pas du tout à y aller, à l'extérieur!

«Merci de bien vouloir garder votre ceinture attachée lorsque vous êtes assis.»

Ben, on va pas garder notre ceinture attachée lorsqu'on est debout...

Non, mais c'est bien l'avion parce que c'est rapide.

C'est vrai, Paris-Toulouse, je vais mettre quoi? Une heure d'embouteillage pour aller à Orly, une heure de queue pour l'enregistrement, une heure pour la sécurité, une heure de vol, deux heures de retard: six heures.

Je les ai trouvés un petit peu obsessionnels à la sécurité. Ils fouillaient à fond uniquement les Méditerranéens entre 20 et 30 ans. Moi, il y avait un chauve de 50 ans que je trouvais très louche. Ils sont malins chez Al-Qaïda. *(Elle chantonne.)* Al-Qaïda, toujours là où on ne l'attend pas!

Je vais lire un peu pour me détendre: «Catastrophe aérienne en Bolivie. Elena, la touriste hollandaise, s'apprêtait à rejoindre Gilberto, son grand amour de vacances. On a mis trois jours à rassembler leurs cadavres éparpillés dans la pampa...»

Oh! là, là! *(Elle se cramponne à son siège.)* Ah voilà: y a un petit trou d'air. Oh non, mais je sais que c'est rien, mais c'est parce que j'aime pas trop.

Je vais demander au steward.

« MERCI DE BIEN VOULOIR GARDER VOTRE CEINTURE ATTACHÉE LORSQUE VOUS ÊTES ASSIS. »
ON VA PAS GARDER NOTRE CEINTURE ATTACHÉE LORSQU'ON EST DEBOUT…

« Excusez-moi, monsieur, c'est normal qu'on soit secoués comme ça, là ?

*(Voix de steward gay.)* – Ben, faut pas vous en faire, ça, c'est un trou d'air. Moi, j'ai dix-huit mille heures de vol derrière moi, des trous d'air j'en ai vu. »

Je sais pas si vous avez remarqué, mais les stewards sont souvent très beaux mais homos. Alors que les contrôleurs de la SNCF sont souvent pas très beaux mais toujours hétéros.

Mais les deux font grève.

*(Voix d'hôtesse.)* « Mesdames et messieurs, nous traversons actuellement une zone de turbulences. »

Oui, ben on s'en était un petit peu aperçus.

*(Voix d'hôtesse.)* « Merci de bien vouloir garder votre ceinture attachée. »

Y a pas que ma ceinture qui est attachée, y a mon cœur qui est bloqué, y a mon estomac qui est noué.

« Seigneur, excusez-moi de vous redéranger. C'est encore Anne sur le Paris-Toulouse. Je sais bien que vous n'avez pas que ça à faire en ce moment, mais, je vous en supplie, remplissez ces trous d'air immédiatement. Si vous ne le pouvez pas, merci de bien vouloir épargner la partie arrière gauche de l'appareil, notamment à partir du numéro que je vous ai indiqué tout à l'heure. Sinon, à tout de suite... »

De toute façon, je vois pas pourquoi j'ai peur parce qu'au pire je meurs... Faut bien mourir un jour, comme ça c'est fait. On n'en parle plus. Et puis au moins, quand on est mort, on n'a plus besoin de prendre l'avion. On est déjà au ciel, on vole.

« Oh ! là, là ! Mais si je m'en sors, je vous promets, mon Dieu, je dirai à mes parents que je les aime, j'irai faire du bénévolat dans les hôpitaux. J'irai aider en Éthiopie... en train. »

*(Voix présentateur télé.)* « Parmi les victimes du Paris-Toulouse se trouvait l'humoriste... »

Ah, mon Dieu ! Paris-New York, ce serait plus chic mais bon, je suis pas Madonna. Dire que tout à l'heure j'ai refusé les cacahuètes pour pas grossir ! Je vais mourir sans avoir remangé du Nutella. Demain j'ai rendez-vous chez le dentiste, comme ça au moins j'irai pas.

*(Voix d'hôtesse.)* « Mesdames et messieurs, nous amorçons notre descente vers Toulouse. »

Je le savais qu'on s'en sortirait !

Ah moi, la phrase que je préfère en avion, c'est : « Merci de bien vouloir garder votre ceinture attachée jusqu'à l'extinction des signaux lumineux. »

Non, mais ils ont raison de le dire parce que tout le monde est tellement décontracté en avion qu'à peine on a atterri tout le monde se lève vite, vite pour sortir vite. Des fois que l'avion explose au sol.

*(Voix d'hôtesse.)* « Prenez garde à la chute éventuelle d'objets à l'ouverture des coffres à bagages. »

Là, ce serait pas de bol, hein ! Tu survis aux trous d'air, tu survis au plateau-repas et bang ! T'es assommé par ton sac de voyage.

À la sortie des avions, il y a toujours les hôtesses qui sont là, qui font : « Au revoir, merci beaucoup, bonne journée... Au revoir, merci beaucoup, bonne journée... Tu pourrais répondre Ducon !... Au revoir, merci beaucoup, bonne journée... *Goodbye, see you soon*, connard. »

Je profite de la queue avant de sortir pour faire une petite prière intérieure :

« Seigneur, je vous remercie d'avoir bien voulu épargner cet avion et tous ses passagers. Je vous rappelle que je repars demain, sur le vol de 9h33... D'avance merci ! »

#

# LA BLONDE

*(Elle arrive avec une perruque blonde en se déhanchant sur une musique rythmée. Le public ne siffle pas assez.)*

On ne siffle pas assez, on recommence.
*(Elle refait son entrée. Le public siffle.)*
C'est fou l'importance que vous accordez à l'apparence.
Est-ce qu'il y a des blondes dans la salle ?
*(Oui timide du public.)*
Assumez-vous. Halte à la blondophobie !
Halte aux idées reçues sur les blondes !
Non, les blondes ne pensent pas qu'au sexe !

Ainsi, moi, quand je m'abandonne dans les bras d'un homme, il m'arrive de penser à mon travail. Forcément, je suis appuyée sur la photocopieuse.

Oui, j'ai couché pour réussir et j'en suis fière. Il y en a qui couchent et qui ne réussissent pas et d'autres qui ne réussissent même pas à coucher.

Mon succès auprès des hommes, c'est pas seulement une question de couleur de cheveux, c'est parce que j'ai la « blonde attitioude ». Pour avoir la « blonde attitioude », il y a six points fondamentaux à respecter :

1. On met ses attributs en avant. *(Elle le fait en même temps.)* Un 85 B valorisé vaut mieux qu'un 100 F mal assumé.

2. On écarquille les yeux, on entrouvre légèrement la bouche.

3. L'admiration dans le regard. Ainsi, quand un homme m'explique quelque chose, même si c'est le menu du restaurant, je fais : « Ouais, ouais, je comprends. C'est fou, tout est tellement clair avec toi. »

Pour vous entraîner vous aussi à avoir la blonde attitioude, répétez après moi : « Je t'écouterais parler pendant des heures. »

Je regrette, mais parmi vous se cachent des blondasses.

Une blondasse, c'est une blonde qui manque cruellement de subtilité.

Il faut être très intelligente pour faire croire qu'on n'est pas maligne.

Ce n'est pas parce que mon décolleté est plein que ma tête est vide.

Oui, mes seins sont refaits mais mon cerveau est d'origine.

Regardez Hillary Clinton, c'est une blonde qui n'a pas su cacher son intelligence, du coup son mari l'a trompée avec une brune qui avait la blonde attitioude.

4. Votre prénom doit faire rêver. Je vous conseille une terminaison en « -a », comme Pamela, Loana, Madonna ou moi-même… Chantallia. Ou une terminaison en « -one », comme Cameron.

Ainsi, si vous êtes née Françoise, faites-vous appeler Francesca et non Fransesconne.

5. La danse. Avec la blonde attitioude, on danse comme ça. *(Elle danse sensuellement.)* Tout est suggéré, rien n'est imposé. Une blonde qui manque de subtilité dansera comme ça. *(Danse vulgaire.)* Mais le pire de tout, c'est ça. *(Elle danse à contretemps en faisant la gueule.)* Une ex-brune qui n'assume pas sa nouvelle blondeur.

Enfin, 6. L'humour. Ainsi, quand on me raconte une blague de blonde, même si je la connais, je fais : « Hi, hi, hi ! Heureusement, mon mascara est waterproof. » Une blonde qui manque de subtilité fera *(Voix vulgaire.)* : « Hé, hé, hé, je la connais ! »

Moi-même, pour prouver l'étendue de mon humour, je n'hésite pas à raconter des blagues de blondes : ainsi savez-vous pourquoi les hommes aiment les blagues de blondes ?

Parce qu'ils les comprennent !

# LES PETITES DIFFÉRENCES

La vraie différence dans la vie, c'est pas entre les blondes et les brunes, c'est entre les hommes et les femmes. Enfin, plus exactement, entre le regard qu'on porte sur les hommes et le regard qu'on porte sur les femmes.

Dès qu'on élève un peu le débat, vous avez du mal !

C'est les mêmes qui vont venir me dire tout à l'heure : « Je comprends pas bien le sketch de la blonde, c'est du premier ou du troisième degré ? »

Cherchez !...

Non, mais c'est vrai que souvent les femmes sont beaucoup plus susceptibles que les hommes.

La femme pipelette : « Ben, je lui ai dit que tu m'avais dit ce qu'elle t'avait dit. Alors elle, elle a dit : “Je n'ai jamais dit ça, mais je peux te dire que si je l'avais dit je te le dirais.” Mais moi, comme je le lui ai dit : “Même si tu ne l'as pas dit, il faut quand même dire que ça, ce n'est pas des choses à dire. Qu'est-ce que t'en dis ?” »

Les hommes, eux, ne s'aperçoivent même pas quand ils nous vexent.

L'homme déçu : « Arrête avec tes brocolis vapeur. J'ai faim. Attends, ma puce, mais ça suffit avec tes régimes, mais moi je t'aime comme t'es !... T'as pas une autre jupe pour sortir ? »

Non, mais y a des petites différences entre les hommes et les femmes.

Par exemple, une femme enrobée : « Oh ! Elle se laisse aller ! » Un homme qui a du ventre : « Oh ! C'est un bon vivant ! »

Y a des p'tites différences. Une femme qui aime le bon vin : « Elle boit. »

Un homme qui a bu : « Il a pissé dans le lavabo, on a rigolé ! »

L'homme peut rentrer chez lui tard dans la nuit, fleurant bon le vin et la bière.

HOMME SOÛL *(Rigolard, titubant légèrement.)* : « Attends, où j'étais ?… Où j'étais ? J'étais avec des copains, je m'suis détendu. »

Imaginez que nous, on rentre à 3 heures du matin en disant : « J'étais avec des copains, je me suis détendue ! »

Y a des p'tites différences.

La femme veut toujours changer l'homme.

L'homme veut toujours changer de femme.

Une femme qui fait la cuisine, c'est son boulot.

Un homme qui cuisine un plat, c'est un héros.

Un homme qui saute sur tout ce qui bouge, c'est un don Juan.

Une femme qui bouge sur tout ce qui saute, c'est une gourmande.

C'est pour ça que, concernant les choses du sexe, les femmes sont beaucoup plus discrètes.

Par exemple, une femme dira : « Il est beau, j'aimerais qu'il m'invite à dîner. »

L'homme dira : « Elle est bonne, j'aimerais la tirer. »

Et il nous invite… à dîner.

Ensuite, la femme dira : « Ouais, il a dormi chez moi. »

L'homme : « On a baisé toute la nuit. »

La femme : « Ben lui, au lit, si tu veux c'est un peu le fast-food : beaucoup d'attente, servi tout ramolli, t'as encore faim après. »

Non, mais la femme a un grand avantage sur l'homme dans le sexe, c'est qu'elle peut simuler.

[
IL Y A DES PETITES DIFFÉRENCES ENTRE LES HOMMES ET LES FEMMES. PAR EXEMPLE, UNE FEMME ENROBÉE : « OH ! ELLE SE LAISSE ALLER ! »
UN HOMME QUI A DU VENTRE : « OH ! C'EST UN BON VIVANT ! »

Démonstration *(Immobile, elle simule un orgasme avec une voix assez rauque.)* : « Ah ah ah ! »

Ou plus sobrement *(Elle simule un orgasme plus discret, les yeux fermés.)* : « Mmehmhe. »

**OUI, J'AI COUCHÉ POUR RÉUSSIR ET J'EN SUIS FIÈRE. Y EN A QUI COUCHENT ET QUI NE RÉUSSISSENT PAS ET D'AUTRES QUI NE RÉUSSISSENT MÊME PAS À COUCHER.**

J'suis sûre qu'y a des hommes qui pensent *(Voix macho.)* : « Heu, attends, heu... Simuler avec moi ? Chez moi, c'est la Ligue des champions tous les soirs, prolongations et tirs au but ! »

Mais toutes les femmes en ont rajouté au moins une fois dans leur vie.

On leur montre ?

Non, mais attendez, c'est pas parce qu'il y a un p'tit peu de monde que ça doit vous gêner. Non, mais je parle pas de ce que vous vivez actuellement, mais de ce que vous avez pu connaître dans des vies antérieures.

Mes amies les femmes, montrez ce dont vous êtes capables.

On va faire juste l'orgasme de base. Ah !

*(Les femmes du public simulent un orgasme.)*

On va peut-être s'arrêter là. Coït interrompu.

Celui qui est sorti trois secondes, il rentre, il dit : « J'ai raté quelque chose ? »

C'est vrai que les hommes, en général, font moins de bruit.

Les hommes, c'est plutôt *(Elle imite un homme qui a un orgasme.)* : « Mmmh... »

Et après, ronpchit. *(Elle ronfle bruyamment.)*

Et c'est là où la femme demande : « Tu m'aimes ? »

Alors, ce soir, messieurs, je vous propose de vous entraîner à dire ces trois mots qui ont tellement de mal à sortir spontanément : « Je t'aime. »

*(Les hommes du public restent silencieux.)*

C'est comme dans la vie, on ne vous demande pas de le penser vraiment, on vous demande de nous le dire souvent.

On va essayer de le faire, avec de la sensualité, avec du feeling, chuchoté par exemple. Mes amis les hommes, montrez ce dont vous êtes capables.

*(Les hommes du public disent «Je t'aime».)*

Et maintenant, mesdames, le petit son que nous avons étudié tout à l'heure.

*(Les femmes du public simulent l'orgasme.)* «Ah!»

Voyez, messieurs, faut pas grand-chose pour nous faire plaisir!

#

# LA FEMME LARGUÉE

*(Assise sur un tabouret, complètement désespérée.)*

Olivier m'a quittée pour une pétasse.

Dix ans de moins, vingt centimètres de plus. Cinq là *(Elle indique sa poitrine.)* et quinze là. Elle s'appelle Chantallia.

Mais quand je pense aux milliers d'hommes qui m'ont draguée depuis vingt ans et que j'ai envoyés bouler !…

Les milliers, la centaine, la dizaine, les deux.

Michel, je l'ai juste embrassé, il sentait la lavande et moi un homme qui sent le déodorant WC, je peux pas.

Et puis il y a eu Juan. Ivres de sangria, telles des pieuvres espagnoles, les mains de Juan couraient sur mon corps comme des calamars.

Juan, il était tellement bourré qu'il s'est endormi avant que je puisse être infidèle.

Quand je pense qu'Olivier, je l'ai formé sur vingt ans, il sait tout faire cet homme-là : accrocher les étagères, nettoyer les sanitaires, faire durer les préliminaires.

Elle devrait me verser des dommages et intérêts pour la formation qu'il a reçue !

Mais moi, jamais je ne volerais un homme marié, jamais !

Quoique… maintenant…

Mais qui ? Pas les maris de mes copines… après tout ce qu'elles m'ont raconté sur eux.

Pourtant, Olivier, je m'occupais bien de lui, je surveillais son taux de cholestérol, ses gamma-GT. Faudrait que je transmette son dossier médical à la pétasse.

Enfin maintenant, il s'est arrêté de fumer, il fait des abdos, il se coupe même les poils du nez.

Alors mes amis me présentent des gens : « Roland, 63 ans, sa start-up vient de couler. Deux millions de dettes, trois pensions alimentaires. Non, mais tu verras, c'est un homme très riche… intérieurement. »

Moi aussi je pourrais me trouver un petit jeune !

Je pourrais me faire une revitalisation du visage : on te fait des injections de botox et tu retrouves une peau de bébé. En fait, t'as des joues de hamster pendant trois mois. Ou juste la bouche, mais j'ai peur de me retrouver avec deux bouées de catamaran. Canard WC, la sœur jumelle de Picsou.

Vingt ans que je suis avec lui et seulement cinq ans que je m'entendais à peu près correctement avec sa mère ! Monique. Elle ne va pas rigoler tous les jours, Chantallia, avec Monique. En plus, elle me l'a dit : « Agnès, ne vous inquiétez pas, vous serez toujours la bienvenue en vacances à Ker-Pouic. » Ker-Pouic, Bretagne nord. Ce n'est pas là qu'elle se mettra en string, Chantallia.

Le proverbe dit : « L'amour rend aveugle, le mariage rend la vue. » Chantallia, elle ne voit pas encore tous ses petits défauts. Mais je pourrais lui envoyer une lettre anonyme pour lui faire gagner du temps : *Olivier pète au lit et se relève la nuit pour faire pipi ! Signé : Vous savez qui.*

Je suis partie dans un club de vacances. J'ai remis mon alliance, ça attire le moniteur.

C'est vrai, si tu dis : « Un verre ? Non merci, je suis mariée et je suis fidèle.

LE MONITEUR : – Oh, l'important, c'est d'être fidèle à soi-même. »

Que si tu dis : « Ouais, je veux bien boire un verre parce que je viens de vivre une rupture, enfin c'était d'un commun accord, enfin c'est surtout lui qui était d'accord et j'ai besoin un petit peu d'en parler pour évacuer tout ça et tester mon pouvoir de séduction au travers d'une aventure sans lendemain.

LE MONITEUR : – On se calme, je suis pédé. »

Olivier m'a appelée hier soir, il m'a dit : « J'avais juste envie d'entendre ta voix. »

Je lui ai dit : « Tu ne l'as pas assez entendue ma voix comme ça depuis vingt ans ? Tu m'excuses, je ne suis pas toute seule. »

J'ai raccroché, j'ai éteint la télé…

Chantallia l'a quitté après un week-end à Ker-Pouic. Merci Monique.

Alors il voudrait revenir, il me demande de lui pardonner cette petite passade de huit mois, trois semaines, deux jours et quatre heures.

Je lui dis : « Il faut que tu sois patient. Il faut que tu me laisses un peu de temps. »

C'est vrai, je ne lui ai pas dit, mais je suis un petit peu débordée en ce moment parce qu'il y a Piotr, 23 ans. C'est un peintre polonais très doué. Pour l'instant, il refait complètement… mon intérieur.

Puis il y a Juan, que j'ai retrouvé tout à fait par hasard… en faisant des recherches approfondies sur l'Internet espagnol. Ses mains sont toujours des calamarès mais ses cheveux ont disparousse.

Peut-on pardonner l'infidélité ?

Jean-Luc Delarue a dit : « Ça se discute. »

#

# LE TEMPS QUI PASSE

*(Une vieille dame, chaussons aux pieds, s'adresse à une personne du premier rang.)*

Quelle heure il est, s'il vous plaît ? Onze heures moins le quart ? Il y en a qui pensent « déjà », d'autres « seulement »...

Moi, ici, j'ai tout mon temps.

Parce qu'ils ne viennent pas me voir souvent, mes enfants et mes petits-enfants. Mais je ne leur en veux pas, ils n'ont pas beaucoup de temps. Alors je me mets à la fenêtre et puis je regarde les gens.

C'est vrai, souvent on regarde les gens puis on ne les voit pas. On les entend, puis on ne les écoute pas.

Ce matin, je n'ai rien fait mais ça m'a pris tout mon temps.

Ma petite-fille de 25 ans, elle fait toujours trois trucs en même temps : elle téléphone en marchant, elle se maquille en conduisant, elle lit en mangeant... Elle me dit : « Je suis obligée, mamie, le temps c'est de l'argent. » Alors elle a un petit peu d'argent et pas du tout de temps.

Ici, vous voyez, nous sommes comme les chômeurs : nous avons beaucoup de temps mais pas du tout d'argent.

Pour passer leur temps, mes collègues restent scotchés devant la télé. *(Elle chante.)* « Amour, gloire et beauté, des mots qui font rêver ! Maison de retraite, dentier, des mots qui font pitié ! »

À mon âge, on ne peut plus rattraper le temps qui est passé.

On peut juste apprendre à passer le temps.

Je vous laisse le temps de…

C'est vrai, maintenant, les gens, ils se dépêchent tout le temps.

Ils se rencontrent vite, ils couchent vite, ils se séparent vite.

Ma petite-fille, elle a tellement peur de s'engager qu'elle se sépare avant que ce ne soit commencé.

Je dis : « À quoi bon toujours courir, tu seras forcément à l'heure pour partir. »

*(S'adressant au public.)* Quelle heure il est maintenant ? Quelle heure il est ? *(Le public répond.)*

Onze heures moins dix. Seulement.

Voyez comme le temps passe beaucoup plus lentement quand on ne rigole pas tellement ?

Excusez-moi, je ne voulais pas vous faire perdre votre temps.

#

# COCKTAIL MONDAIN

*(Elle entre avec une coupe de champagne à la main, très chic.)*

Bonsoir, bonsoir, vous allez bien ?

Bonsoir, tu vas bien ? Ben, tu connais personne ? Suis-moi, je vais te présenter.

Tiens, regarde là-bas, c'est la nouvelle directrice de la maison d'édition. Elle a bien mérité son poste, hein ! Elle, quand elle se met à genoux, ce n'est pas pour prier.

Tu as vu son nouveau mec ? Raffarin sans les cheveux. Ils sont unis en pigeons, la femelle est plus belle que le mâle.

*(À la femme.)* Félicitations pour votre nomination. Oh, ça vous va bien cette coupe de cheveux, vous êtes belle… ça vous change.

Ça va ? Ça se passe bien avec le bébé ? Pas trop fatiguée ?

C'est sûr que, passé 45 ans, c'est dur de se lever la nuit.

Ah, regarde, voilà le ministre !

Bonsoir, j'ai adoré votre prestation télé d'hier soir. Ce sens de la formule : « La croissance recule, mais nous avançons ! » *(À mi-voix.)* Il trouve pas ça tout seul, ils se mettent à plusieurs.

On pense ce qu'on veut de Sarkozy, mais paraît qu'il a serré tellement de mains que même la nuit, dans son sommeil, il crie : « Bonjour, ça va ? » C'est une de ses maîtresses qui me l'a dit. Ah non, je peux pas te dire qui…

Nabilla.

Ouais, Nabilla et Sarkozy. Je sais, c'est énorme.

*(À la chanteuse.)* Ah, bonsoir, j'ai adoré votre album. C'est une merveille d'émotion, un bijou de sensibilité. Bravo ! *(À mi-voix.)* Avec son dernier disque, elle avait déjà touché le fond, là elle cherche du pétrole.

Non, si elle continue à s'habiller en 14 ans, elle va avoir de l'acné.

Il paraît qu'elle met tellement de crème antirides que le matin, sur son oreiller, on peut faire cuire des œufs au plat !

Oh, regarde, voilà Anne Roumanoff. *(À l'humoriste.)* Bonsoir, j'adore ce que vous faites. Vous me faites beaucoup rire. Vous êtes très drôle.

*(À mi-voix.)* Elle te fait rire, toi ? Elle a encore changé de couleur de cheveux, mais hélas elle a toujours la même tête.

*(À l'humoriste.)* Félicitations Anne, il me semble que vous avez légèrement minci... Oh, vous avez les hanches larges ? Vous êtes comme les déesses grecques de l'Antiquité... ou les femmes préhistoriques...

Tu sais avec qui elle est Anne Roumanoff ? Tu ne diras pas que c'est moi qui te l'ai dit.

Teddy Riner.

Oui, je sais, c'est énorme.

*(À un autre interlocuteur.)* Ah, tu as réussi à te faire inviter, finalement !

Hum, je suis contente de te voir. Non, en plus, c'est vraiment joli ce que tu portes, c'est vrai, hein, c'est unique. *(À mi-voix.)* Prisunic.

Ah, c'est du Gucci ? Hum... *(À mi-voix.)* Goût de chiottes.

'Tain, je supporte pas, elle passe son temps à dire du mal des autres ! Attends, moi, ces gens qui te sourient par-devant et t'assassinent par-derrière, je ne peux pas.

C'est pour ça, moi je dis toujours du bien de moi aux autres. C'est vrai, dire du mal de soi aux autres, c'est idiot, c'est leur donner des idées qu'ils n'auraient pas eues forcément tout seuls.

Ah, enfin, quelqu'un d'utile pour moi, PPDA !... Non, je ne le connais pas, mais cela ne me dérange pas.

Pardon, pardon, pardon. Plus on est médiatisé, plus on est entouré.

Bonsoir, on a énormément d'amis communs. J'adore qui vous êtes. Est-ce que vous avez reçu mon livre *Sauvons la France d'en haut* ? Permettez que je vous le renvoie. Merci infiniment. À tout bientôt.

Il faut que je me dépêche de lui envoyer parce qu'il ne le sait pas encore, mais il est sur un siège éjectable.

Et tu sais qui va le remplacer au 20 heures ? Tu ne le diras pas que c'est moi qui te l'ai dit.

**IL PARAÎT QU'ELLE MET TELLEMENT DE CRÈME ANTIRIDES QUE LE MATIN, SUR SON OREILLER, ON PEUT FAIRE CUIRE DES ŒUFS AU PLAT !**

Zinédine Zidane. Et tu sais avec qui il est Zinédine Zidane ?

Gérard Collomb.

Ouais, je sais, c'est énorme.

Oh, bonsoir, vous vous souvenez de moi ? Non ? Vous avez la mémoire courte... et le reste aussi.

Mais c'est hallucinant, c'cocktail ! Y a déjà plus rien à manger !

Non, mais avoue que c'est grave, cette crise. Je veux dire, même les riches sont touchés ! Si ça continue comme ça, y aura plus ni France d'en haut ni France d'en bas. On va tous se retrouver au sous-sol !

C'est pour ça, moi, dans mon livre, j'ai voulu pousser un cri pour alerter l'opinion : sauvons la France d'en haut !

C'est vrai, on est tellement moins nombreux mais tellement plus précieux !

#

# À LA ROUMANOFF

## Théâtre Bobino, 2000

# Beauté naturelle

Est-ce que ça va ce soir ?

Est-ce que j'ai embelli ?

Ne répondez pas tous en même temps. *(Le public réagit.)* Non, je sais, je suis pas un canon.

1 m 60, 40 kilos… 60 kilos.

Pourtant, des fois, on me fait des compliments sur mon physique.

LA SNOB : « C'est fou, par moments, sur scène, t'es presque belle. »

LA COMMERÇANTE : « Oh ! Vous êtes bien sur la photo de l'affiche. Rien à voir. Oh ben maintenant, avec l'ordinateur, on fait des miracles. »

En tout cas, moi je suis une beauté naturelle, chez moi tout est d'origine, rien n'est refait. Je suis une femme bio. Dégradable.

Pour ceux qui voudraient savoir mon âge, j'ai 35 ans. Et vous savez que l'âge d'or de la maturité sexuelle de la femme, c'est entre 36 et 40 ans. Plus qu'un an.

Même mon nom est naturel.

LA SNOB : « Romanoff… Est-ce que vous auriez un quelconque rapport avec la famille impériale du tsar de Russie ? Du tout, du tout ? Tant pis. »

LE RACAILLE : « T'es la fille qui passe à la télé. Ton coiffeur, il a fumé ou quoi ? Viens voir, c'est la comique ! *(S'adressant à quelqu'un.)* Mais si, tu la connais, c'est Anne Popoff ! »

*(Elle se retourne.)*

Non, c'est Anne Roumanoff.

# La coiffeuse dépressive

Mon travail va bien, mes enfants vont bien, mon mari va bien. *(Elle s'effondre.)* Mais moi, ça ne va pas !

En plus, je fais un métier où qu'on n'a pas le droit de pas avoir le moral parce que je suis dans la coiffure.

Coiffeuse, c'est comme boulangère : on ne voit jamais de boulangère dépressive.

Vous imaginez *(Boulangère déprimée.)* : « Moulée ou non moulée ? Blanc ou complet ? Cuite ou bien cuite ? Vous n'avez pas de monnaie ? » *(Elle pleure.)*

En plus, j'ai honte, parce qu'au salon, les clientes me racontent tout et j'en vois qui ont vraiment de bonnes raisons de ne pas avoir le moral.

Je vois Mme Rodriguez, quand elle est venue faire ses mèches :

« Ça va, madame Rodriguez ?

– Yé pas le moral. Mon mariche est partiche avec ma meilleure amiche, au bout de vingt ans de mariache. Le soir yé prend du Tranxène yé dort pache, le matin dou Prozache, pour me réveillèche et l'après-midi dou Lexomille pour me calmèche. »

C'est pour ça que moi je ne veux pas tomber dans l'engrenage des médicaments. Moi, quand ça va pas, je mange des frites arrosées de chocolat fondu.

Que quand ça va bien, je mange uniquement le chocolat fondu.

En plus, bien souvent quand les gens n'ont pas le moral, ils vont chez le coiffeur. Combien j'en vois arriver :

*(Cliente déprimée.)* « Oh j'veux changer de tête, j'veux changer de tête !

– Ben oui, ben… On fait ce qu'on peut ! C'est vrai, on coupe, on frise, on teint mais arrive un moment on n'est pas magicien. »

Il y a une cliente qui m'a dit : « Marie-Claude, si vous n'avez pas le moral, faites du sport, la sueur ça lave la tête ! »

Moi le sport, je suis croyante mais pas pratiquante.

J'ai essayé la pensée positive.

Tous les matins, je me répète : « Aujourd'hui démarre une nouvelle journée merveilleuse qui va m'apporter plaisir et sourire. » (*Elle pleure.)*

Ça fait trois semaines, pour l'instant…

Non je devrais dire : « Ça va bientôt marcher. »

C'est tout dans les mots, la pensée positive. Par exemple, on ne dit pas : « Je suis à découvert », mais : « Mon banquier m'appelle tous les jours pour prendre de mes nouvelles ! »

J'ai été voir une voyante pour y voir clair. Elle m'a dit : « Oh là là, ça va aller mieux, beaucoup mieux ! Vous allez avoir de grosses rentrées d'argent. Quand ? Dans les semaines, les mois ou les années à venir ! »

70 euros en liquide, pour l'instant, la rentrée d'argent c'est elle qui l'a eue.

Il y a une cliente qui m'a dit : « Essayez le journal de 20 heures. Moi, quand je vois toutes ces horreurs, j'oublie mes petits malheurs. Je vous ai apporté un DVD des meilleurs moments. »

J'ai même été voir un psychiatrologue. Tu parles, tu parles, il t'écoute, il ne dit rien. Trente minutes de silence, 80 euros. Je lui dis : « Je regrette, monsieur, mais moi, pour ce prix-là, je fais shampoing, brushing, couleur ! »

L'autre jour, il y a un représentant de chez L'Oréal qui m'a dit : « Prenez un amant. En cas de besoin, je peux vous dépanner.

– Mais enfin Jean-Michel, je suis fidèle à L'Oréal, mais je suis aussi fidèle à mon mari ! »

Non, et puis un amant… Si ça se sait, c'est des soucis. Pour que ça ne se sache pas, c'est des tracas.

C'est sûr qu'avec mon mari, si on n'avait pas les enfants à rembourser puis la maison à élever…

Non mais, ce n'est pas évident de changer de vie. Je vois ma belle-sœur, elle a tout quitté pour son amant. Eh ben, quinze jours après, son amant l'a quittée… pour son mari.

De toute façon dans la vie, on n'a pas le choix : soit on s'adapte à ce qu'on a, soit on se contente d'être sans vouloir avoir, soit… on souffre.

Si vous avez compris, c'est que vous êtes malheureux.

Oui, on dit l'imbécile heureux, donc quand on est malheureux on est intelligent, moi je suis très malheureuse, donc… (*Elle désigne sa tête pour montrer qu'elle est très intelligente.)*

Avec la collaboration de Colette Roumanoff

#

# Internet

Ça y est, je suis rentrée dans le XXI^e^ siècle, je suis connectée à Internet. Je surfe, je navigue, enfin pour l'instant je rame. Ça a commencé quand j'ai acheté l'ordinateur.

« Monsieur, je voudrais un Mac parce que PC, ça veut dire Plante Constamment.

LE VENDEUR *(Un peu condescendant.)* : – Mac ou PC, c'est pareil, de toute façon, dans trois mois, votre matériel sera obsolète. *(S'adressant à un autre client.)* J'arrive !

– Il vaut peut-être mieux que j'attende trois mois ?

LE VENDEUR : – Ce sera pareil, madame, avec l'informatique, tout va vite, tout va très, très vite. »

C'est vrai que ça va vite : en cinq minutes, j'ai dépensé 1 200 euros !

*(Un cadre d'ordinateur descend des cintres.)*

En plus, mon ordinateur, j'essaie de faire tout ce qu'il me dit, mais lui il fait rien de ce que je veux. Non mais déjà, quand il me parle, je ne comprends rien.

*(Lisant des instructions sur l'ordinateur.)*

*Vous avez mal éteint l'ordinateur, nous allons le reconfigurer.*

Qui ça nous ? Ils sont plusieurs là-dedans ?

*L'application ayant servi à créer ce document est introuvable.*

Attends, si lui il ne la trouve pas, comment je la trouve, moi ?

*Une erreur système est survenue inopinément.*

Genre, t'as une erreur système qui se promène *(Prenant une voix et une démarche stupides.)* : « Je suis une erreur système, je m'ennuie, qu'est-ce que je vais faire ? Tiens, je vais survenir inopinément ! »

*Veuillez libérer de la mémoire.*

Attends, je ne demande pas mieux, moi !

*(Avec une baguette magique imaginaire, elle s'adresse à l'écran solennellement.)* Mémoire, par ordre de Sa Majesté, je vous libère !... Elle est où la touche mémoire ? Il n'y a pas de touche mémoire.

Tu sais ce que ça veut dire PC ? P'tit Con !

Non, mais il est très poli, mon ordinateur, j'ai beau l'insulter, il continue de me vouvoyer. Poli mais mauvais caractère, des fois il se braque, il n'y a plus aucune touche qui marche.

*Bad command, invalid response.*

Quand il parle anglais, c'est qu'il est très énervé. Là, pour débloquer la situation, je le débranche et, quand je le rallume, il m'engueule : *Vous avez mal éteint l'ordinateur, nous allons le reconfigurer.*

Je me suis acheté une super imprimante sophistiquée. Manque de bol, j'ai jeté le driver d'installation avec le carton d'emballage.

Le driver d'installation, pour ceux qui ne savent pas, c'est la disquette que tu mets dans l'ordinateur pour lui dire qu'il est relié à une imprimante, sinon il n'est pas au courant.

1 200 balles, il n'est pas au courant.

Franchement, tu branches une machine à laver le linge dans le mur, t'as pas besoin de lui dire au mur qu'il est relié à une machine à laver !

Alors j'appelle le dépannage. Pour les ordinateurs, ça s'appelle la hot-line, 15 euros la minute.

*(Voix de standardiste.)* « Vous avez demandé le service technique, ne quittez pas, toutes nos lignes sont saturées, veuillez patienter toute la journée. »

Au bout de deux jours, j'arrive à joindre un être humain.

*(Voix masculine excédée.)* « Si vous êtes pressée, madame, le plus simple c'est que vous téléchargiez le logiciel sur Internet. »

Là, je me suis dit : « On est au XXI^e siècle, courage, télécharge ! »
Sur Internet, y avait une bombe avec marqué : «*Fatal system error*».
*(Elle parle au téléphone, paniquée.)*
« Allô, mon ordinateur est sur le point d'exploser ! »

**TU SAIS CE QUE ÇA VEUT DIRE PC ? P'TIT CON !**

Il y en a qui sont encore moins doués que moi en informatique.

J'ai un copain, dans son bureau, on lui a demandé de sauvegarder une disquette, il l'a photocopiée, puis il l'a mise dans un préservatif pour la protéger des virus. Lui, quand il a vu une bombe dans l'ordinateur, il a coupé le disjoncteur de l'immeuble et il a appelé les pompiers.

Non, mais c'est formidable Internet. Il y a tout. On ne sait pas ce qu'on y cherche et on trouve tout… ce qu'on cherche pas.

Sur Internet, tu as les horaires des trains. C'est http://, h… Le temps de taper l'adresse sans te tromper, t'as plus vite fait d'aller à la gare.

Sur Internet, il y a les dialogues en ligne, on peut discuter avec des gens du monde entier qu'on ne connaît pas… et qu'on sait pas quoi leur dire.

Surtout, sur Internet, tu peux écouter la radio tout en payant le téléphone.

J'ai essayé de faire mes courses de supermarché en ligne.

Au moment de payer, ils m'ont mis : « Vous avez envoyé un formulaire de paiement non sécurisé, les informations fournies peuvent être lues pendant le transfert, souhaitez-vous poursuivre ? »

Genre : « Est-ce que tu veux encore empirer ton découvert ? »

Ça me prend un temps fou d'être une internaute de la cyberplanète, parce que j'envoie des e-mails, après je téléphone pour vérifier qu'ils sont bien arrivés.

« Comment ça, tu l'as pas reçu ? Attends, ton adresse c'est bien canard.@, point… Ah ! C'est canard@… Bon alors tu raccroches, comme ça je te le renvoie, je te rappelle pour te dire que je te l'ai envoyé, tu regardes si tu l'as reçu et tu me rappelles. *(Énervée.)* Non, je ne t'envoie pas de fax, c'est plus rapide Internet ! »

Y a un copain qui m'a dit :

« Prouve-moi que c'est utile ton Internet.

– Okay, je ne sais pas quoi faire cet été alors je fais une recherche sur le mot "vacances". »

Il y a 18795 sites à visiter. Ça va m'occuper tout l'été.

« Moi, je connais un site à visiter, c'est un mec très sympa. »

Là, il a sorti son disque dur, on s'est connectés et ça a fait bug.

Avec la collaboration de Colette Roumanoff

#

# Au dodo

*(Au centre de la scène, un lit rouge vertical.)*

La maman *(Légèrement excédée.)* : « Ma chérie, on va essayer d'accélérer un petit peu le mouvement parce que ça fait dix minutes.

La petite fille : – Oui, mais je ne me suis pas lavé les mains. Je vais me laver les mains avec du dentifrice. Oui, maman, je vais me coucher. »

*(Elle se dirige à regret vers le lit vertical.)*

La petite fille : « Eh maman, tu me mets ma petite lumière ? *(Une lumière douce éclaire le lit.)* Oui, mais, maman, maman, j'ai ma tétine bleue, j'ai pas ma tétine verte... Mais oui, moi je veux ma tétine verte parce que j'ai que ma tétine bleue... »

*(Ses derniers mots sont incompréhensibles car elle pleure.)*

Là, en général, le papa arrive.

Le papa *(Exaspéré.)* : « Qu'est-ce qu'il se passe encore ? *(À la mère.)* Pourquoi tu l'énerves ?

La petite fille *(Qui a complètement cessé de pleurer et qui est devenue tout à fait charmante.)* : – Bonne nuit papa, bonne nuit maman.

Le papa : – Tu vois ? Avec moi, y a jamais de problème. »

Là, on prend sur soi, on ne dit rien, on va soi-même se coucher. *(Elle s'adosse au lit vertical, côté gauche.)* Pendant cinq minutes, il ne se passe rien. À la sixième minute, on commence à se rapprocher. Et c'est là qu'on entend...

LA PETITE FILLE *(Tout doux.)* : « Maman. *(Plus aigu.)* Maman ! *(Très aigu.)* MAMAN !!! »

On fait celle qui n'a pas entendu mais, à côté, ça rate pas.

LE PAPA : « Je crois qu'elle t'appelle.

LA MAMAN : – Qu'est-ce qu'il y a, ma chérie ?

LA PETITE FILLE *(Charmeuse et très convaincante.)* : – Maman, j'ai soif, j'ai très, très soif.

LA MAMAN : – Eh bien mon cœur, t'as un biberon d'eau sur ta table de nuit.

LA PETITE FILLE *(De mauvaise foi.)* : – Oh, pardon maman, je l'avais pas vu, bonne nuit maman.

LA MAMAN : – Bonne nuit ma chérie. Si jamais tu te réveilles cette nuit, appelle papa. *(Se tournant vers le public.)* Ça lui fera plaisir. »

Là, on se re-recouche. Pendant dix minutes, il ne se passe rien. À la onzième minute, il commence à se rapprocher. Et c'est là qu'on entend…

LA PETITE FILLE : « Mam… Papa *(Très doux.)* Papa ! *(Plus fort.)*

LA MAMAN : – Je crois que monsieur est demandé.

LE PAPA : – Attends, on va pas y aller à chaque fois non plus…

LA PETITE FILLE *(Qui maintenant hurle à pleins poumons.)* : – PAPA, PAPA, PAPAAAA !!!

LE PAPA *(Qui s'est levé, visiblement contrarié.)* : – C'est quoi le problème, ma puce ?

LA PETITE FILLE *(Avec une voix charmante.)* : – Papa, tu peux demander à maman qu'elle vienne me faire un petit câlin ? »

Quatre ans ! C'est l'âge où l'enfant construit sa personnalité et détruit celle de ses parents.

Le pire, c'est pour les parents qui expliquent tout en détail.

LA MÈRE SNOB : « Timothée, il faut dormir maintenant, parce que papa et maman sont très fatigués.

LE PETIT GARÇON : – Pourquoi ?

LA MÈRE SNOB : – Eh bien parce que papa et maman travaillent dur, parce qu'ils essayent de gagner de l'argent pour rembourser l'appartement.

Le petit garçon : – Pourquoi ?

La mère snob : – Eh bien parce qu'on s'est endettés sur vingt ans parce que ton grand-père a pas voulu nous prêter d'argent.

Le petit garçon : – Pourquoi ?

La mère snob : – Eh bien parce qu'il a toujours été un peu radin. Et qu'il a tout donné à la sœur de papa.

Le petit garçon : – Pourquoi ?

La mère snob : – Merde ! »

Mais moi je rêve de l'époque bénie des années 50, avant Françoise Dolto. Quand on ne savait pas encore que l'enfant était une personne.

La mère des années 50 : « Allons, allons les enfants ! »

*(Au public.)* À cette époque, il y avait plusieurs enfants.

La mère des années 50 : « Au dodo ! Il est 6 heures.

L'enfant des années 50 *(À genoux, ton extrêmement poli.)* : – Mais maman, nous nous sommes brossé les dents et lavé les mains, mais nous n'avons guère sommeil.

La mère des années 50 *(Sans se départir de son calme.)* : – Les enfants, vous obéissez immédiatement sinon maman vous enferme dans le cabinet noir et le croque-mitaine viendra vous dévorer les doigts de pied.

L'enfant des années 50 : – Oh ! Bonne nuit maman, pardon et excusez-nous pour notre insolence. »

**BONNE NUIT MA CHÉRIE. SI JAMAIS TU TE RÉVEILLES CETTE NUIT, APPELLE PAPA.**

En plus, une fois que l'enfant s'est endormi, ce n'est pas terminé : il peut se réveiller parce qu'il a vu un Pokémon dans sa chambre, mais il va se rendormir en trois secondes. Alors que nous on a été réveillés une fois, deux fois, trois fois, et c'est fini, on ne dort plus. Plus du tout ! Puis, le matin, il faut se lever pour aller les réveiller après tout le mal qu'on a eu à les endormir.

Sinon, on a des réflexions de la maîtresse.

LA MAÎTRESSE *(Bras croisés, sourire pincé.)*: « C'est à 8 heures et demie, pas à 9 heures moins vingt-cinq. Attention à l'échec scolaire ! »

Non, mais j'exagère parce que des fois les enfants se réveillent tout seuls. Le dimanche ! À 7 heures du matin. *(Elle saute en l'air en imitant un enfant joyeux et excité.)* Ta-lallala !

Alors réfléchissez, avant de procréer.

Mais surtout… dormez.

Avec la collaboration de Colette Roumanoff

#

# Les lentilles

*(Habillée en femme de service avec une blouse bleue, sous un éclairage au néon, munie d'un grand balai rouge, elle nettoie la scène de long en large, visiblement de très mauvaise humeur.)*

C'est pas à moi de balayer ! Moi, je ne suis pas agent d'entretien, moi je suis cuisinière du CES !

Et les mômes, ils m'ont fait une pétition contre les lentilles, huit cents signatures. Quand on sait qu'il y a trois cents élèves, ça fait mal au cœur.

Tiens ! Voilà le nouveau proviseur, il va encore dire que je ne suis pas aimable.

Bonjour.

*(Agressive.)* Qu'est-ce que je fais à midi ? C'est marqué là. C'est vous qui m'avez dit de faire un menu comme au restaurant ! Quoi ! C'est pas clair ?... Je traduis : *assiette printanière*, c'est des betteraves. *Pêche du jour*, c'est poisson carré pané. Le poisson, c'est surgelé donc c'est frais. Et *délice du chef*, c'est une création personnelle. C'est un gâteau à la crème de lentilles. C'est vous qui m'avez dit d'avoir de l'imagination, faudrait savoir ! C'est ça, tire-toi ! *(Entre ses dents.)* Abruti !

N'importe comment, il ne peut pas me virer. Moi, je ne suis pas contractuelle, je suis statutaire, titularisée à une époque que personne voulait faire ça.

Là, ils ont créé un emploi jeune pour m'aider, animateur cuisine, y a deux cent douze volontaires. La petite Corinne, qu'a gagné l'examen, elle ne sait rien faire, c'te gamine-là. Une maîtrise de psychologie, ça ne prépare pas à éplucher les patates.

Le nouveau proviseur, il m'a envoyé un nutritionniste. Je lui ai dit : « Qu'est-ce que j'ai besoin d'un nutritionniste ? Ça fait vingt ans que je fais la cuisine, y a encore jamais eu de mort ! »

Il me dit : « Faudrait que vous fassiez plus frais. »

Je lui dis : « Les lentilles fraîches, ça n'existe pas ! Qu'est-ce qu'ils ont tous à vouloir bouffer léger ? Ils vont finir par s'envoler ! »

Les jeunes, y en a que pour les jeunes aujourd'hui, il faut s'habiller jeune, faut rester jeune. Puis qu'est-ce qu'on devient quand on n'est plus jeune puis qu'on n'est pas encore vieux ?

Moi, à 54 ans, j'ai plus droit à la carte jeune, j'ai pas encore droit à la carte Vermeil, je n'ai droit qu'à la carte bleue et j'ai pas de pognon pour mettre dessus.

Avec l'euro, on est payé six fois moins. Et six fois moins de pas beaucoup, ça fait rien du tout.

J'ai fêté Noël en famille, j'ai fait un p'tit salé… Aux marrons.

Ils ont voulu m'offrir un portable. J'ai pas voulu, j'ai dit : « J'vais pas payer pour être dérangée quand je suis pas chez moi. »

Ils m'ont dit : « C'est forfait liberté intégrale. »

Forfait connerie totale !

Après mon divorce, j'ai pris une année sabbatique avec les hommes, puis deux, puis trois… Ça fait douze ans. Je suis en jachère. Pourtant, j'avais acheté le parfum « Un inconnu vous offre des fleurs ». Ça fait dix ans que j'ai le parfum, j'attends toujours les fleurs.

Corinne, elle m'a mis une annonce sur « Internénette ». Elle a mis : « Femme, 54 ans, 1 m 58, 75 kilos, très déçue de la vie, recherche celui qui saura lui redonner espoir en la vie, en l'amour. »

Deux réponses : une femme et une secte.

Que Corinne, pour elle, elle a mis : « Louve lubrique, 1 m 75, 58 kilos, veut s'envoyer en l'air vite et bien. » Sept cents réponses.

Puis elle ne veut pas me les montrer sauf si je balaie à sa place.

Un balayage, une lettre.

Dans deux ans, j'aurai tout lu.

Moi, les gamins ? Mais je cherche toujours à leur faire plaisir !

La pétition, ils demandaient des frites, je leur ai fait des beignets de lentilles panées. Des nuggets de lentilles !

Toute façon, les hommes y a pas de mystère : à 20 ans tu choisis, à 30 t'es choisie et à 58 ans t'as plus le choix.

Tiens, revoilà l'abruti.

*(S'adressant au proviseur, le visage toujours aussi fermé.)* Re-bonjour. Qu'est-ce que c'est ?

Des fleurs.

Pour qui ? Pour moi ?

N'importe comment, les fleurs coupées, ça crève tout de suite.

Posez-les là.

Allez, en armistice à midi, je vais vous faire un dessert rien que pour vous, un dessert à la carte.

Un sorbet à la lentille.

Avec la collaboration de Colette Roumanoff

#

# Le club de gym

*(Elle entre sur la scène en faisant du jogging, puis s'interrompt un peu essoufflée pour s'adresser au public.)*

Ça y est ! Je suis inscrite dans un club de gym, j'y vais trois fois par semaine.

Enfin, j'y ai été trois fois la première semaine.

Non, mais je vais y retourner parce que j'ai pris l'abonnement annuel, 600 euros.

Comme je n'y suis allée que trois fois, ça me fait 200 euros le cours.

Le premier jour, j'arrive en salle de musculation, il y avait des gens épanouis par le sport.

*(Elle mime quelqu'un qui se muscle les bras en grimaçant de douleur.)*

Je vais voir la prof de cardio-training.

« Madame, je voudrais des conseils en vue de me muscler éventuellement.

LA PROF : – Qu'est-ce que tu voudrais te muscler en priorité ? »

– Eh ben, disons en priorité un peu de tout. Comme pour le moment il n'y a rien de musclé. Un peu de tout, mais tranquillement.

– Tu vas à cette machine, tu m'en fais vingt. À celle-là, tu m'en fais vingt et à celle-là tu m'en fais vingt. Après si tu es encore là, tu reviens me voir. »

*(Elle essaie de se muscler les bras et arrive péniblement à bouger le bras droit. Elle s'adresse à la prof.)*

« Faut que je fasse les deux côtés en même temps ? »

*(Prise d'une volonté subite, elle bouge les deux bras en même temps. Mais la charge est trop lourde, ses deux bras sont rejetés violemment en arrière. Elle se dégage de la machine, sonnée et fait un signe d'adieu en direction de la prof.)*

« Je vais voir mon kiné et je reviens. »

Sinon, il y a les cours de fitness et là, pareil, le niveau…

Il y a une fille, à chaque cours, elle a une tenue différente :

*(Allumeuse, s'échauffe en faisant des mouvements de bassins très suggestifs.)*

« Bonsoir, Jeff. C'est toi qui vas nous faire le cours ce soir ? Super !… Je m'échauffe. C'est toi qui vas nous faire souffrir alors ? J'adore quand c'est toi qui nous fais souffrir, j'adore tout ce qui est physique, pas toi ? Tiens, voilà Mlle pète-sec. »

*(Pincée, très agressive.)*

« Moi aussi, je me mets devant. Oui, mais moi, je viens pour faire du sport pas pour autre chose. Ça commence ? Non parce qu'il est 18 heures. Je regrette, mais je fais du sport pour me détendre alors si ça ne commence pas à l'heure, ce n'est pas la peine ! »

*(La musique démarre, l'élève pincée essaie de lever la jambe le plus haut possible avec raideur et volonté.)*

« Qu'est-ce qu'elle fait comme bruit la mamie derrière. Elle m'énerve ! »

*(La septuagénaire exécute le même mouvement que l'élève pincée mais avec beaucoup de difficulté. À chacun de ses mouvements, elle émet une respiration très bruyante et rauque.)*

« Ch-ch-ch-ch-ch… Je ne fais pas du bruit, j'expire ! Ch-ch-ch-ch… »

Moi je préfère mieux rester derrière, comme ça personne ne me voit.

*(Elle lève la jambe au départ avec beaucoup d'entrain, mais se fait un claquage. Elle pose la main à sa jambe en grimaçant de*

*douleur. Elle relève une deuxième fois la jambe beaucoup plus bas. La troisième fois, elle soulève à peine sa jambe du sol. Puis gagnée par le rythme de la musique, elle se met à danser avec entrain. Avec son bras, elle fait un mouvement de ras-le-bol. La musique s'arrête.)*

Sinon, j'ai essayé la gym à domicile, d'après les magazines féminins *(Elle lit scrupuleusement les instructions d'un exercice de gymnastique sur un magazine tout en tentant d'exécuter maladroitement le mouvement.)* : « Sculptez-vous un corps de rêve avant les vacances, dix minutes par jour suffisent. »

C'est les dix minutes qui m'ont attirée.

« Un, asseyez-vous. »

*(Elle s'assied.)*

Jusque-là, ça commençait bien.

« Tendez-la jambe droite, posez-la sur la jambe gauche. Tendez le bras droit perpendiculairement au sol. Accrochez le bras gauche au coude droit et levez la jambe droite vingt fois de suite. La jambe droite devant rejoindre le bras droit. Expirez tranquillement en faisant le mouvement sinon ça ne sert à rien. Attention, à l'issue du mouvement, le bras doit être absolument vertical. »

**« SCULPTEZ-VOUS UN CORPS DE RÊVE AVANT LES VACANCES, DIX MINUTES PAR JOUR SUFFISENT. » C'EST LES DIX MINUTES QUI M'ONT ATTIRÉE.**

*(Elle constate que son bras est complètement horizontal. Elle recommence le mouvement mais comme sa jambe n'arrive pas à rejoindre son bras vertical, elle plie le poignet.)*

J'ai renoncé : le temps que je comprenne le mouvement, les dix minutes étaient passées.

Là, je fais un truc formidable que je vous recommande, c'est la gym sur les lieux du quotidien. Par exemple, à l'arrêt de bus, je fais… (*Immobile, de profil, comme si elle était à un arrêt de bus, elle contracte à plusieurs reprises les fessiers.)*

C'est très discret, mais je me remonte les fessiers.

De même, dans les ascenseurs, je lutte contre le double menton, je fais. *(Elle abaisse à plusieurs reprises les commissures des lèvres vers le bas.)*

Il y a des gens qui rentrent : « Bonjour ! »

Sinon, je me suis acheté les électrodes du téléachat. On applique les électrodes aux endroits stratégiques et on peut vaquer à ses occupations. J'ai essayé en regardant la télé. (*Elle se saisit de la télécommande mais son corps est agité de violents soubresauts.)*

Là, je fais un truc formidable, c'est la gym virtuelle.

Ça existe, c'est très troisième millénaire.

On se détend, on ferme les yeux *(Elle ferme les yeux.)* et on se visualise en train de faire de la gym. *(Elle ouvre les yeux.)*

Là, je viens de faire douze abdos.

Je ne sais pas si ça me muscle, mais alors qu'est-ce que ça me repose !

Avec la collaboration de Colette Roumanoff

#

# *Classe sensible*

*(Un tableau de classe, une chaise de classe. Elle : voix pincée et didactique, lunettes.)*

Vous êtes enseignants, je suis psychologue envoyée par le ministère de l'Éducation pour vous aider à faire face aux petits problèmes de discipline que vous rencontrez parfois dans les Zep des Zus.

Zep des Zus : Zones d'Enseignants Paniqués en Zone Urbaine Sensible.

Pour se mettre dans l'ambiance, je vais vous demander de bien vouloir faire un petit chahut. *(Le public chahute doucement.)* Là, on n'est pas en Zep, on est à Versailles. Je vais vous demander un vrai petit chahut de Zep.

*(Le public chahute plus fort.)* Mieux. Les insultes, on verra ça ultérieurement.

Alors, comment vous, les enseignants, pouvez-vous faire face à ce genre de situation ? Le ministère a mis au point une méthode très simple. Vous ancrez vos pieds dans le sol, vous sentez votre force intérieure et vous dites : « Stop ! Restons zen. » *(Elle tend les bras avec fermeté en direction du public sur « stop » et les écarte avec douceur sur « restons zen ».)*

Je vais vous demander de bien vouloir répéter cette phrase pour vous entraîner. *(Le public répète.)*

Deuxième type de petit problème, c'est ce que j'appelle les agressions verbales. Soit les élèves s'insultent entre eux, et là vous n'intervenez pas ! Soit ils vous insultent, et là ne le prenez pas personnellement. Ayez de l'humour.

Pour vous montrer comment réagir, je vais vous demander des petits exemples d'insultes. *(Après des interventions timides.)* Je vais vous demander des petits exemples d'insultes ! *(Quelqu'un crie : « Pétasse ! »)* Nous avons pétasse de ce côté-là. Pétasse, grand classique. Pétasse, on peut faire un petit travail sur les rimes. Pétasse qui rime avec…

*(Le public crie : « Pouffiasse ! » « Connasse ! »)*

Oui, pouffiasse, connasse, on va essayer d'élever un petit peu le débat si vous voulez bien. Mais aussi ? Non, grognasse ça n'élève rien du tout. « Pouffiasse », mais aussi « ananas », « fugace ». On rebondit, pé-da-go-gie !

Un autre exemple d'insulte ? *(Quelqu'un crie : « Salope ! »)* Pourtant, monsieur, on ne se connaît pas personnellement !…

Alors, salope, c'est également un grand classique. On peut demander aux élèves : « Est-ce que quelqu'un sait ce que ça veut dire exactement ? » On regarde tous dans le dictionnaire. « Salope : femme de mauvaise vie dont on méprise la conduite et les mœurs. »

Est-ce que quelqu'un sait ce que veut dire « mœurs » ? Non ? On regarde dans le dictionnaire. On rebondit, pé-da… *(Le public complète : « … gogie. »)*

Surtout, fixez-vous des objectifs raisonnables. Si vous arrivez à enseigner quinze minutes sur une heure de cours, c'est déjà… c'est déjà… exceptionnel.

Une autre règle absolue, on ne tourne jamais le dos à la classe. *(Elle recule vers le tableau tout en continuant à regarder le public.)* Ainsi, on écrira au tableau comme ceci sans jamais perdre les élèves du regard. *(Elle se saisit du feutre et écrit sur le tableau tout en regardant le public.)* Maintenant, si vous souhaitez vous déplacer dans la classe, on ne traversera pas la rangée centrale, mais on va se déplacer dans la salle en rasant les murs avec la technique du pas chassé. Démonstration.

*(Les bras plaqués contre un mur imaginaire, elle traverse la scène en faisant un pas chassé très rapide. Elle s'interrompt au milieu de la scène pour dire :)* Je vous conseille de la coupler avec la technique du radar. Le regard qui balaie en permanence de droite à gauche de façon à suivre tout ce qui pourrait se passer. *(Elle poursuit le mouvement précédent tout en tournant frénétiquement la tête de gauche à droite. Elle s'interrompt à côté de la chaise.)*

Si vous souhaitez vous asseoir, on ne s'avachit pas mollement sur son siège, mais on va pratiquer la technique de l'assis-debout. Assis. *(Elle s'assoit rapidement.)* Mais prêt à bondir à tout instant. *(Elle se remet debout très rapidement.)*

Avant de s'asseoir, on passera au préalable une main gantée sur le siège de manière à en retirer ce qui pourrait s'y trouver : chewing-gums, clous, poignards.

Concernant les armes, je rappelle que les enseignants n'ont plus le droit d'amener des armes en classe. En revanche, à la Camif, vous pouvez désormais vous procurer des mini-montres lacrymogènes. Vous regardez l'heure discrètement, vous vaporisez, l'élève tousse et vous l'évacuez sur l'infirmerie.

On rebondit… *(Le public dit : « Pédagogie. »)* On sauve sa vie !

Pour voir si vous avez bien assimilé ma méthode, je vais demander à un enseignant volontaire de bien vouloir me rejoindre au tableau. Je vous sens pas rassurés. Je vous sens de moins en moins rassurés.

*(S'adressant à un homme dans la salle.)* Monsieur, venez monsieur, vous êtes enseignant volontaire. On l'encourage. Si, si, venez monsieur. *(Elle le fait monter sur scène.)* Vous êtes enseignant en quoi, monsieur ?

*(Le monsieur répond : « En mathématiques. »)*

En plus, vous avez la tête de l'emploi. Alors vous allez entrer dans la salle de classe, sentant votre force intérieure. Vos camarades vont faire un petit chahut. Léger, monsieur débute.

*(Le public fait un petit chahut, le monsieur essaie de les faire taire.)*

Vous faites quoi, là, monsieur ? J'aimerais bien que vous fassiez ma méthode « Stop ! Restons zen ».

On va le refaire. Prenez bien votre temps, beaucoup d'énergie. Allons-y. *(Le monsieur essaie la méthode.)* Bien, monsieur.

Vous allez maintenant me faire l'écriture au tableau. *(Le monsieur écrit sur le tableau.)* On ne tourne pas le dos à la classe. Voilà. Toujours les élèves, jamais le tableau.

Allons-y.

Très bien, et maintenant le pas chassé.

L'assis-debout. La technique de l'assis-debout. *(L'homme s'assied et se lève.)* Non, non, non, monsieur ! On enlève les poignards ! En regardant les élèves. Voilà, très bien. *(Elle lui fait refaire le mouvement.)* Assis et prêt à bondir à tout instant !

Je crois qu'on peut l'applaudir.

Monsieur, est-ce que vous connaissez la prière de l'enseignant en Zep ? On va l'apprendre à nos petits camarades. Vous allez répéter après moi :

« Donnez-moi aujourd'hui le courage d'y aller. *(Le monsieur répète.)*

Pas seulement pour la retraite et les congés payés. *(Il répète.)*

Pardonnez à tous ceux qui ne vont pas m'écouter. *(Il répète.)*

Comme je pardonne au ministère de me laisser tomber. »

Avec la collaboration de Colette Roumanoff

#

# Nulle en ménage

J'admire les femmes qui ont le ménage dans le sang. Ma belle-sœur, elle fait la cuisine en même temps qu'elle nettoie la cuisine. Le steak a le goût de Paic citron.

Dans sa cuisine, ça sent tellement la javel qu'on se croirait à la piscine. L'autre jour, elle a éternué, ça a fait un bain moussant.

Elle dit : « Chez moi, c'est tellement clean qu'on pourrait bouffer par terre. »

Chez moi aussi, on mange par terre, quand la table n'est pas débarrassée.

Le pire, c'est quand il y a des invités, je range pendant trois heures, ils arrivent, je n'ai même plus la force de parler.

*(Exténuée et essoufflée, elle ouvre une porte imaginaire pour accueillir ses invités en les saluant d'un signe de tête. Elle les laisse passer devant elle puis se précipite, affolée.)*

« Non, pas dans la penderie, pas dans la penderie, les manteaux ! *(Un peu gênée.)* J'ai mis les sacs-poubelle qu'on n'a pas eu le temps de descendre.

L'invitée snob : – Je peux visiter ? Je suis trop indiscrète, j'adore tout ce qui est décoration d'intérieur. *(Elle ouvre une porte.)* Oh, c'est original… le vélo sur le lit. »

Heureusement, mon mec m'aide beaucoup. L'autre jour, il m'a dit : « Tu sais ce que je viens de faire, là ? J'ai vidé le lave-vaisselle et je l'ai re-rempli.

– C'est bien, chéri, tu as pensé à le mettre en marche ?

– Attends, je ne vais quand même pas tout faire dans cette maison ! »

Moi, y a des phrases qui m'énervent. Comme par exemple, le matin, l'homme qui se réveille de mauvaise humeur, ouvre un tiroir et râle : « J'ai plus de chaussettes. Elles sont où mes chaussettes ? »

Est-ce que nous on demande : « Il est où mon collant ventre plat ? »

Mais le pire de tout, c'est :

*(Voix d'homme.)* « Y a plus de PQ ! »

Ça, c'est un tue-l'amour. Surtout la suite :

*(Voix d'homme.)* « Tu m'en apportes ?

– Tiens *(Elle se bouche le nez en lui tendant un rouleau, le bras contorsionné.)*, du Sopalin !

Pourtant, nous les filles, dès notre plus jeune âge, on est conditionnées pour faire le ménage.

Regardez Blanche-Neige. Qu'est-ce qu'elle leur fait aux sept nains ? Le ménage, gratos. Et ça l'éclate tellement qu'elle chante toute la journée. *(Extasiée, elle chante la chanson de Blanche-Neige tout en dansant et en jetant des paillettes en l'air.)* « Siffler en travaillant… »

Ce n'est quand même pas le ménage qui la met dans cet état-là ! Peut-être les sept nains…

Dans Walt Disney, la seule qui s'en sort, c'est la Belle au bois dormant. *(Elle ferme les yeux, immobile.)* Plongée dans un profond sommeil, elle échappe aux tâches ménagères pendant cent ans.

Y en a une qui ne fout rien non plus, c'est Barbie.

C'est vrai, on a Barbie skieuse *(De profil, elle se met en position de skieuse, un sourire idiot aux lèvres.)* et surtout, le grand classique, Barbie glandeuse heureuse. *(Elle imite une Barbie figée, seins en avant, sourire extatique, regard totalement inexpressif.)*

Mais qui range la maison de Barbie ? Qui ?

*(Le public répond en général : « Ken. »)*

Non, pas Ken. Les parents des gamines qui ont acheté la maison à 145 euros.

Moi, ce que j'aimerais, c'est que le ménage devienne un symbole de virilité. Pour ça, il faudrait réécrire les westerns.

LE COW-BOY VIRIL *(Jambes arquées.)* : « Miss, on m'a dit que dans le coin je pourrais trouver de la lessive ?

LA FEMME DES ANNÉES 50 *(Seins en avant, mains sur les hanches, faussement outrée, tournant le dos au cow-boy.)* : – Sergent Mac Gregor, il n'en est pas question !

LE COW-BOY : – Miss, de là où je vais, de là où je viens, on n'a jamais laissé une femme toucher à un paquet de lessive.

LA FEMME DES ANNÉES 50 *(Essayant de contenir l'attirance irrépressible qu'elle éprouve pour le cow-boy, se tournant enfin vers lui.)* : – Oh sergent, oh vous êtes un homme, un vrai. Mmmmh ! »

Même quand on fait le minimum, le ménage ça prend un temps fou. Moi, je vois, rien que le soir, je ramasse les Barbie qui traînent, je donne un coup de propre dans la cuisine, je lance une machine, je range les Barbie dans le frigo, je mets de la crème antirides, je prends une douche, je remets de la crème antirides. J'arrive dans le lit brûlante de désir et là, trop tard… le sergent Mac Gregor s'est déjà endormi, la télécommande à la main.

*(Au public.)* Les mecs dont les femmes applaudissent, je me méfierais.

J'ai tellement horreur du ménage que j'ai inventé des chansons pour me donner du courage.

*(Imitation de Jane Birkin.)*
« Où sont-ils mes produits d'entretien ?
Le Paic citron, le Mir couleurs ?
Disparus tous mes produits, la poudre à récurer

L'Ajax ammoniaqué, faudrait que j'aille en acheter
Didoudidouda didoudidoudida. »

*(Imitation de Brigitte Bardot.)*
« Je n'ai besoin de personne
Hors mon fer à vapeur
J'appuie sur le starter
Et je repasse avec bonheur
Puis quand je vois sur le tapis l'aspiration de la poussière
Il me vient comme du désir dans le creux de mes reins. »

*(Imitation d'un chanteur de rap.)*
« Faire le ménage
Ça me donne la rage
Ça me met en nage
J'ai envie de crier
Contre cette société
Qui me force à ranger
Laver, balayer, aspirer
Non, je le crie haut et fort
Malgré tous mes efforts
Jamais je ne serai
Une fée du logis. »

#

# L'euro

Vous savez ce qui va nous arriver le 1er janvier ? L'euro…
Les eurocrates ne se font aucun souci : « L'euro, c'est ultra-simple, enfin c'est comme quand on voyage à l'étranger, au bout de trois jours on s'habitue à compter dans la monnaie locale. »

Sauf que là, on reviendra jamais de vacances.

L'euro on en parle beaucoup dans les bistrots :

*(Voix de garagiste.)* « Quand j'ai vu sur ma facture EDF 154 balles, je me suis dit : putain, ils ont vraiment baissé les tarifs. Attends, c'étaient des euros… Pour les faire chier, je leur ai envoyé un chèque de 154 francs, ils ont encore rien dit !… C'est facile l'euro, tu multiplies par six et demi. Par exemple une bière, 10 francs, ça vaut 650 euros.

– Mais non, faut pas multiplier, faut diviser ! Si la bière, elle est six et demi fois moins chère, eh ben on pourra en boire six fois plus ! »

Faut juste réviser la table de 6 :

*(Au public.)*

6 × 8 ? 48. Bien.

6 × 9 ? 54.

6 et demi fois 8 ?…

On a le temps de s'habituer parce que les eurocrates ont tout prévu : « Du 1er janvier au 17 février 2002, le consommateur pourra continuer à payer en francs, mais les commerçants devront leur rendre la monnaie en euros. »

La boulangère : « Alors une baguette, un pain complet tranché, deux pains au chocolat, ça nous fait 3,23 euros. Oui, madame, vous pouvez payer en francs. En francs, ça nous fera 21,20 francs. Vous avez 30 francs ? Je vous rends 1,34 euro… 1,34 euro, c'est 8,80 francs. Le franc n'existe plus, madame. Pourquoi ? Je sais pas, c'est pas moi qui ai décidé. C'est soi-disant pour apporter de la stabilité monétaire, moi ça me ferait plutôt de l'irritabilité sur les nerfs. C'est pour aider les exportations ? Enfin nous, monsieur, dans la boulangerie les exportations de baguettes, hein… À nous, monsieur. Un croissant, en francs ou en euros ? 0,70 euro, merci. Non, non, tu ne te sers pas les bonbons tout seul, tu me dis qu'est-ce que tu veux. Un nounours bleu, un crocodile jaune, une frite rose. Ça nous fait 0,03 euro. Tu as 5 francs… Je prends une aspirine et je reviens. »

Sur les billets d'euros, d'un côté il y a une porte, de l'autre un pont.

Ça veut dire : si tu ne passes pas la porte, t'as plus qu'à te jeter du pont.

Non, mais nous c'est rien, diviser par 6,55957 !

Pensez aux Belges. *(Accent belge.)* « Nous, on va devoir diviser par 40,33 nonante-neuf ! »

Le pire, c'est les Italiens. Les Italiens, ils vont devoir diviser par 1936,27. L'Italien qui gagnait le Smic, il va passer de 1500000 lires à 775 euros. *(Accent italien.)* « L'euro m'énerva multissimo, hé ! »

Mais tout ça se décide à Bruxelles après des heures de réunion. Comme il y a douze pays à négocier, c'est comme une partouze : c'est le plus crevé qui se fait enculer le premier.

L'euro, on va tous y arriver, même les personnes âgées.

Vieille dame : « Ben, quand mon mari est décédé, j'ai dû vendre la maison. Mon notaire me dit : "Vous inquiétez pas, je m'occupe de tout." Il voulait me l'acheter 100 millions, 10 millions, 1 million. Mais le fils à ma voisine qui est dans l'immobilier, il me dit : "Méfiez-vous, madame Lemonsu, vot' maison elle vaut 1,5." Ce notaire voulait me voler 500 millions, 50 millions, 500000 francs. Mais le fils à ma voisine il m'a trouvé quelqu'un à 1,5-1,4, mais il veut 10 millions pour lui, 100 millions, 100000 francs. Mais c'est tout bloqué parce que ce notaire est vexé. Il me rend pas les papiers mais je suis pressée de vendre avant que ça passe en euros parce que j'ai peur de tout mélanger. Parce qu'en euros, ma maison elle vaudra 228700. Je dis oui, mais en anciens francs, combien ça fait ? »

Alors, avant février 2002, faudra penser à aller changer votre bas de laine. Vous savez, le black, l'argent liquide sous le matelas. Vous apporterez à la banque 50000 francs, et on vous rendra quinze billets de 500 euros. Le bas de laine va se transformer en socquette. Taille fillette.

**COMME IL Y A DOUZE PAYS À NÉGOCIER, C'EST COMME UNE PARTOUZE : C'EST LE PLUS CREVÉ QUI SE FAIT ENCULER LE PREMIER.**

Plus besoin de matelas, un oreiller suffira.

On stockera plus l'argent dans les lessiveuses mais dans des vizirettes.

Là où il faudra faire attention aussi, c'est avec les centimes. On continuera de dire centimes. Mais sur les pièces ça sera marqué « cents ».

VIEILLE DAME : « J'ai trouvé du beau persil sur le marché. Il me dit : "C'est 2 cents." Je lui ai donné mon billet de 200 euros. Non, il m'a pas rendu de monnaie, pourquoi ? Combien que je l'ai payé exactement le persil ? Avec ta convertisseuse ? 1300 francs ? 130000 balles ! Oh, le salopiaud ! »

Non, mais les vrais héros de l'euro, ce seront les fonctionnaires en contact direct avec le public *(Voix de répondeur.)* : « Trésor public bonjour, vous restez poli, monsieur. Normalement, vous payez 12500 francs d'impôts, et là vous avez reçu un avis d'imposition de 12500 euros. Je vous rassure, monsieur, vous n'êtes pas tout seul. Vous n'avez qu'à passer à nos bureaux, actuellement nous sommes ouverts de 9 heures à 11 heures et de 14 heures à 15 h 30. Et actuellement y a trois heures d'attente. Ben monsieur, je n'y peux rien si on passe en même temps à l'euro et aux trente-cinq heures !... Ben c'est un scandale, monsieur, pourquoi croyez-vous qu'on commence une grève illimitée tous syndicats confondus à partir de demain ? »

L'euro ça va créer un grand sentiment d'unité entre tous les peuples d'Europe. Vous imaginez en février 2002 : 320 millions d'Européens qui au même moment vont sortir leur calculette et dire :

*« Scheisse, was kostet das ? »*

*« Merda, quanto couchta ? »*

« Merde, combien ça fait ? »

Alors, si jamais vous oubliez la convertisseuse, il y a des méthodes ultrasimples pour passer de l'euro au franc.

Y a la méthode des tiers. Alors on calcule un tiers de la somme en euros, on soustrait le tiers, et on multiplie le résultat par 10. On va y arriver !

On prend 15 euros, on calcule un tiers. Ça fait... *(S'adressant au public.)* 5 ! On le soustrait, ça fait... 10. On multiplie par 10, ça fait... 100 francs. 15 euros, ça fait 100 francs. Maintenant 489 euros. 489, en francs, de tête ça fait ?

Une crise de nerfs.

Mais après, on va s'habituer. Les couples se disputeront en euros : « Attends, c'est quoi là, t'es en train de me faire une crise pour 123 euros ? Dis tout de suite que je jette les euros par les fenêtres ! Ouais, j'ai craqué pour une trottinette à vapeur. J'avais besoin d'une trottinette à vapeur. C'est quand même pas moi, le mois dernier, qui ai dépensé 1 895 euros pour une voiture à énergie solaire qui roule pas parce qu'il pleut depuis trois jours ! »

Après ça, y aura la génération euro.

*(Voix d'ado.)* « Maman, à ton époque, je veux dire dans l'ancien temps, à l'autre siècle, quand tu avais mon âge, tu gagnais combien d'argent de poche par semaine ? Attends, parle en euros parce que moi, les francs... On n'est plus à l'époque des magnétoscopes...

1,50 euro par semaine ? Mais comment tu faisais pour payer l'abonnement de ton portable ? T'avais pas de portable ? À 8 ans ?

– La claque, tu la veux en francs ou en euros ? »

#

# *Les baby-sitters*

*(Trois chaises sont posées au centre de la scène.)*

LA FONCTIONNAIRE : « Je regrette, madame, mais vous êtes 648e sur la liste d'attente. Ce qui fait que vous aurez une place en crèche en juin 2008. Quand votre bébé aura 6 ans. Mais il vous fallait venir avant, madame. Je sais que vous êtes enceinte de trois semaines, madame, mais il vous fallait anticiper. Comment vous allez faire ? Comme toutes les mamans qui travaillent à Paris, madame, le système DTS, comme Débrouille-toi Toute Seule. Ben allez voir du côté de mamie, au moins c'est gratuit. »

LA GRAND-MÈRE : « Tu voudrais que je m'occupe de ton bébé toute la journée ? Mais je ne pourrai pas… avec mes hormones et ma DHEA. Non, puis je ne saurais plus comment on fait. Oui, j'ai eu trois enfants, justement j'ai tout oublié puis je ne tiens pas à m'en rappeler. Va voir ta belle-mère, elle a rien à faire. »

LA BELLE-MÈRE *(Très chic, assise jambes croisées.)* : « Je pense que tu as quand même remarqué que j'étais beaucoup trop jeune pour être grand-mère. J'ai à peine 46 ans. *(Comme répondant à une objection.)* 58, peu importe. En tout cas, je ne veux pas être appelée mamie, mémé ou moumoune. Non, moi j'ai longuement réfléchi, je pense qu'il pourrait m'appeler Laurence, ou alors Belle… Ben, cherche une baby-sitter ! »

JEUNE FILLE FINLANDAISE (*Debout devant les chaises, moue boudeuse, seins en avant, très sexy, fort accent nordique.)* : « Je suis finlantaise et je suis venute icite pour faire des photos de mote. Mais les hommes veulent toute couchete avec moite et je dis toujours ouite. C'est pour ça, je préfère garder les petites bébêtes. Dans la famille où j'étais, ils voulaient tous de moite, les tontontes, les cousintes, les papites, le papatte, c'était une trop grande famille, j'étais épuisette, crevette. »

BABY-SITTER ENRHUMÉE *(Qui s'assied en toussant bruyamment.)* : « Je suis baby-sitter spécialisée dans la garde d'enfants balades. *(Elle tousse.)* L'avantage avec boi, c'est que votre bébé sera complètement ibbudisé. »

BABY-SITTER PINCÉE *(Voix sèche et cassante.)* : « Madame, je me présente, je suis cadre, ex-cadre, dans une boîte prospère, mondialisation, fusion, licenciement, reconversion, dépression. Je suis dynamique, autoritaire, j'ai le sens des responsabilités et je vous garantis qu'avec moi votre enfant ne rigolera pas tous les jours. »

BABY-SITTER FATIGUÉE *(Qui se laisse tomber sur la chaise de gauche, catastrophée.)* : « Tous les matins à 8 heures et demie ? Houlala lalala ! Mais jamais je n'arriverai à me réveiller aussi tôt ! Ce que je te propose, c'est que tu m'appelles tous les matins à 7 heures et demie pour me réveiller. Et si, mettons à 10 heures et demie, je ne suis pas encore arrivée, tu ne t'inquiètes pas, tu m'apportes ton pioupiou chez moi ! »

BABY-SITTER CATHOLIQUE PRATIQUANTE : « Je viens de la part de la paroisse. Ordinairement, je garde des personnes âgées. Mais j'aime beaucoup les enfants car ils sont porteurs de joie et d'espoir. Par contre, j'ai horreur du bruit. Êtes-vous pour ou contre l'usage des sédatifs légers ? »

UNE JEUNE FILLE TRÈS DÉCONTRACTÉE *(Un peu vulgaire et agressive.)* : « On est deux copines, ça nous intéresse. On voudrait venir toutes les deux, comme ça on pourrait tchatcher, on s'ferait moins iech. Attends ! On est expérimentées. Nous, les gosses, on sait les calmer, on met du shit dans le biberon. »

LA BELLE-MÈRE CHIC : « J'ai longuement réfléchi. C'est vrai que je suis nettement trop jeune pour être grand-mère mais j'ai lu dans un magazine scientifique, *Elle*, que d'après une étude américaine 12 % des femmes de plus de 40 ans en contact régulier avec un enfant de moins de 3 ans constataient une diminution dans l'apparition de leurs rides de 2 %. Donc je veux bien te dépanner, mais à une condition, je veux qu'il m'appelle Belle et pas Babybel. »

#

# Les retraités en 2050

*(Une vieille dame harangue le public comme à un meeting politique.)*

Camarades retraités, l'heure de la revanche va bientôt arriver ! En 2050, en France, il y aura 60 % de personnes âgées. Ouais ! *(Elle demande au public de crier « Ouais » et constate, dépitée :)* Il n'y a pas beaucoup de personnes âgées, ce soir.

Mais en 2050, les personnes âgées, ce sera vous.

Mais on ne dira plus personnes âgées. On dira personnes ravagées.

Parce que soi-même, on se sent toujours jeune, c'est toujours les autres qui disent qu'on est vieux mais, comme les autres seront en minorité, ils n'auront plus qu'à s'écraser.

En 2050, fini la pub pour Mamie Nova, le café Grand-Mère, papy Brossard.

Fini la convention Norwich Union. « J'ai tout prévu pour mes obsèques. » Avec le numéro vert qui clignote. « Vous allez bientôt mourir, vous allez bientôt mourir. » Nous aussi on fera de la pub pour les produits de beauté. *(Elle mime une vieille dame coquette qui s'étire langoureusement puis enlève son dentier pour dire :)* « Parce que je le vaux bien. »

En 2050, à nous les emplois !

L'employeur *(Agressif et âgé.)*: «Bac + 18, pourquoi vous avez arrêté vos études aussi vite ? Ici, c'est une entreprise dynamique, on embauche uniquement les plus de 65 ans. Revenez me voir à 64 ans, je vous prendrai peut-être en stage non rémunéré ! »

En 2050, les rides deviendront à la mode.

Fini les liftings, vive les ridings !

En 2050, on ne dira plus troisième âge, on dira troisième jeunesse !

La vieille dame : «Depuis que j'ai 135 ans, j'ai arrêté le jogging. Si je tombe, mon genou se casse, je ne pourrai pas le faire remplacer. C'est sentimental, je n'ai plus que ça d'origine. J'ai un tibia en plastique, un poignet en néoprène et un avant-bras en résine de synthèse. Là, pour ma colonne en plutonium, j'ai fait faire un devis, je vais devoir faire un emprunt sur dix ans. Mais si ça continue, à ce rythme-là, si je vis jusqu'à 160 ans, je vais surendetter mes arrière-arrière-petits-enfants. Mais pourquoi que les dépenses d'entretien du corps ne sont pas déductibles des impôts ? C'est quand même notre habitation principale ! »

La vieille dame chic : «Avec la semaine de vingt-cinq heures, nous avons des week-ends de quatre jours. J'en profite pour faire de grandes marches en forêt à Forêtland, la forêt artificielle de Mantes-la-Jolie. Ce sont des faux arbres mais on attrape de vraies ampoules. Y a une nouvelle attraction formidable, la cueillette des cèpes, on ramasse des vrais champignons… mais déjà cuits. »

La très vieille dame *(Assise devant la télé.)*: «La cinquième jeunesse, c'est bien parce qu'on peut regarder les 7000 chaînes d'Internet toute la journée. C'est “Questions pour un champion” ! Toujours avec Julien Lepers. Les candidats passent, mais lui il reste. »

La vieille dame sensuelle : «Depuis mon troisième divorce à 86 ans, je m'éclate. J'ai un ami de 66 ans, il voudrait qu'on ait un enfant. Je lui dis : “Attends un peu !” Maintenant, avec les distributeurs de Viagra à tous les coins de rue, y a plus de problème, on le mélange au sucre, ni vu ni connu. Et je sers toujours à mes amants des camomilles bien sucrées avant d'aller nous coucher. »

La vieille dame : « Eh oui, ce sera peut-être comme ça en 2050, mais en attendant faut bien profiter de la vie parce qu'on pourra toujours se faire remplacer des petits bouts, mais le tout pourra nous être retiré d'un seul coup tout d'un coup.

Alors moi je dis *(Elle chantonne.)* : "Dans la vie faut pas s'en faire, moi je ne m'en fais pas." »

Le prochain coup que vous croisez une mémé, n'oubliez pas que bientôt ça va vous arriver.

Avec la collaboration de Colette Roumanoff

#

# Les dangers alimentaires

Eh, tu me dis si je peux t'aider pour le repas…

Non ? Je suis invitée ?

Tu es sûre que tu les as assez rincées, les tomates ?

Ah non, mais méfie-toi parce que c'est plein de pesticides.

Chez moi, je les nettoie au savon pour être tranquille.

Ça, c'est l'huile que tu vas mettre ?… Huile d'olive vierge première pression à froid.

Vierge de quoi ?

Comment ils font pour trier les olives vierges des olives expérimentées ?

Au moins, là-dedans on est tranquille, il n'y a pas d'organisme génialement maléfique.

Elle est biologique, ton huile ? C'est vrai, elle est biologique ! Oui… y a le label AB.

Ah ça, c'est bien, le label AB : « Appelle ta banque ».

Tu sais que c'est pour ça que les gens qui mangent bio sont végétariens, quand t'as acheté des légumes bio, tu n'as plus de sous pour t'acheter de la viande.

Moi, les courses au supermarché, ça me prend toute la journée. Le temps de déchiffrer les compositions alimentaires.

Ils mettent toujours : « Ce produit a fait l'objet d'un soin extrême lors de sa fabrication. » Enfin, ils vont pas mettre : « On a craché dans les raviolis » ou « On a fait pipi dans le yaourt aux fruits ».

Qu'est-ce que tu mets dans la salade de tomates ? Du surimi ?

J'aimerais mieux pas.

Attends, des bâtonnets de poisson, t'en as déjà pêché des bâtonnets de poisson ? *(Elle mime un pêcheur qui lève sa canne à pêche, extasié.)* Oh... un bâtonnet de poisson, aromatisé au crabe et au glutamate de sodium !

Je sais que tout ce qu'on mange finit pareil, mais enfin, excuse-moi, ce n'est pas une raison pour avaler de la merde au départ !

C'est comme la gélatine, ils en mettent partout et après on s'étonne que les gens soient de plus en plus mous.

**C'EST BIEN, LE LABEL AB : « APPELLE TA BANQUE ».**

Tiens, regarde l'emballage de ce yaourt aux fruits.

Qu'est-ce que tu vois ? Un panier en osier avec des abricots pleins de rosée, comme si tu venais de les ramasser dans le jardin. Mais si tu ouvres le yaourt, qu'est-ce que tu vois, là ?

Une bouillie blanchâtre avec des miettes orange microscopiques.

Tu sais que s'ils mettaient en photo ce qu'il y a vraiment dans le pot, ils en vendraient moins ! Abricot : 2,1 %.

Pour manger un abricot entier, faut que tu bouffes six cents yaourts.

C'est comme les yaourts avec la laitière du XVII<sup>e</sup> siècle. Ils ne veulent quand même pas nous faire croire que c'est elle qui a fabriqué le yaourt ! Il suffit de regarder la date.

Oui, je veux bien un verre d'eau. *(Elle crie.)* Non, pas du robinet, pas du robinet !

Tu as des conduits en plastique ou en plomb ? Tu ne sais pas ? Donc j'aime autant de l'eau minérale... La marque, ce que tu veux. Vittel, partenaire minceur... Ça n'agit pas vite, ça fait vingt ans que j'en bois.

[

S'ILS METTAIENT EN PHOTO CE QU'IL Y A VRAIMENT DANS LE POT, ILS EN VENDRAIENT MOINS ! ABRICOT : 2,1 %. POUR MANGER UN ABRICOT ENTIER, FAUT QUE TU BOUFFES SIX CENTS YAOURTS.

Mmh, ça sent bon ! Qu'est-ce que c'est ?

Du poulet.

Mmmh. Tu le connais bien ton poulet ? Poulet fermier, poulet fermier, ça ne veut rien dire si la ferme est en Angleterre… Il est nourri au grain, élevé en plein air ou il a bouffé des saloperies ? Tu sais pas ? *(Elle regarde en direction du four avec un grand désarroi.)* Lui, il ne peut plus rien nous dire. Il est cuit.

On est ce qu'on mange.

Mon collègue du bureau, il a quitté sa femme, il la trouvait trop froide. Forcément, elle ne mangeait que des surgelés.

Depuis que je fais attention à ce que je mange, plus personne veut manger avec moi. Je me retiens, je ne te dis pas la moitié de ce que je sais.

Ton micro-ondes : tu es au courant que les aliments ils continuent à cuire dans ton estomac ? Pschitt… *(Elle porte sa main sur le ventre, prise d'une douleur subite.)*

J'ai une crampe d'estomac. J'espère que je n'ai pas la listériose ou la salmonellose ou la ménopause.

La listeria, c'est une bactérie qui peut se développer directement dans ton frigo. Quand j'ai appris ça, j'ai jeté tout ce que j'avais dans mon frigo, j'ai tout nettoyé au kärcher, je n'ai plus de bactéries, j'ai plus de frigo.

Toute façon, de nos jours, pour rester en bonne santé, il faut être très vigilant. *(Elle sort une cigarette et la porte à sa bouche.)*

Il n'y a que ça qui me calme.

Avec la collaboration de Colette et Valérie Roumanoff

#

# *Harmony*

*(Le personnage est une gourou américaine, énergique, charmante et manipulatrice. Elle s'exprime avec un fort accent américain.)*

VOIX OFF : *« And now, ladies and gentlemen, please welcome Miss Harmony ! »*

*Welcome everybody.*

Bienvenue tout le monde.

*You can say to me: « Welcome Harmony. »*

*(Elle fait répéter au public : « Welcome Harmony. »)*

Oh ! Je vois qu'il y a beaucoup de nouveaux venus ce soir parmi nous ! *Welcome* les nouveaux venus !

*(Elle fait répéter au public : « Welcome les nouveaux venus » et descend dans la salle en serrant la main de plusieurs personnes du public.)*

Pour tous les nouveaux venus, je me présente, je m'appelle Harmony et je suis le représentant d'Imof pour la France.

Imof : International Movement of Energetic Freedom.

Mouvement international de libération de l'énergie intérieure.

Je sens qu'il y a beaucoup d'esprits négatifs et cartésiens parmi vous.

On va faire un petit exercice pour se libérer du négatif.

Vous allez tous mettre vos mains sur le front. Tout le monde met les mains sur le front. Ceux qui mettent les mains sur le front se sentent mieux que les autres.

On fait le petit massage du mental et ça fait beaucoup de bien.

*(Elle interpelle un spectateur qui ne met pas ses mains sur le front.)* : Okay, comment tu t'appelles ? *Tell me your name.*

Stéphane, *welcome* Stéphane.

*(Elle fait répéter au public : « Welcome Stéphane. »)*

Okay Stéphane, tu fais le petit massage du mental, tout le monde fait le petit massage du mental. Ça fait beaucoup de bien. *Great.*

Maintenant, vous allez penser très fort à vos soucis, à tout ce qui vous prend la tête et vous allez crier : « *Out !* »

*(Le public crie: « Out ! »)*

*Great.* Est-ce que vous vous sentez mieux ?

*(Le public crie : « Oui. »)*

Okay. Comment tu t'appelles toi, tu te sens pas mieux ?

Maurice... *Welcome* Maurice.

*(Elle fait répéter au public : « Welcome Maurice. »)*

On va faire un petit exercice pour aider Maurice à se sentir mieux. Vous allez tous répéter après moi : « OOO, okay. Tout est okay. »

*(Le public répète, elle les félicite.)*

*Great, I love you.*

Je réponds tout de suite aux petites questions Internet qu'on me pose mondialement : « Parfois, je suis énervée dans les embouteillages, qu'est-ce que je peux faire ? »

Okay... L'énervement, la colère, la jalousie, le ressentiment, c'est du négatif. C'est parce que vous n'êtes pas chargés d'amour. Quand vous venez à Imof, vous vous chargez d'amour.

Quand vous mangez les petites capsules comprises dans la cotisation, vous vous chargez d'amour.

Et quand vous êtes plein d'amour dans les embouteillages, vous aimez les petites voitures devant vous. Vous aimez les petites voitures derrière vous. Et si vous avez peur d'être en retard au travail à cause de votre patron, vous lui envoyez de l'amour. Et il n'y a pas de problème, okay ?

*(Le public répète : « Okay. »)*

*« Harmony », my name is Harmony, okay ?*

*(Le public répète: « Okay, Harmony. »)*

*Great.*

« Comment agissent les petites capsules ? »

Okay, la capsule d'algue comprise dans le prix de la cotisation est faite à base d'algues bleu-vert arrosées avec des petites bulles de soleil. *(Avisant une femme qui rit dans le public.)* Okay, comment tu t'appelles, madame qui rigole ? Élisabeth. Élisabeth, elle est déjà venue, elle prend beaucoup de petites capsules, c'est pour ça qu'elle glousse pour un rien.

*I love you, Élisabeth.*

Si vous voulez devenir comme Élisabeth, il faut manger les petites capsules. Ça recharge en amour toutes les cellules du corps. Plus besoin de café, plus besoin d'alcool, plus besoin de tabac, plus besoin de cocaïne. C'est très économique. Okay ?

*(Le public répond : « Okay, Harmony. »)*

*Great.*

Je sens qu'il y a encore ici et là des esprits négatifs et cartésiens.

On va faire un petit exercice pour se libérer du négatif. Pensez très fort à tous vos soucis, à tout ce qui vous prend la tête. Vous allez crier très fort : « *Out !* »

*(Le public répond : « Out ! »)*

Vous allez penser à tous les crédits que vous avez sur le dos.

*(Le public répond : « Out ! »)*

Vous allez penser à tous les gens qui vous énervent.

*(Le public répond : « Out ! »)*

Vous allez penser à votre conjoint.

*(Le public répond : « Out ! »)*

*Great. It's coming, you know.*

*I love you.*

« Ma femme me demande de choisir entre elle et Imof. »

Là, on n'intervient pas. Si ta femme ne sait pas ce que tu fais à Imof, est-ce que toi tu sais ce que tu fais avec ta femme ? *Think about it.*

« Mon mari voudrait adhérer, est-ce qu'il peut avoir une réduction ? »

On ne fait pas la réduction, on n'est pas le discount.

La seule chose : est-ce que quelqu'un vient d'une autre ville que Paris ? Oui, quelle ville ?... Marseille ? On se développe partout. Comment tu t'appelles ? Éric.

*(Elle fait répéter au public : « Welcome Éric. »)*

Éric, si tu veux devenir le représentant d'Imof à Marseille, au lieu de 600 dollars de cotisation, tu paieras seulement 400 dollars par semaine.

C'est très économique. Okay ?

*(Le public répond : « Okay, Harmony. »)*

*Great.*

Je sens qu'il est temps de faire circuler entre vous l'énergie universelle de l'amour. Tout le monde va se tenir la main, tout le monde se tient les mains. *Come on,* pas de petite pudeur, on a le troisième millénaire à construire. C'est pas sexuel, c'est harmonie. *(S'adressant à quelqu'un du public qui ne tient pas son voisin par la main.)*

Tiens la main de ta femme, c'est le moment ou jamais.

Si ce n'est pas ta femme, c'est aussi le moment ou jamais.

Maintenant, on va tous se balancer de droite à gauche.

*(Le public se balance.)*

Stop ! Aux États-Unis, tout le monde se balance du même côté. En France, c'est toujours le bordel, chacun tire de son côté et critique les autres. Ici, on essaye de vivre en harmonie. On reprend les mains. On se balance tous ensemble.

*Great,* et vous répétez après moi : « OOO, okay, okay, tout est okay. »

*(Le public répète : « OOO, okay, tout est okay. »)*

Okay.

Lâchez les mains. Tout le monde lâche les mains. Éric, tu lâches les mains ! J'ai dit se tenir les mains, pas se tripoter les mains.

« Ma sœur me dit qu'Imof c'est une secte. »

*Oh shit,* je n'ai pas le temps à perdre avec ça, on a le troisième millénaire à construire, on n'est pas une secte. Élisabeth le sait bien, on est une association loi 1901.

« Quand aura lieu la fin du monde ? »

*(Elle baisse un peu la voix et prend un ton très solennel.)* Je le sais mais, je n'ai pas le droit de le dire. La seule chose que je peux vous révéler ce soir, c'est que si on prend les petites capsules trois ans comme Élisabeth, y a pas de problème.

Pour tous les autres, pour Stéphane, pour Maurice, pour Éric, on a fait un kit spécial survivance à la fin du monde à seulement 8 500 dollars.

Non, ce n'est pas cher, si c'est la fin du monde, les banques sont détruites et c'est pas grave d'être à découvert. Okay ?

*(Le public répète : « Okay, Harmony. »)*

« Mon corps se ride, ça me déprime. »

*Oh, come on!* L'apparence extérieure n'a pas d'importance, regardez Élisabeth. Ce qui compte, c'est l'harmonie intérieure.

Mais pour tous ceux qui ne sont pas arrivés à ce stade de développement, on a créé un programme top secret de lutte contre le vieillissement à base de rayon de lune. Ce sont des infusions de rayon de lune qu'on doit boire tous les jours trois fois par jour, pendant dix-huit mois. C'est seulement 617 dollars un sachet.

Et maintenant, pour célébrer l'adhésion de tous nos nouveaux amis, Stéphane, Maurice, Éric, on va tous ensemble chanter l'hymne d'Imof. Élisabeth, tu connais les paroles.

*(Elle chante a cappella, sur l'air d'*Au clair de la lune.*)*

« Au rayon de lune,
On est réunis
Pour changer de vie,
Avec Harmony
Donne-moi ta carte
Bleue tout ira mieux
Tes économies
Sont pour Harmony. »

Avec la collaboration de Colette Roumanoff

# Commentaires d'après spectacle

LA CUISINIÈRE DE LENTILLES : « Non, c'est bien parce qu'elle donne la parole aux cuisinières des collectivités. C'est vrai, on interviewe toujours les grands chefs, les Bocuse, les Troisgros, les Loiseau. Mais qu'est-ce qui est plus facile ? Nourrir dix personnes à 800 francs ou trois cents personnes à 10 francs ? »

LA COIFFEUSE DÉPRESSIVE : « C'est une cliente qui m'a conseillé d'aller voir le spectacle. Elle m'a dit : "Allez voir ça, ça va vous changer les idées." Ça n'a rien changé parce que tout le monde riait, sauf moi… »

LA VIEILLE DAME : « Moi, j'ai bien aimé son sketch sur le troisième âge, mais je n'ai pas bien compris parce qu'elle n'a pas bien articulé. Où c'est qu'ils sont les distributeurs de Viagra en poudre ? »

LA PETITE FILLE : « Maman, pour mon anniversaire, tu pourrais m'offrir un grand lit comme elle a sur la scène ? Comme ça, le soir, quand tu me dirais d'aller me coucher, je pourrais rester debout ! »

L'HOMME MACHO : « Moi, en tant que mec, je voudrais protester contre l'image des hommes dans ce spectacle. Attends, non mais c'est vrai, attends ! Faut arrêter la caricature, on a vachement évolué.

Attends, je vois rien que chez moi, je fais la vaisselle, la cuisine, le ménage, le repassage… depuis que ma femme s'est tirée. »

LA PORTUGAISE : « Je voulaiche vous rachurreche que mon mari n'est pas revenouche mais yé trouvé un copainche. Ye continue le Tranxène mais ye vais arrêter le Prozache. »

LA FEMME PINCÉE : « Si tu crois que je n'ai pas vu que pendant tout le spectacle tu regardais Anne Roumanoff avec un petit sourire aux lèvres. Je ne vois pas ce que tu lui trouves à cette fille. Elle est peut-être drôle comme ça sur scène, mais dans la vie… Il paraît que les comiques, ils sont sinistres. Puis, pour avoir besoin de faire ça, elle ne doit pas être complètement normale… »

LA FILLE SEXY : « Moi, je m'appelle Émeline, j'ai pas du tout apprécié le sketch de la femme qui se fait larguer. Parce que, je veux dire, bien souvent les hommes mariés se servent de nous comme des prétextes et après ils nous jettent comme des kleenex. C'est pour ça que moi j'ai fondé l'association pour la réhabilitation des pétasses abandonnées, dont la présidente d'honneur est Monica Lewinsky. Parce que, je veux dire, si en ce moment George Bush il aurait une Monica pour le détendre, il serait sûrement moins nerveux. »

HARMONY : « Je voulais vous rassurer qu'Imof ça existe vraiment. Je vous attends tous à la sortie pour signer le formulaire. Okay ? »

#

# LES HOMMES ET LES ENFANTS D'ABORD

Théâtre Daunou, 1996

# Top model

*(Elle arrive en défilant.)*

Eh ouais, moi j'ai toujours rêvé d'être top model. Vous m'imaginez en tant que top model ?
Vous m'imaginez en top model ?
J'ai dit « imaginez » !

Non, mais après tout, mais qu'est-ce qu'il me manque pour être top model ? En hauteur, une vingtaine de centimètres… Et en largeur, la même chose.

Vous m'imaginez en top model, Anna Roumani ? Je donnerais des tas d'interviews.

LA JOURNALISTE : « Anna Roumani, la nouvelle top qui monte, a eu la gentillesse de nous recevoir entre deux défilés. Alors Anna, dites-nous, il n'y a pas trop de compétition entre les top models ?

ANNA : – Oui, je croite mais j'ai la chance que je suis très amite avec Claudia, Carla, Cindy, Karen, Naomite. Même si je sais qu'elles sont toutes très jalouses de mon immense beauté.

LA JOURNALISTE : – Alors Anna, on dit de vous que vous êtes une intellectuelle.

Anna : – Oui, je croite, c'est pas parce que j'ai un corte magnifique que j'ai le cerveaute vide. Je lite beaucoute, ah, je lite Hugotte, Kunderate, *Parite Match*…

La journaliste : – Justement, Anna, dans le *Paris Match* de la semaine dernière, on vous a vue en photo en string sur une plage des Caraïbes, main dans la main avec Brad Pitt.

Anna : – Je crois j'en ai assez qu'on me parle de ces photottes. J'ai le droit d'avoir une vie privette.

La journaliste : – Alors Anna, quel est le secret de votre immense beauté ?

Anna : – Aaah, le secrète de ma beautéte ? Je dors beaucoute. J'ai la chance que je peux manger ce que je veute, je grossis pâte. À midi, j'ai mangé deux œufs durs et des carottes rapétes, mais… C'était une orgite !… Sinon je fais beaucoup de sporte que je montre dans ma vidéotte "Soyez belle avec Anna Roumani", où je montre comment n'importe quelle femme avec un physique banal comme toi elle peut espérer devenir aussi belle que moite, si elle achète ma cassette vidéotte à 358 frantes. »

Avec la collaboration de Colette Roumanoff

#

# La rirothérapie

Bien, nous sommes tous et toutes réunis ici ce soir pour apprendre à rire et à sourire grâce à la méthode que j'ai mise au point : la rirothérapie.

Quand tout va bien, on n'a aucun mérite à sourire. Mais la situation de la France étant ce qu'elle est, vous avez tous et toutes de gros problèmes d'argent, pour certains des problèmes de couple, souvent les deux en même temps, et ça ne va pas aller en s'arrangeant.

D'où la nécessité de ma méthode.

Nous allons commencer par l'apprentissage du sourire.

Tout d'abord, le sourire léger et mystérieux.

Démonstration. *(Elle sourit.)* À utiliser quand vous arrivez dans une soirée et que vous ne connaissez personne, pour donner aux autres l'envie de venir vers vous.

Position 2, le sourire appuyé. Démonstration. *(Elle se force à sourire.)* À utiliser dans les réunions de famille.

Enfin, position numéro 3, le sourire élargi. À utiliser chaque fois que vous êtes agressé, par exemple dans les embouteillages, quand on vous insulte. *(Elle fait un large sourire, bouche ouverte.)*

Quand on rit plusieurs minutes par jour, on est en bien meilleure santé.

On va commencer par ce que j'appelle le rire intérieur. C'est un rire qui se pratique bouche fermée. Démonstration. *(Elle rit bouche fermée.)* À utiliser quand vous ne savez pas s'il convient de rire. S'il ne fallait pas rire, personne ne saura que c'est vous.

Si un rire général se déclenche, vous ouvrez la bouche et vous passez à ce que j'appelle le rire passe-partout.

Le rire passe-partout, c'est le rire en « HA », qui peut être pratiqué indifféremment par des hommes ou des femmes. Démonstration. *(Elle a un rire grave d'homme.)* Ha, ha, ha ! Ou *(Elle a un rire aigu de femme.)* Ha, ha, ha ! *(En montrant une dame dans le public.)* Voilà, voilà un bon exemple de rire passe-partout. Mais qui ne passe pas inaperçu.

*(Au public.)* Alors justement pour le rire passe-partout, à vous. *(En s'adressant à la dame dans le public.)* Madame est une ancienne élève...

Alors faites comme madame, pensez à bien contracter les muscles abdominaux, ce qui va provoquer une détente du système nerveux, donc meilleure digestion, meilleur sommeil et meilleurs rapports amoureux !

Nous avons ensuite le rire sexy ou le rire en « HI », qui permet à la femme de rire tout en séduisant son partenaire éventuel. *(Comme si elle regardait un homme amoureusement, main sur la hanche, poitrine en avant.)* Hi, hi, hi !

Quand on fait croire à un homme qu'il est drôle, c'est déjà gagné. Pour le rire sexy, à vous. *(Le public imite le rire sexy.)*

Il y a encore du travail.

Nous avons ensuite le rire distingué, ou le rire en « HO », qui vous permet de rire tout en montrant votre supériorité intellectuelle. *(Épaules relevées, sourcils froncés : elle rit.)* Ho, ho, ho !

Pour le rire distingué, à vous. *(Le public imite le rire distingué.)* Bien !

Enfin, nous avons le rire que personnellement je préfère, c'est le rire en « HÉ », ou le rire niais qui va vous rendre sympathique en toutes circonstances, puisqu'il permet à vos interlocuteurs de se sentir plus intelligents que vous. *(Elle rit bêtement face au public.)* Hé, hé, hé !

On va récapituler pour voir ceux qui ont bien tout assimilé :

– Le rire sexy. *(Le public rit.)* Léger progrès.

– Le rire intérieur. *(Le public rit.)* Oui alors là, c'est vraiment très intérieur.

– Le rire distingué. *(Le public rit.)*

– Et le rire niais. *(Le public rit.)* Bien.

Alors on va terminer par un sourire élargi.

S'il vous plaît, tout le monde un sourire élargi.

Car n'oubliez pas que le sourire est un rire silencieux.

Avec la collaboration de Colette Roumanoff

#

# Le mariage

*(Lumières et musique d'église. Elle porte un voile de mariée.)*

Ça y est, je me marie enfin après quinze ans de recherches ininterrompues !... Et toutes mes copines qui sont encore célibataires ! En plus, il me jure fidélité devant tout le monde. Et moi aussi je jure fidélité.

*(À sa copine.)* Eh, je peux te le dire à toi qui es ma meilleure amie, le mariage ça a rien changé entre Antoine et moi. Au contraire, c'est encore mieux qu'avant parce que maintenant on est un vrai couple.

*(Au mari.)* Attends, je sais pas, chéri, où elle est ta chemise blanche ! Ne me pose pas des questions comme ça à 8 heures du matin quand je pars travailler. On en reparle ce soir... Antoine, tu vas pas te mettre en colère à 8 heures du matin à cause d'une chemise. Si ?... Tu vois, il y a un endroit dans la maison, ça s'appelle le coffre à linge. On regarde... Comme tu vois, elle est pas repassée. Non, j'ai pas le temps de le faire. Tu vas la repasser, toi ? Alors là, je reste pour voir ça. C'est un événement interplanétaire ! Attends, non, juste une question : elle est rangée où, la table à repasser ? Ça m'étonnait aussi. Non, c'est pas pour dire, mais ta mère elle t'a réussi dans l'ensemble, mais y a des petits détails... Tu vois, si un jour on a un fils, moi je lui apprendrai à repasser dès l'âge de 3 ans, que sa femme ne vive pas ce que moi j'ai vécu... Quoi, je ressemble

à ma mère quand je parle comme ça ? Attends ! C'est un compliment ou c'est une insulte ? Tu vois, je préfère ressembler à ma mère qu'à la tienne.

*(À sa copine.)* Oui, oui, ça va toujours bien avec Antoine.

Enfin, disons que ça fait trois ans qu'on est mariés, alors c'est un peu la routine.

Non, puis ses soucis de boulot, mais c'est lourd à supporter. Il m'en parle tout le temps de son boulot, le matin, le soir, la nuit, le matin.

Je connais tout par cœur, ses collègues de bureau, ses clients, son patron, le passé, le présent, l'avenir.

Qu'est-ce que tu veux que je fasse ? J'écoute. Je fais : « Mmmmm. » Alors il me dit : « Ça t'intéresse pas ? » Mais si je pose une question, il me réexplique tout depuis le début !... Non, puis entendre tout le temps parler de boulot, c'est pas très érogène. Tu crois que je devrais le surprendre ? Pour briser la routine... Comme conseillé dans les magazines féminins ?

*(Au mari, avec une musique sensuelle.)* Bonsoir amour. Non, il n'y a pas une panne d'électricité. Je t'ai préparé un petit dîner aux chandelles et au gingembre. *(Elle s'allonge sur la banquette.)* Non, c'est pas la Saint-Valentin, on est au mois d'octobre... C'est pas non plus mon anniversaire. Tu sais bien que, quand c'est mon anniversaire, j'ai tellement peur que t'oublies que je déclenche une vaste campagne d'information un mois avant. Non, c'était juste pour briser la routine. Mais c'est pas grave, vas-y, tant pis, parle-moi de ton boulot.

C'est fou le succès que j'ai avec les hommes depuis que je suis mariée. Non, mais à croire que l'alliance ça les attire ! Ils doivent se dire : « Celle-là, au moins, elle rêve pas de se faire épouser, elle sait ce que c'est ! »

Mais arrête, Jérôme, on dirait que tu me dragues ! Tu me dragues ? Mais je suis mariée ! Je sais, toi aussi t'es marié... Moi, ça me gêne par rapport à Antoine. Mais moi, Antoine, je pourrais plus jamais le regarder dans les yeux après... Si ? C'est une question d'habitude ? Non, écoute, moi mon mariage, j'y tiens, adieu.

*(À sa copine.)* Antoine, j'étais à deux doigts de le tromper et j'ai rien fait. Si, c'est pas grave, parce que je lui ai tout dit. Eh ben, au lieu de me féliciter d'avoir résisté, il me parle plus depuis trois jours. Et l'autre non plus me parle plus. Mais si, je l'aime toujours, Antoine, et tu sais quoi ? On va faire un bébé.

*(Dans le lit conjugal.)* Non, chéri, arrête, pas ce soir, je suis pas fécondable. Non, mais je préfère que tu gardes tes forces pour dans huit jours. Non, arrête, ce soir ça sert à rien. Mais ça suffit ! Pense à ton boulot.

*(À sa copine.)* Depuis que je suis enceinte, Antoine est redevenu amoureux comme au premier jour. C'est marrant, d'après les magazines, il paraît que les couples se disputent beaucoup plus après la naissance d'un enfant qu'avant… Ça m'étonnerait que ça nous arrive.

*(Dans le lit conjugal.)* Vas-y, toi ! Écoute, j'y ai été à minuit, à 1 heure, à 2 heures, là il est 4 heures, t'y vas toi ! Eh ben, elle pleurera toute la nuit, je m'en fous. Ah ! Pourquoi moi j'arrive à me lever dans le noir et toi t'as besoin de m'aveugler ? Éteins ! *(Agacée.)* Éteins ! *(Elle crie.)* Éteins !… Bon, tu t'approches du berceau ! Tu la prends. Tu la sens. Ben tu vois, elle est plus constipée. Mais si, tu vas y arriver… Non, tu la nettoies d'abord, tu mets du Mitosyl après ! T'as mis de la crème amincissante à la place du lait de toilette ? Bouge pas ! J'arrive !

*(À sa copine.)* Tu sais, on parle tout le temps des nouveaux pères, moi je dois être tombé sur un ancien. Non, mais Antoine c'est un père formidable, il joue avec sa fille pendant des heures. C'est pas de sa faute, mais c'est tout ce qui est concret, il fait une allergie… C'est comme les courses, le samedi après-midi au supermarché, je le laisse libre. Il vient pas. T'as déjà regardé les hommes au supermarché ? Soit ils sont en couple et ils font la gueule, soit ils sont tout seuls avec des listes et ils font encore plus la gueule.

*(La fête des Mères.)* Oh, regarde chéri ! Elle nous apporte le petit déjeuner au lit pour la fête des Mères ! T'as préparé ça toute seule, mon canard ? Oui ?… Oh, le café ! *(Elle pousse une exclamation de dégoût comme si elle venait d'absorber un breuvage infect.)* Ah, le

café ! *(En regardant son mari.)* Forcément, elle a pas le droit de se servir de l'électricité alors il est à température ambiante. Et il y a plein de petits grains moulus dedans. *(À sa fille.)* Tu sais, ma chérie, le café, c'est pas comme le Nesquik, faut mettre un filtre ! Mais c'est très bon quand même. Tiens, regarde papa, il va le boire le café. *(Au mari.)* Chéri, c'est du café turc froid. Oh, y a même des croissants, oh, bichette, mmmh ! Tu les as gardés en cachette depuis mercredi ? Cachés derrière les melons ?... Tu sais, maman elle peut pas trop manger de croissants à cause de son régime, mais papa il adore les croissants. *(Elle tend le croissant au mari.)* Non, chéri, mange-le, c'est important ! Pense à Françoise Dolto ! *(À sa fille.)* Regarde papa, il mange tout le croissant pour faire de toi un adulte confiant et équilibré dans l'avenir.

Bien sûr, chérie, tu peux venir dans le lit entre papa et maman avec ton bol de Nesquik. Tu fais le tour par là, tu montes tranquillement, tu fais attention de pas tout renverser comme la dernière fois. Attention, aïe, aïe, aïe, trop tard.

*(Au mari.)* Ah non, c'est pas moi qui vais nettoyer !

C'est la fête des Mères !

#

# L'entretien d'embauche

Ça y est, j'ai rendez-vous… pour un entretien d'embauche. Faut dire, j'ai rien laissé au hasard. Sur mon CV, j'ai mis : « Mon objectif : m'intégrer à une équipe où je pourrai faire profiter l'entreprise de mon dynamisme et de mon savoir-faire. »

Ça fait celle qui a recopié *Le Guide du CV gagnant*, mais si j'avais mis : « Mon objectif : trouver un boulot même pas sympa pour payer le loyer, la crèche et les impôts », ça fait celle qui est vraiment dans la merde.

Et ça, ils l'ont dit au stage bilan de capacités : « Vous n'êtes pas demandeurs d'emploi, non, vous offrez vos compétences ! »

Le problème, c'est qu'on est sept millions à offrir nos compétences. Je me suis dit, si je me mets en jupe, ça fait celle qui dit : « Regardez mes jolies jambes », et si je me mets en pantalon, ça fait celle qui refuse sa féminité, alors j'ai mis une jupe-culotte.

Si je prends un attaché-case, ça fait femme active qui veut pas qu'on voie qu'elle est au chômage, mais si je prends juste un sac à main, ça fait femme au foyer qui vient en touriste, alors j'ai pris un sac à dos.

Je me suis dit, si j'arrive en avance, ça fait celle qui est très angoissée : « J'ai rendez-vous à 15 heures, oui, je sais, il est midi, mais je… » Mais en même temps, si on arrive en retard, ça fait je-m'en-foutiste : « J'sais pas, j'ai rendez-vous vers les 15 heures… Ah, il est 16 heures ? Déjà ? Comme le temps passe, hein ! »

Alors je suis arrivée à 15 heures pile : « Bonjour madame, madame Dumont. J'ai rendez-vous pour un entretien à 15 heures. La personne vient de partir déjeuner ? Vous permettez que je patiente ? Merci, merci infiniment. »

*(Au public, en confidence.)* Et ça, ils l'ont dit au stage, c'est important de soigner les relations avec les personnes qui vous accueillent. Car bien souvent l'employeur demande leur avis à votre sujet.

*(Elle sourit à la réceptionniste, puis s'adressant au public.)* J'avais deux heures à attendre mais j'avais tout prévu, j'avais amené de la lecture. Pas *Paris Match*, ça c'est ce que je lis chez moi.

Non, pour les entretiens, moi j'amène *Le Monde*, toujours le même.

Au fur et à mesure que j'attendais, j'avais l'angoisse qui montait, des boules dans la gorge, une barre dans l'estomac !

Heureusement, au stage, on a étudié la respiration abdominale pour lutter contre le stress de l'entretien. On gonfle ses poumons d'air, on passe l'air dans le ventre et on souffle ! Pff…

Plus je respirais, plus j'avais l'angoisse qui montait. Alors au bout d'un moment j'ai décidé d'arrêter complètement de respirer, je me suis mise en service minimum, je faisais juste… *(Elle reprend rapidement de l'air.)* À ce moment-là, l'employeur est arrivé. J'ai marché d'un air détendu *(Marche très contractée, en levant les genoux bien haut.)*, je lui ai serré la main d'une main ferme pour celle qui a une relation d'égale à égal avec son employeur et j'ai dit : « Bonjour monsieur ! »

Manque de bol, c'était une femme en pantalon.

Elle m'a fait entrer dans son bureau.

La recruteuse : « Je vous en prie, asseyez-vous. »

*(Au public.)* Y avait deux sièges, un à droite, un à gauche. Est-ce qu'elle veut tester mes opinions politiques ? Si je demande « lequel ? », ça fait celle qui ne sait pas prendre de décisions.

« Non merci, je préfère rester debout !

[

JE ME SUIS DIT, SI JE ME METS EN JUPE, ÇA FAIT CELLE QUI DIT : « REGARDEZ MES JOLIES JAMBES », ET SI JE ME METS EN PANTALON, ÇA FAIT CELLE QUI REFUSE SA FÉMINITÉ, ALORS J'AI MIS UNE JUPE-CULOTTE.

La recruteuse *(Assise.)* : – Je vous en prie, ne soyez pas ridicule, asseyez-vous, et puis détendez-vous.

– *(En s'asseyant.)* Ah non, mais je suis détendue. Pooooopoooooo !

– Je peux vous offrir quelque chose à boire ? »

*(Au public.)* J'avais pas soif, mais ça fait celle qui ne sait pas saisir les opportunités. Si je demande un café, ça fait celle qui est stressée. Je prendrais bien un demi mais ça fait alcoolique.

« Vous auriez de l'eau ? J'ai des goûts très simples.

– De l'eau, on n'en a pas, mais je peux vous offrir du Perrier. »

*(Au public.)* Et là, du tac au tac, j'ai répondu :

« Formidable, j'adore le Coca !

– Bien, alors on va un petit peu parler de vous à bâtons rompus, en toute décontraction, pour mieux vous connaître. À ce que je vois, vous parlez anglais ?

– Oui, oui, c'est ce que j'ai mis sur mon CV : anglais, lu, écrit, parlé. Lu, écrit, du moment qu'on sait lire et écrire, hein, anglais ou français ! Et parlé… Si le client anglais est patient et parle un peu français, *no problem* !

– Je vois également que vous êtes mariée et que vous avez deux enfants ?

– Oui, oui. C'est ce que j'ai mis, deux enfants, de 10 et 13 ans. »

*(Au public.)* En fait, ils ont 1 an et 3 ans, mais ça fait peur.

« Oh mais ça fait grand, dites-moi ! Ils sont en quelle classe ? »

*(Au public.)* On n'a pas du tout étudié ça au stage.

« Eh ben, le premier vient de rentrer au, au… lycée du collège. Et la deuxième, elle est encore au collège de l'école.

– Vous savez, depuis tout à l'heure je vous observe attentivement et je me dis une chose : voilà quelqu'un comme je les aime, qui fait de l'alpinisme.

– Oui, oui, complètement ! J'ai oublié de le signaler dans mon CV, mais je suis férue de tout ce qui est sport d'équipe, esprit d'entreprise, l'escalade, l'alpinisme, le football à mains nues.

– Alors racontez-moi un peu, quelles seraient vos prétentions ? »

*(Au public.)* Si je demande trop, je risque de perdre le boulot mais, si je demande pas assez, je risque de perdre de l'argent.

*(À la recruteuse, comme si elle récitait un argumentaire appris par cœur.)* « Avant de parler plus avant de ma rémunération, je pense qu'il serait souhaitable de préciser exactement le profil du poste que vous recherchez afin de voir si mes compétences pourraient y correspondre ! Parce que l'annonce disait : "Cherche sec. bil, bac + 4, excel. contact h. pour s'integ. à équ. dyn. pour CDD juil/aoû."

– Oui, c'est pour un remplacement au standard, cet été.

– Alors moi, j'ai toujours été attirée par tout ce qui touche au téléphone, que ce soient les numéros de téléphone, les cabines de téléphone, et même les factures de téléphone !

– Le Smic, ça vous va ?

– Oui, surtout que d'ici cet été il va certainement être revalorisé. *(Sourire gêné.)* Et au niveau des horaires ?...

– Je ne vous cache pas que les horaires, c'est un petit peu le point noir. C'est 9 heures-21 heures. Oui, je sais, c'est légèrement plus de trente-neuf heures par semaine mais, avec la crise, on ne peut pas se permettre de payer les heures sup.

– Qu'importe les horaires, pourvu que j'aie un salaire ! »

*(Elle fait un sourire forcé et dit au public :)* Et là, heureusement que j'avais fait un stage de rirothérapie !

« Écoutez, c'est parfait, on vous écrira. »

Depuis quinze jours, rien. Pas une carte postale, rien. Et ce matin, une lettre : « Votre candidature nous intéresse. Merci de nous contacter rapidement afin de procéder à un deuxième entretien. »

Et ça, c'est parce que je n'ai rien laissé au hasard, et je sais pas vous, mais le prochain qui me dit : « Faut arrêter avec le chômage, je t'assure, celui qui cherche vraiment du travail, il en trouve », je lui répondrai : « Oh oui, puis celui qui cherche vraiment à dire des conneries, il y arrive ! »

Avec la collaboration de Colette Roumanoff

# La belle-mère

*(Elle entre sur la pointe des pieds, vêtue d'un imper jaune vif.)*

Bernadette, aimes-tu mon nouvel imper ?

Ben Roger, c'est ma petite belle-fille, je peux bien lui demander si elle aime mon imper ! Roger, il a fait la tête quand je l'ai ramené. Il me dit : « T'en as déjà huit, des impers ! » Oui, mais un comme ça, j'en avais pas. C'est pas parce qu'on a plus de 65 ans qu'on doit s'habiller triste.

C'est pas pour dire, Bernadette, mais t'as de la chance d'avoir une belle-mère gentille et discrète comme moi.

*(À son mari.)* Bavarde ? Oh, ben forcément, toi tu te tais pour deux, alors moi je parle pour trois. Toute façon, il a pas à se plaindre parce que dans un couple faut qu'il y en ait un qui parle et l'autre qui écoute. Eh ben celui qui écoute, c'est tombé sur toi, hé, hé, hé ! Ça fait quarante-huit ans qu'il m'écoute.

Bernadette, aimes-tu ma couleur ? Normalement, mon coiffeur me fait les cheveux jaune poussin, là c'est carrément jaune d'œuf. M'enfin, avec mon rouge à lèvres orange, ça fait gai.

Oui, Bernadette, tu fais tes impôts, t'as besoin de silence ? Je te dérange pas.

*(Elle mime des pas de danse.)* Je chante dans ma tête, ça fait pas de bruit, hein !

Je vais mettre à cuire le poulet pour midi. *(Elle va vers la cuisine, puis se ravise.)*

Bernadette, je m'excuse, où qu'il est ton four ? Je sais, tu me l'as montré ce matin, mais j'ai pas de tête.

À gauche de l'évier, à côté du réfrigérateur ?

Oui, je sais, sans matière de grasse le poulet, je sais. *(À son mari.)* Oh, j'ai bien envie de mettre un petit peu de beurre dans le poulet. Oh ben, le poulet à l'eau, c'est triste. Je dirai que c'est la peau du poulet qu'a rendu du jus. Non, je vais pas en mettre beaucoup du beurre. Oh ben, rien du tout ! 250 grammes.

*(Elle va à la cuisine, puis revient sur ses pas, s'adressant à son mari.)* Il est où son four ? Si t'écoutais aussi, au lieu de faire tes mots fléchés.

*(Elle va vers sa belle-fille.)* Bernadette, je m'excuse, il ne se souvient plus où est ton four. *(Elle va à la cuisine, met le poulet. À son mari.)* Crois-tu que je peux mettre la télé ? Ben elle a dit : « Faites comme chez vous ! » Elle sait bien que chez nous la télé marche tout le temps ! Oh ! Faut toujours tout demander avec toi, et puis tu fais jamais rien.

*(À Bernadette.)* Est-ce qu'il peut mettre *Les Feux de l'amour* ? Non… Même sans le son ?

Crois-tu que je peux aller réveiller Antoine ?

Non, tu veux qu'il dorme ? Dis, c'est moi sa mère ! J'étais là avant ! Si j'étais pas là, elle serait pas là. Je vais juste aller vérifier qu'il dort bien. *(Elle va vers le fond de la scène, parle fort à son fils à travers une porte.)* Antoine, c'est Moman ! Dors-tu mon bébé ? Il me dit qu'il dort…

Veux-tu ton café au lit ? Non. *(À son mari.)* Il récupère. Je sais pas qu'est-ce qu'elle lui fait, qu'il soit tout le temps fatigué comme ça ! *(À Bernadette.)* Bernadette, je m'excuse, mais es-tu sûre que tu le nourris assez, Antoine ? Je le trouve un peu… Forcément, tu manges tout allégé, alors lui il maigrit puis toi tu mincis pas ! Antoine, je me suis toujours fait du souci pour sa santé, ça remonte du temps qu'il était petit. *(À son mari.)* Non, elle connaît pas l'anecdote ! *(À Bernadette.)* Si, tu la connais ? Tant pis, je te re-raconte. Non, mais fais tes impôts, ça me dérange pas pour parler… J'ai été voir le Dr Lacombe. *(À Roger, agacée.)* Si, c'était le Dr Lacombe, c'était pas encore son fils, à côté de la place de la mairie ! *(À Bernadette.)* Il me dit : « Madame Lemouton, Antoine faut lui donner du lait Gallia bleu. » Bon. Je vais voir le pharmacien, M. Lemonssus. Il me dit : « M'ame Lemouton, êtes-vous sûre, c'est du lait Gallia bleu ? » Je dis : « Ben oui, c'est le Dr Lacombe qui m'a dit ! » Puis chaque fois que je viens prendre ma boîte de Gallia, il me dit : « M'ame Lemouton, êtes-vous sûre, c'est du Gallia bleu ? – Oui, c'est le Dr Lacombe qui m'a dit ! »

Puis ça me trottait, alors je retourne voir le Dr Lacombe, puis je lui demande : « Êtes-vous sûr, c'est du lait Gallia bleu ? »

Il dit : « Comment, madame Lemouton, vous lui donnez du lait Gallia bleu ? Mais faut lui donner du lait Gallia vert, le lait Gallia bleu, c'est du lait pour prématuré ! »

Je lui donnais du lait pour prématuré, il avait six mois ! Mais c'est que j'aurais pu le perdre ! *(Elle retient ses larmes, la main devant la bouche. À Roger.)* Je m'excuse, mais moi je suis pas comme toi, je suis sensible. Oui, toi t'es sensible mais c'est à l'intérieur !

*(Elle se réajuste devant la glace, son chagrin momentanément oublié.)* Forcément, Roger ça l'énerve, il me dit toujours : « Antoine, c'est ton préféré ! »

Mais c'est pas vrai, j'aime mes trois enfants pareil ! Surtout Antoine !

*(Elle retourne dans la cuisine, puis revient sur ses pas, penaude.)* Il est pas cuit, le poulet… J'ai pas allumé le four.

C'est de votre faute aussi, vous me parlez tout le temps !

#

# Le TGV

LA FEMME ANTI-ENFANTS : « Excusez-moi, excusez-moi, je suis assise ici… Ben écoutez, voiture… Je regrette, monsieur, c'est un TGV, faut réserver ! Ah, c'est devant… Vous avez compté ? Là, y en a trois… Trois gosses de moins de 5 ans… Ah non, mais c'est plus un TGV, c'est une halte-garderie ! Ben forcément, plus ils pondent, plus ils ont des réductions et ils n'arrêtent pas de prendre le train ! Moi, je comprends pas, parce que, quand on réserve, on choisit première, seconde, fumeur, non fumeur, compartiment, fenêtre… Ils devraient proposer « wagon petits monstres » et « wagon sans petits monstres » !

LA MÈRE ANGOISSÉE : « Bon, tu vas être sage, Marjorie, tu vas te mettre là et tu ne bouges pas ! Je souhaiterais que le voyage se passe mieux que la dernière fois… Cette fois-ci, maman a pris du Lexomil. Je t'ai réveillée à 6 heures du matin pour qu'à 4 heures de l'après-midi tu aies envie de dormir. Alors tu fermes les yeux, tu dors. Marjorie, tu ne donnes pas des coups de pied dans ton siège, tu vois bien que tu déranges les gens, tu déranges la dame qui est en face de toi.

LA VIEILLE DAME : – Oh non, madame, pensez-vous… Je sais ce que c'est. J'ai trois enfants et six petits-enfants, alors…

LA MÈRE ANGOISSÉE : – Trois enfants ! Eh ben dites donc, ça doit en faire des boîtes de Lexomil. *(À Marjorie.)* Marjorie, c'est simple, si tu ne t'endors pas immédiatement, je vais appeler le contrôleur et il va te jeter dans un cachot plein de rats. *(À la vieille dame, des larmes dans la voix.)* Ça y est, elle pleure. Pourtant, vous avez vu, j'ai fait tout ce que j'ai pu pour la calmer ! »

LE PARENT LAXISTE *(Voix assez grave, pied sur la banquette, corps relâché.)* : « Mais heureusement qu'il y a les enfants dans les trains pour mettre un peu d'animation ! Sinon personne se parle, tout le monde fait la gueule !... Moi, plutôt que de rentrer dans un rapport de force stérile avec Erwan, moi je le laisse libre d'aller, de venir... Tiens, Erwan, joue à l'avion supersonique... Tu sais : "Brrrr..." *(Elle mime un avion.)* Non ? Alors, prends ta carabine et joue au tueur fou. *(S'adressant à un monsieur en face d'elle.)* Il vous a tué, monsieur... Ben, faudrait que vous mouriez. *(Comme une évidence.)* Vous fermez les yeux, vous penchez la tête, c'est pas compliqué... Le monsieur ne veut pas mourir, le monsieur a perdu son âme d'enfant... Pleure pas, Erwan, regarde, le wagon est plein. Va t'amuser. »

LE PETIT GARÇON *(Il se lève du siège, comme s'il avait une grosse carabine dans les mains, et fait mine de tuer tout le monde.)* : « Ta-ta-ta-ta-ta ! »

LA NIAISE : « Oh, il est mignon, lui. Tu es mignon, toi ! *(À sa voisine de banquette.)* J'adore les enfants et je n'ai pas eu la chance d'en avoir. *(Au petit garçon.)* Comment tu t'appelles ? Erwan. Eh, tu en as une jolie carabine, Erwan ! Il faut que je ferme les yeux et que je penche la tête ? Les enfants adorent jouer avec moi... A y est. Je dois pas parler, je suis pulvérisée. Oh ! *(À sa voisine de banquette.)* Oh, pour être violent comme ça, c'est sûrement un enfant battu. »

LE PETIT GARÇON *(Il se lève. De dos, toujours en faisant fonctionner sa carabine.)* : « Ta-ta ! »

LA VIEILLE DAME : « Ah non, moi tu peux pas me tuer. J'ai une armure spéciale Terminator. *(À sa voisine, de l'autre côté de la travée.)* Je sais y faire avec les enfants parce que moi, voyez, j'ai six enfants et douze petits-enfants. Je m'amène toujours mon manger. C'est meilleur que dans leur voiture au centre de la rame. Six euros le sandwich au pain de campagne et au jambon de pays. Mais je vous garantis que leur pain n'a jamais vu la campagne et que leur jambon aurait mieux fait d'y rester, au pays !... Regardez la petite comme elle est mignonne. Veux-tu un gâteau, petite ?

LE PARENT AUTORITAIRE : – Non, merci madame. Elle n'a pas faim... Réponds, Bénédicte ! "Non, merci madame, je n'ai pas faim." Tu veux faire un dessin ? Ouvre ton cartable, sors ton cahier de vacances. Comment ? Tu veux aller aux wawas ? Prends la bouteille d'alcool à 90, qu'on désinfecte. »

LA MÈRE ANGOISSÉE : « Regarde, Marjorie, la petite fille là-bas comme elle est sage, elle bouge pas, elle respire pas, on dirait une photo du *Figaro magazine*. Vous avez de la chance, madame... Non, Marjorie, je ne veux pas que tu ailles jouer à la guerre avec le petit Rambo... Ne pleure pas, Marjorie. Vas-y. Mais c'est pas grave que tu n'aies pas de carabine. T'as qu'à imaginer que t'as un pistolet silencieux. Au lieu de faire "Ta-ta-ta !", tu fais juste "Tiou-tiou" ! »

LA PETITE FILLE : « Tiou-tiou-tiou-tiou-tiou ! »

LA NIAISE : « Mais elle est mignonne, elle est mignonne et elle a une jolie voix de soprano. Comment tu t'appelles, Marjorie ? Marjorie Tiou-tiou-tiou ? Tiou-tiou-tiou, les petites marionnettes... Tu veux me désintégrer ? *(À sa voisine de banquette.)* Mais qu'est-ce qu'il y a comme enfants malheureux ! »

LA VIEILLE DAME : « Mais, monsieur le contrôleur, je ne savais pas qu'il fallait composter. Parce que moi, voyez, je ne prends pas souvent le train parce que moi, voyez, j'ai douze enfants et vingt-quatre petits-enfants !... Oh, merci de votre indulgence, monsieur, merci infiniment. Oui, oui, la prochaine fois je saurai. *(S'adressant à la personne de l'autre côté de la travée.)* Et voilà, pas d'amende !... Ben ils l'ont dit dans le journal : "Afin de reconquérir sa clientèle, la SNCF a demandé aux contrôleurs de moins verbaliser." Je composte jamais, moi ! Dis, c'est déjà nous qui payons le déficit de la SNCF, on va pas en plus payer le train ! »

*(Le petit garçon et la petite fille passent dans la travée en faisant du bruit.)*

**DIS, C'EST DÉJÀ NOUS QUI PAYONS LE DÉFICIT DE LA SNCF, ON VA PAS EN PLUS PAYER LE TRAIN !**

LA FEMME ANTI-ENFANTS : « Mais j'en peux plus, moi ! Je vais en passer un par la fenêtre, ça va être vite vu ! Mais qu'est-ce qu'ils foutent les parents ? *(S'adressant à la femme sur la banquette de l'autre côté de la travée.)* Oui, madame, c'est à vous que je parle… Je regrette, quand on sait pas s'occuper de ses gosses, on n'a qu'à prendre la pilule !

LE PARENT LAXISTE : – Mais c'est juste un enfant qui s'exprime. C'est un enfant qui est pas dans un carcan bourgeois. C'est un enfant qui dit merde à la société !

LA FEMME ANTI-ENFANTS : – Mais moi, c'est à vous que je dis merde ! *(Au petit garçon, soudain doucereuse.)* Eh, viens voir ici, toi ! Oh, mais t'en as une jolie carabine. Elle est jolie ta carabine… *(S'en saisissant brutalement.)* Et voilà, confisquée la carabine ! Hop, dans la poubelle du TGV ! *(Au petit garçon.)* Non, je te rendrai pas ta carabine, je te rendrai pas ta carabine. *(Comme si on lui tirait brutalement les cheveux.)* Aïe, au secours ! »

LE PARENT AUTORITAIRE : « Bénédicte, va aider la dame à sortir des griffes de ces petits voyous ! Vas-y, je te couvre avec les petits LU ! »

LA MÈRE ANGOISSÉE *(Au bord des larmes, derrière le siège.)* : « Oh, mon Dieu, les trois enfants se sont jetés sur la jeune fille, ils lui tirent les cheveux ! Marjorie, arrête, si tu continues je vais appeler le rat et il va te jeter dans un cachot plein de contrôleurs ! »

LE PARENT LAXISTE : « Vas-y, Erwan, défonce-la, mon fils ! Oui, je suis contre la violence mais quand on vous attaque, il faut se défendre ! »

LA VIEILLE DAME : « Eh ben ! Après on s'étonne qu'il y a des guerres ! Ben moi, je vais tirer le système d'alarme. Comme ça le train aura du retard et on sera remboursés de la moitié du prix de notre billet ! »

Avec la collaboration de Colette Roumanoff

# Star et maman

*(Une actrice dans un fauteuil. Pendant l'interview des flashs crépitent.)*

Non, s'il vous plaît, pas de photos, pas de photos.

Je crois que c'est vrai, c'est pas toujours évident pour moi de concilier mon rôle de femme, de star et de maman, mais en même temps, je crois que la maternité m'a donné une telle sérénité, je crois que je me sens maintenant tellement épanouie, je me sens en harmonie avec moi-même…

*(À son fils.)* Non, Théo-Léo, tu ne manges pas la terre du ficus, maman t'a déjà dit.

*(À la journaliste.)* Il est déjà très écolo.

Ouais, c'est vrai, j'ai besoin de retrouver très vite la ligne. Bon, je crois que j'avais besoin à nouveau de me sentir femme-femme, femme-mère, mère d'un fils, fille d'une mère.

*(À son fils.)* Non, chéri, tu ne lèches pas la chaussure de maman, va jouer là-bas.

*(À la journaliste.)* Je sais pas pourquoi est-ce qu'il est tellement attiré par mes chaussures. Est-ce que c'est déjà une manière pour lui de me signifier l'admiration qu'il a pour moi ?

Ouais, je crois que la maternité embellit les femmes, enfin je sais que dans mon cas c'est manifeste.

*(À son fils.)* Non, Théo-Léo, tu ne jettes pas des pièces de monnaie dans l'aquarium, les poissons rouges n'ont pas besoin d'argent, maman les nourrit gratuitement.

Je crois que Théo-Léo a hérité de ma générosité naturelle. Oui, je continue plus que jamais mon action en faveur des sans-abri, des sans-papiers… Non, pas des sans-travail, là ça serait trop de boulot.

**OUAIS, JE CROIS QUE LA MATERNITÉ EMBELLIT LES FEMMES, ENFIN JE SAIS QUE DANS MON CAS C'EST MANIFESTE.**

Vous savez, je crois… Je n'aime pas tellement parler de tout ça. C'est des choses, si vous voulez, je les fais pour les faire, je les fais pas pour qu'on en parle… Oui, vous pouvez écrire que je le fais dans l'article, bien sûr, mais marquez aussi que je ne veux pas en parler.

*(À son fils.)* Non, Théo-Léo ! Tu ne manges pas le poisson rouge, remets-le dans l'aquarium.

*(À la journaliste.)* Il n'est pas encore végétarien comme moi.

Oh, je crois que je n'ai pas de méthode particulière d'éducation. Enfin là, je ne sais pas, je pense que vous avez un petit peu la chance de me voir évoluer au naturel. Vous savez, moi je suis quelqu'un de très spontané, de très instinctif, donc je fais ce que je sens, je sens ce que je fais… Et je fais ce que je sens, et je sens ce que je fais.

*(Sonnerie de téléphone.)*

C'est le vôtre ou c'est le mien ?

*(Elle décroche.)*

Ouais… Non… Ouais… Non, écoute, tu te débrouilles, moi je veux ce rôle !

*(Elle raccroche.)*

Ouais, je crois qu'on peut dire que ma carrière est passée au second plan. Vous savez, maintenant j'ai une priorité absolue dans la vie qui s'appelle… *(À son fils.)* Théo-Léo, qu'est-ce qu'il y a, chéri, qu'est-ce qu'il y a ?

Oh, écoute, c'est la troisième fois ce matin, enfin je ne sais pas, qu'est-ce que tu veux me dire à travers ce caca ?… Je sais pas, est-ce que c'est déjà pour lui une manière de me dire « je te chie dessus » ?

Je te dis franchement, chéri, j'ai pas envie de te changer maintenant, tu attends la fin de l'interview.

Ouais, je me pose beaucoup de questions sur le XXIe siècle, surtout depuis qu'il est là. Quelles questions ?… Des tas de questions.

*(À son fils.)* Non, Théo-Léo ! Tu ne jettes pas le scénario dans l'aquarium ! Oh, écoute chéri, mais te mets pas à pleurer, mais maman a crié, mais pas méchamment. Viens voir maman, voilà, c'est fini le gros chagrin, mon poussin, voilà.

*(À la journaliste.)* Profitez-en pour faire une photo, parce que c'est un moment très spontané, très naturel à vivre. Vous mettrez bien sur la couverture : « Théo-Léo, mon bébé bonheur. »

*(À son fils.)* Souris, chéri.

Souris quand je te souris.

*(Flash.)*

Avec la collaboration de Colette Roumanoff

#

# La Picardie

*(Une femme frigorifiée, avec un pull sur les épaules. Une lumière évoque un feu de cheminée.)*

« Elle est sympa notre baraque, hein ? Tu sais, c'est vraiment une maison ancienne comme on en rêvait. Cheminée, vieilles pierres, canalisations : tout est d'époque. Ah, ben on a quand même 350 m$^2$, 8 pièces, 10 hectares de terrain et, tiens-toi bien : 350000 balles ! Elle était à 600000, en vente depuis vingt ans, mais Patrice a négocié comme un dieu. Mais bon, y a pas de mystère, enfin on n'est pas dans le Luberon, on est en Picardie.

L'AMIE *(Enroulée dans une écharpe.)* : – En tout cas, j'aime bien la décoration. Non, c'est vrai hein, vous avez presque réussi à rendre ça chaleureux.

– Je sais pas si t'as vu, on a peint le salon en jaune provençal, la cuisine en vert olive. Dehors, on a peint les volets en bleu, pour donner un côté îles grecques. Non, et puis t'entends ce calme, là ? Écoute : juste le bruit de la pluie contre les carreaux. Là, Patrice est en train de te concocter un petit repas, il a beaucoup plus de temps depuis qu'il est en année chômatique. Il attaque d'ailleurs sa deuxième année chômatique. Mais toi, t'as l'air fatiguée, non ? Tu travailles trop.

L'amie : – C'est pour ça que je suis venue passer le week-end ici. Dans l'espoir de décompresser !

– C'est pour ça que Patrice et moi on a définitivement quitté Paris. Ah non, parce que moi, le stress, la pollution, les loyers exorbitants, les huissiers… J'ai dit : "Stop." C'est vrai que la vie culturelle à Bouzincourt, c'est pas toujours, euh… En juillet, on a eu Daniel Guichard en plein air sur la place de la mairie. En même temps, tu vois, à Paris, on n'aurait pas pris le temps de découvrir Daniel Guichard… Puis surtout là, on a des vraies relations conviviales avec les voisins. Attends, tu sais que moi, ici, la première fois qu'on m'a dit "bonjour", j'ai pas compris. Maintenant, les voisins viennent prendre l'apéro, on se prête du sel, de la farine, des pull-overs. C'est vrai, les boutiques de fringues dans le coin, c'est… local. En même temps, tu vois, à côté de ça, ce matin quand on a pris notre petit déj dehors, sur les sièges encore humides de la rosée du matin, en anorak… C'était rafraîchissant. Maintenant que t'es réchauffée, viens, je vais te montrer ta chambre.

L'amie *(Qui semble avoir extrêmement froid.)* : – Non, non, j'suis bien là.

– Alors, ta chambre au premier, là-haut y a un truc génial, c'est qu'on n'a rien refait. Mais ça, tout le monde nous le dit : on se croirait à une autre époque. La chambre d'amis fait très XVIII^e siècle, hein ! Bougies, courants d'air et rideaux en toile de Jouy. Pour l'instant, je les ai accrochés avec des agrafes, j'ai fait l'ourlet avec du scotch, y a pas de carreaux, mais ça fait très *Marie-Claire déco* !… Professionnellement, si tu veux, pour l'instant Patrice et moi on réfléchit, on a plein plein d'idées : chambre d'hôte, école de poney, décoration d'intérieur… Attends, curieusement, à Bouzincourt, il y a pas un seul décorateur d'intérieur. Moi, je dis à Patrice, y a sûrement un créneau à prendre. Quand on voit les gens comme toi, qui débarquent de Paris, fatigués, stressés, pollués, on se dit qu'on a une chance folle de vivre ici ! On a une chance folle de vivre ici, on a une chance folle de vivre ici… Ça, on se l'est souvent répété cet hiver…

Quand on flippait. Non, c'est vrai, à la campagne, en couple, t'es vraiment… deux. Une chose est sûre : Patrice et moi, on ne voudrait plus revenir à Paris, mais vraiment, on ne voudrait plus. Et même si on voulait… on pourrait plus. Là, Patrice est sur un très gros coup professionnel, il veut pas que j'en parle, mais à toi je te le dis : tu sais qu'il y a un mec, il a acheté une baraque dans le Luberon, il a écrit le livre *Une année en Provence*. Best-seller international. Patrice pense écrire *Une année à Bouzincourt.* »

#

# Le dîner de Noël

La belle-mère : « Ça fait plaisir de voir toute la famille réunie pour Noël. Allez, on passe à table. Oh, vous inquiétez pas, cette année, j'ai fait léger... En entrée, foie gras. Bon ben ça, ça fait pas grossir, le foie gras, si on mange pas de pain avec ! Puis, dinde de Noël avec pommes de terre rissolées et haricots verts pour ceux qui font attention. Non, j'ai pas mis de beurre dans les haricots, enfin rien du tout, 250 grammes, ben dis, c'est Noël ! »

Le vulgaire : « Et alors, les affaires, c'est comment en ce moment ? Dur ? Oh, les gens en ont marre. Ça va péter. Ouais, ouais, j'ai repris la cigarette, je peux pas arrêter d'un coup de boire et de fumer, sinon ça va péter ! »

La snob : « Nous aussi, financièrement, c'est pas la joie. Je peux te dire que les médecins, c'est le prolétariat du XXI$^{e}$ siècle. En 1998, il vaut mieux être femme de plombier que femme de médecin. Je lui ai dit à Pierre : "Reconvertis-toi ! Plombier, médecin, c'est le même boulot. T'examines, tu fais un diagnostic et tu répares la tuyauterie..." »

La belle-mère : « Avant que tout le monde commence à manger, moi je vais faire mes petites photos. Regroupez-vous trois par trois et souriez... Non, non, moi je me mets pas dessus, je rends pas bien en photo. C'est vrai. Moi, je suis mieux en vrai qu'en photo. En plus, avec cet appareil, tout le monde a les yeux rouges. Souriez. Souris, Chantal ! »

La désabusée : « Moi, les fêtes de famille ça m'angoisse, alors autant angoisser tout seul devant sa télé. Depuis que je suis arrivée, y en a déjà trois qui m'ont demandé : "Alors, t'as trouvé un fiancé ?" Hin, hin, hin... Les hommes, y a pas de mystère : à 20 ans on choisit, à 30 ans on est choisie et à 58 ans t'as plus le choix.

La belle-sœur : – Oh, ben tu sais, faut pas croire que la vie conjugale c'est le bonheur tous les jours ! Moi, avec Doudou, je te dis pas ! Ça fait quatorze ans, mais si j'avais eu une opportunité, oh moi je serais pas restée. Oh non ! Si on n'avait pas les enfants à rembourser et la maison à élever... Puis au niveau sexuel, on est passés de *Neuf semaines et demie*, à une fois par mois. »

Bernadette : « T'en veux plus, là, de ton foie gras ? Tu me le donnes ? *(Regard circulaire.)* Demain je me ferai une journée bouillon de légumes-Slim Fast. Oui, faudrait que je fasse de la gym comme vous. Avec la petite, j'ai plus le temps de faire du sport. Disons que même quand j'avais le temps, j'en faisais pas. Pourtant, regarde, Estelle Hallyday, elle a accouché en même temps que moi et ça rend pas pareil. Remarque, elle était pas pareille non plus au départ.

La belle-sœur : – Ben t'as tort, tu devrais t'entretenir ! Moi, je fais ma gymnastique tous les jours parce que, dis, s'il arrivait quelque chose à Doudou, bon ben je serais toujours en état de... Mais enfin pour l'instant il est toujours en pleine forme, mais on sait jamais ! Oh ben, dis, les hommes ça dure moins longtemps que les femmes... Il a du cholestérol. *(Regardant Doudou.)* Tiens Doudou, veux-tu encore un peu de foie gras ?

La vieille dame : – Justement, s'il lui arrivait quelque chose à ton mari, as-tu pensé à ta retraite ? Ben moi, j'en connais, quand ils étaient en activité, ça dépensait, ça dépensait, c'étaient les meilleurs restaurants, tout ça. Puis maintenant ils ont à peine de quoi se mettre de la sauce tomate sur leurs spaghettis. Que moi qui n'ai jamais voulu aller au restaurant, maintenant, si je voulais, je pourrais ! Non, je ne veux pas ! »

LE COUPLE PRÉVOYANT *(Elle se lève, mains sur la table, regard circulaire.)* : « Je voulais profiter que toute la famille soit réunie pour vous annoncer que Benoît et moi, ça y est… on s'est décidés, on se marie en août, merci. *(Elle se rassied.)* Ça fait six ans qu'on vit ensemble alors on a bien réfléchi. On aimerait avoir un bébé, mais pas avant septembre 2021. Avant, on aimerait acheter un F2. Non, on n'a pas tout prévu parce qu'on sait plus quoi mettre sur notre liste… Non, on a déjà tout, hein… Un service à raclette, on a… Une gaufrière aussi, on a… Une crêpière aussi… Ah nan, une pierrade on n'a pas, c'est vrai. On n'a pas ça, une pierrade… C'est bien une pierrade, puis c'est utile.

**À 20 ANS ON CHOISIT, À 30 ANS ON EST CHOISIE ET À 58 ANS T'AS PLUS LE CHOIX.**

LA DÉSABUSÉE : – À quoi bon se marier pour divorcer ? À quoi bon vivre pour mourir ? À quoi bon travailler pour payer des impôts ?

LE VULGAIRE : – Elle a raison, c'est pour ça que ça va péter.

LA VIEILLE DAME : – Si ça va péter, qui c'est qui va payer nos retraites ?

LA CANADIENNE : – Vous aut' les Français vous m'faites bien rire, vous parlez tout le temps de la crise, mais quand il s'agit de bien boire et pis de bien minger, vous aut' les Français vous êtes plus en crise, hein…

BERNADETTE *(À voix basse.)* : – Qui c'est, celle-là ? On l'a jamais vue…

HÉLÈNE *(Couchée sur la table, en chuchotant.)* : – Je crois que c'est une Québécoise, la nouvelle copine du frère de l'ex-femme de Guillaume.

BERNADETTE : – Si j'ai bien capté, vous êtes la femme de l'ex-frère de la copine de Guillaume ?

LA CANADIENNE : – Non, moi je suis la nouvelle amie de Marc, qui est le cousin de Sophie. Je suis québécoise.

BERNADETTE *(À voix basse.)* : – Mais qui c'est, Sophie ? La sœur de Nathalie ? Mais elle est pas là, Nathalie. Je l'avais pas vue… *(Mains en porte-voix.)* Oh, Nathalie, ça va ? Qu'est-ce que tu deviens ? »

L'ÉTUDIANTE DE 28 ANS *(À Bernadette, penchée sur la table, fort.)* : « Cette année, j'espère trouver un stage non rémunéré en entreprise. Mais y a un patron qui m'a dit : “Pourquoi voulez-vous que je vous emploie gratuitement alors qu'on me paie pour embaucher des chômeurs de longue durée ?” J'ai une licence d'anglais, une maîtrise de psycho, puis un doctorat, un BTS d'information et de communication, un DUT humanitaire et social, mais j'hésite encore, parce qu'à 28 ans je crois que je suis encore trop jeune pour me lancer brutalement sur le marché du travail. Madame, est-ce que vous croyez qu'au Canada il y aurait du boulot pour les bac + 10 ? »

LA VIEILLE DAME : « Dites, au Canada c'est comme ici, il fait pas chaud, hein ? Il neige, hein ? Vous avez vu, ici aussi il neige. Mais je comprends pas, normalement, quand il neige, ça se réchauffe. Mais là, du coup, dans mon immeuble, ils chauffent trop, c'est pour ça que j'ai pris froid à force d'avoir chaud !

L'HOMME SNOB : – Buvez un petit coup, en tant que médecin je peux vous dire que c'est le meilleur des remèdes. Avec ça au moins vous risquez pas d'attraper la vache folle. Santé !

LE VULGAIRE : – Et à propos de boire, qui m'a offert un éthylotest ? Eh, c'est malin ! Je le sais ce que j'ai bu quand je sors de table, j'ai pas besoin de souffler ! Si je m'en souviens pas, de ce que j'ai bu, c'est que j'ai vraiment trop bu et, si j'ai trop bu, je ne me souviendrai plus qu'il faut que je souffle !

L'HOMME SNOB : – Surtout que c'est pas la quantité d'alcool qui compte, mais la qualité du conducteur. Moi, Hélène, ma femme, qui ne boit jamais rien, elle est plus dangereuse au volant que moi quand j'ai bu ! »

LA DÉSABUSÉE : « Au fait, est-ce qu'au Canada on trouve des hommes libres de 60 ans ? C'est peut-être ça qu'il me faudrait, moi, un bûcheron canadien… »

LE VULGAIRE : « Est-ce que le Canada, c'est comme ici, ça va péter ?

LA CANADIENNE : – Si je suis venue par chez vous, c'est que j'espérais que ça aille mieux par chez vous que par chez nous… Sauf que chez nous, dans les fêtes de famille, on chinte et puis on dinse…

BERNADETTE : – Nous aussi, hein, on chinte… Allez, faut chanter sinon on va dire que c'est mieux au Canada… Allez, qui c'est qui chante, là ? Alors le médecin, là, le roi du karaoké !… Eh, pour une fois qu'un public international te réclame ! Profite !

PIERRE *(En chantant.)* : – « J'aurais voulu être un artiste / Pour pouvoir faire mon numérooo »…

BERNADETTE : – Eh ben, il aurait voulu être un artiste, mais il aurait pas pu. Et pourquoi on danserait pas ? Allez, musique ! »

*(Musique.)*

LE VULGAIRE : « Ah, ça y est, je suis pété, moi ! »

LA BELLE-MÈRE : « Allez, venez mon gendre faire danser votre belle-mère… Mais si, vous allez y arriver ! Attention les pieds ! »

LE COUPLE PRÉVOYANT : « Jean-Mi et moi, on adore tout ce qui est musette. »

L'ÉTUDIANTE : « Papa, viens danser ! Pour une fois qu'il y a une musique de ton époque ! »

BERNADETTE : « Allez viens, Antoine, on danse. Mais on s'en fout, on n'a qu'à faire un tango. Mais si, c'est le rythme. Attention devant ! Allez Chantal, viens danser, ça va te remonter le moral !

LA VIEILLE DAME : – Non, tu ne me feras pas danser ça. La prochaine, oui, mais ça non, c'est pas de mon âge. Je danserai pas, je danserai pas, je danserai pas… Tu viens, papi ? Tu te souviens ? 14 juillet 46 ? »

LA CANADIENNE : « Allez tout le monde, on fait la farandole. Allez mamie, avec nous *La Lambada* !

LA VIEILLE DAME : – Mais elle n'est pas bien ! »

LA BELLE-SŒUR : « Oh Doudou, oh *La Lambada*, ça les rend fous ! »

BERNADETTE : « Même quand on sera tous fauchés, on pourra toujours s'amuser dans les fêtes de famille ! »

# ANNE ROUMANOFF
# À L'EUROPÉEN

1993

QUES – BAGNERES-DE-BIGORRE – BOLBEC – BOULAZAC – BRE
R-ORGE – BRUXELLES (BEL) – CASTRES – CHASSIEU – CHATOU
DIVONNE LES BAINS – L'HAŸ-LES-ROSES – LA BAULE – LA RICA
MANTES-LA-JOLIE – MONTRÉAL (CANADA) – SAINT-FONS – SAI
THOR – VIZILLE – YZEURE – ASTAFFORT – BARBEZIEUX-SAINT-
LAIRE – BEAUVAIS – BOUGUENAIS – CABESTANY – CAJARC – C
CREST – CUSSET – FEI … NEREVILLE-L'ORCHE
HAZEBROUCK – LA … ET – OCTEVILLE-
R-MER – ONE … SHOFFEN
ROBION – SA … DE-DIDON
SAINT-PI … RE – VOI
YSSINGEA … ENÈVE
UI) – GI … MER – L
SAINT-A … NÈRES-
GORRE – … BRUXE
EL) – CA … AINS –
HAŸ-LES- … S-LA-JOL
MONTRÉAL … OR – VIZI
YZEURE – – A … AIRE – BEAU
BOUGUENAIS – … CREST – CUSS
EIGNIES – GAGNY … – HAZEBROUCK –
NGLAVILLE – MEUDON – … VILLE-SUR-MER – ONEX
UI) – PIBRAC – POISSY – REICHSHOFFEN – ROBION – SABLÉ
AINT-CLOUD – SAINT-GEORGES-DE-DIDONNE – SAINT-PIERR
S-CORPS – SAINTES – SORGUES – VIRE – VOIRON – YSSINGEAU
– BOLLÈNE – CONTHEY (SUI) – CURZON – GENÈVE (SUI) – GIF-S
ETTE – HERBLAY – LA COUARDE-SUR-MER – LÈVES – SAINT-AV

# La femme politique

Chéri ! T'as une minute pour écouter mon discours pour demain ? « Électeurs, électrices, mesdames, messieurs, citoyennes, citoyens, camarades, amis… » *(Elle se tourne vers le public.)* J'ai tout mis.

« Oui, je me présente aux élections, comme vous avez pu le lire dans la presse. » *(Elle se tourne vers le public.)* Normalement, là, il devrait y avoir des applaudissements.

Merci.

« Je me présente au nom de la seule étiquette que je revendique : la femme. »

Merci.

« Ne voyez pas ici un réflexe politique primaire car le sexisme n'a jamais été ma tasse de thé.

La politique n'a pas de sexe sinon ça se saurait. »

Merci.

« Alors je sais que vous m'attendez sur un point précis : le chômage. Eh bien, le chômage, n'ayons pas peur des mots. Je suis contre !

Le chômage, comment le résoudre ? Bien sûr, je n'ai pas de solution. »

*(Elle se tourne vers le public.)* Ça va ? C'est trop… technocrate ? Il faut que je fasse peut-être plus rentre-dedans, plus…

« Le chômage, c'est, vous le savez comme moi, un problème terrible pour beaucoup de Françaises et de Français. Alors le chômage, comment le résoudre ? Ben moi, je suis comme vous. J'ai pas la réponse. »

*(Elle se tourne vers le public.)* Oh non, là, on dirait Mélenchon. Faudrait que je sois vraiment populaire.

**LE CHÔMAGE, N'AYONS PAS PEUR DES MOTS. JE SUIS CONTRE !**

« Le chômage, c'est un problème terrible pour tous les travailleurs et les travailleuses. »

*(Elle se tourne vers le public.)* Ouais, mais ça, ç'a déjà été fait. Faudrait que je sois vraiment moi-même.

« Le chômage, c'est un problème qui me concerne moi aussi. Oui, je suis au chômage et c'est la raison pour laquelle je me présente à cette élection. »

Merci.

*(Elle se tourne vers le public.)* Faudrait peut-être que je sourie moins quand je dis merci.

« Alors pour moi qui suis mère de famille. »

*(Elle se tourne vers le public.)* Non, ça fait merde.

« Pour moi qui ai deux enfants. »

*(Elle se tourne vers le public.)* Ça fait pas assez, deux enfants. Par rapport à Ségolène Royal, on n'assure pas du tout, là.

« Pour moi qui ai quelques enfants. Deux, parfois trois.

J'ai un programme ambitieux parce qu'on ne fait rien sans ambition. Donc…

On ne peut pas chercher ce qu'on trouve quand on ne trouve pas ce qu'on cherche.

Non, je ne veux pas le pouvoir pour le pouvoir. Je veux le pouvoir pour pouvoir… Pouvoir !

Pouvoir rendre chacun d'entre vous plus heureux dans une vie moins polluée où chacun pourra s'épanouir au quotidien, grâce à moi. »

Donc… Merci.

«Non, ce n'est pas de l'écologie à la mode car je suis trop mûre pour être verte.

Alors, si vous êtes séduits par mon programme, votez-moi pour moi et je serai fière d'être élue en huitième position sur la liste municipale de Vaires-du-Gond-sur-Guertampes.»

Avec la collaboration de Patrick Font

#

# Le bac philo

*(Voix d'ado.)*

Caroline, ça a marché le bac philo ? Moi, j'ai carrément cartonné. Je me suis étonnée moi-même. J'ai pris *Y a-t-il un devoir de mémoire*. Non, j'ai pas répondu, mais j'ai tout analysé. J'ai mis que « devoir » ça venait du verbe « devoir », que « mémoire » ça venait du verbe « avoir de la mémoire ».

Non, maman, je ne téléphone pas pour téléphoner, je téléphone pour parler du bac. *(À sa copine.)* Oh ! là, là ! Celle-là ! Elle voudrait que je travaille nuit et jour. Eh, je veux dire, même les plus grands savants ont besoin de se reposer ! Alors moi...

Eh, ma mère elle m'a acheté des vitamines qui stimulent les fonctions cérébrales. Remarque, moi je dors bien. C'est elle qui fait des insomnies.

Ben, j'ai mis trois pages. Écrit gros.

Ouais, mais j'ai mis une super citation. J'ai mis : « Science sans conscience n'est que ruine de l'âme. » Ben, moi non plus je ne savais plus de qui c'était, alors j'ai mis : « Comme le dit le bon sens populaire. »

Ouais, mais là où j'ai carrément cartonné, c'est qu'à la fin de la dissert, j'ai mis un mot personnalisé pour le correcteur. Écrit en rouge. J'ai mis : « Monsieur le correcteur, pour vous, le devoir de mémoire, c'est vous souvenir que vous aussi, un jour, vous avez passé le bac. Alors soyez indulgent, d'avance merci. » Et j'ai collé ma photo.

*(À sa mère.)* Mais oui, maman, j'enlève mes pieds du canapé. Oh ! là, là ! Maman, si tu me couves trop, moi, je vais faire une fugue ou je vais me droguer !

*(À sa copine.)* Eh, t'imagines si je fais une fugue ? Ma mère à « Perdu de vue ».

« Reviens, Nathalie, reviens ! Oh ben, j'avais crié dessus comme quoi je trouvais qu'elle téléphonait trop parce que j'avais peur qu'elle rate son bac. Puis n'importe comment elle l'a raté, mais c'est pas grave. Du moment qu'elle est vivante. Reviens, Nathalie, tu pourras téléphoner pendant des heures et laisser ta chambre en désordre ! »

Mais arrête de flipper. Et y a plein de métiers où c'est pas du tout utile le bac. Regarde chanteur.

*(À son frère.)* Jérémie, t'es gentil, tu joues pas à la console pendant que je téléphone. *(À sa copine.)* C'est mon petit frère, ça y est, il va se plaindre à ma mère que je lui ai crié dessus. Pourtant, t'es témoin, je lui ai parlé vachement gentiment !

**EH, JE VEUX DIRE, MÊME LES PLUS GRANDS SAVANTS ONT BESOIN DE SE REPOSER ! ALORS MOI…**

Moi, ce que je voudrais faire comme métier, c'est un métier vachement intéressant où on rencontre plein de gens passionnants, avec des horaires pas trop durs, mais assez bien payé. Je ne sais pas ce que c'est comme métier. Je cherche. Nan, je voudrais pas un travail manuel. Mais je voudrais pas un travail intellectuel non plus. En fait, moi j'aimerais travailler dans la communication humanitaire, m'occuper d'enfants malheureux. *(Elle hurle sur son frère.)* Jérémie, casse-toi ! C'est pas un frère que j'ai, c'est de la colle Uhu.

Ouais, parce que tu vois, moi je trouve qu'en France, mais on vit dans un monde individualiste, où les gens égoïstes ne pensent qu'à eux. Moi, j'aimerais travailler pour Médecins sans frontières du monde. Mère Teresa. L'abbé Kouchner.

*(À sa mère.)* Maman, si c'est une question d'argent, je te rembourse la communication avec mon futur salaire !

*(À sa copine.)* Et je t'ai pas dit, je risque de travailler cet été. Je suis sur la liste d'attente de la boulangerie. J'espère qu'ils descendront pas jusqu'à moi.

**MOI, JE RÉVISE PAS, JE DÉCOUVRE.**

Mais arrête de flipper, même les polytechniciens ils sont au chômage. Le bac, mais ça sert plus à rien ! Ouais, ça peut t'ouvrir des portes qui conduisent à des filières et qui mènent dans des débouchés. Mais c'est tout. T'imagines, la vie s'écoule inéluctablement vers un destin qu'on ignore. Oh, qu'est-ce qui m'arrive ?

Non, l'histoire-géo, j'ai encore rien fait. Je te signale, si on travaille trop avant un examen, eh ben on risque le surmenage cérébral. Moi, je suis pas menacée mais on sait jamais.

Moi, l'histoire-géo, je m'y mettrai la veille. Comme ça je suis sûre de pas oublier. Je sais, c'est pas bien de réviser la veille d'un examen. Mais moi, je révise pas, je découvre.

*(À son père.)* Mais oui, papa, je viens à table ! C'est le goulag, ici.

Eh, tu sais que mon père c'est le seul qui me fasse confiance et qui croie en moi dans cette maison. Tu sais ce qu'il me dit tout le temps ? Il me dit : « T'inquiète pas, maintenant, le bac, ils le donnent vraiment à n'importe qui. Alors pourquoi pas à toi ? »

Avec la collaboration de Colette Roumanoff

#

# La mamie et le catalogue

*(Une vieille dame lit une lettre.)*

J'ai gagné, j'ai gagné, j'ai gagné. J'ai gagné ! « Chère Madame Dumoutier », c'est moi. « Attention, si vous jetez ce document, vous risquez de perdre 5 millions de centimes. »

Je vais pas le jeter, hein !

« Ce chèque sera remis au gagnant du tirage joker effectué parmi tous les bons renvoyés dans les huit jours suivant la réception du document ci-joint. Détachez la vignette au bas de cette page. Collez-la sur le bon de commande puis grattez le timbre mystère et collez-le sur la vignette. » C'est presque gagné.

Dites, c'est plus compliqué à remplir que les papiers de Sécurité sociale ! Mais c'est bien, parce que c'est un jeu sans obligation d'achat. On n'est pas forcé de commander, mais moi je commande toujours un petit quelque chose parce qu'ils préfèrent faire gagner ceux qui commandent un petit quelque chose.

Y a ma voisine, Mme Lemonsu, elle commande jamais rien puis elle gagne jamais rien. Moi, le dernier coup, j'ai quand même gagné un stylo-bille plaqué or incrusté de six mille diamants.

Et là, je vais me commander le coussin antidérapant. Vous l'avez pas vu au téléachat ? Normalement vous êtes assis avec votre coussin.

Vous vous levez et vous dites : « Où qu'il est mon coussin ? Où qu'il est ? » Il a glissé ! Alors qu'avec le coussin antidérapant vous êtes assis, vous vous levez puis vous dites : « Où qu'il est mon coussin ? Où qu'il est ? » Il est collé.

Toute la journée, le coussin, il est collé. Mais c'est avantageux parce qu'un coussin c'est 99 euros, deux coussins c'est 158 et trois coussins, 253. Je sais compter. J'en prends trois. Un pour moi, un pour mon mari et puis le troisième je le revends à Mme Lemonsu 99 euros.

Le catalogue, c'est bien, si on n'est pas content, il rembourse. Que la Sécurité sociale, elle devait me rembourser 212,20 euros, elle m'a remboursé seulement 212,10 euros. Ils remboursent jamais ce qu'on veut. Mais moi, mais ça m'énerve. Et quand je suis énervée, je retombe malade. Et je retourne au docteur. C'est pour ça qu'ils sont en déficit. C'est parce qu'ils énervent les gens.

Surtout moi, j'ai trois médecins parce que j'ai pas confiance. Moi, à chaque fois que j'ai quelque chose, je vais voir les trois puis je compare les ordonnances. Et je prends seulement le médicament qu'est marqué pareil sur les trois.

Moi, ce que je préfère, c'est quand le médecin il me prescrit une petite radio, parce qu'on fait un concours avec Mme Lemonsu. À celle qui aura le plus de radios. Moi, j'en suis à soixante-dix-huit. Quand Mme Lemonsu elle vient, je lui montre mes albums de radios.

Puis j'ai tous les dictionnaires médicaux. L'autre jour, mon mari, il me dit : « J'ai mal à la tête. » Je le regarde puis je lui dis : « T'aurais pas une tumeur au cerveau ? »

Moi, je trouve, la Sécurité sociale devrait faire des jeux-concours pour fidéliser les bons clients comme moi. « Chère madame Dumoutier, vous avez été sélectionnée parmi les meilleurs malades. Vite, remplissez votre feuille maladie, collez vos vignettes et participez au jeu-concours Sécurité sociale. Premier prix : dix-huit radios au choix ! Deuxième prix : 1200 euros de médicaments ! Troisième au millième prix : un range-ordonnances en skaï véritable ! »

Une fois, je m'étais trompée, j'avais collé mes vignettes de Sécurité sociale dans le catalogue et mes vignettes de catalogue dans la Sécurité sociale ! Mais le catalogue m'a quand même envoyé mon agenda en cuir de vachette. La Sécu, rien du tout !

Vous savez ce qu'on leur chante avec Mme Lemonsu quand on va faire la queue là-bas pour râler ? On chante : « La Sécu, ça craint. Ils nous remboursent de moins en moins.

Les réformes de santé, faut pas en abuser ! »

Avec la collaboration de Colette Roumanoff

#

# Les femmes enceintes

Eh oui… *(Elle montre son ventre.)* Non, mais vous savez qu'on en entend de toutes les couleurs quand on est enceinte.

« Mais qu'est-ce que c'est que ce sera, un têtard, une grenouille ? Oh ben ça, c'est une petite fille. Non, je suis pas gynécologue, je suis boulangère, mais comme on dit : "Ventre pointu, sexe fendu !" »

« Oh ! là, là ! Mais qu'est-ce que tu as grossi ! Ouais, c'est normal, quand on est enceinte, mais alors là. Ça fait carrément grosse vache ! Quand je pense à toutes ces années que t'as passées pour rien au club de gym. À tous ces bourrelets qui s'en iront jamais. Toutes mes condoléances. »

« J'espère que vous souffrirez moins que moi à l'accouchement. Dix-huit heures à hurler sous les bombardements. Vous allez faire une péridurale ? C'est bien quand ça marche. Sur ma fille et ma nièce, ça a raté. »

*(Voix bobo.)* « Alors là, je veux dire, tu dois complètement profiter de l'instant présent. Ouais, je sais pas si tu réalises mais, je veux dire, c'est tes derniers moments d'insouciance, de légèreté, de bonheur avant au moins vingt-cinq ans. Il va être quoi comme signe ? Scorpion ? Et toi, t'es Balance ? C'est ce que je te disais. Profite. »

[JE FAIS LE RÉGIME DE LA FEMME ENCEINTE. MOI, JE JEÛNE ET JE MANGE UNIQUEMENT POUR LE BÉBÉ. COMME ÇA IL M'ASPIRE MA CELLULITE DE L'INTÉRIEUR. C'EST BEAUCOUP MOINS CHER QU'UNE LIPOSUCCION. »

«Mais non, mais non, mais tu n'as pas trop grossi. Écoute, moi, pour mon premier, j'ai pris trente-huit kilos. Je ne les ai jamais perdus. Tu n'as plus besoin d'être mince maintenant, tu n'es plus une femme, tu es une maman.»

«Ton mari, ça va, il est content ? Ravi ? Ils disent toujours ça au début. Après, quand il faut s'abstenir... Et justement, pour s'abstenir, ça va, il tient le coup, oui ? C'est ce qu'il te dit. Il est tellement content qu'il va assister à l'accouchement ? Alors ça, ça va anéantir définitivement votre vie sexuelle.»

«Félicitations. Et ne dites rien au patron parce qu'il déteste les pondeuses. Oh ben, s'il demande ce que vous avez, vous direz que vous faites de l'aérophagie.»

Non, mais je sais pas si vous avez remarqué mais il y a toutes sortes de femmes enceintes.

Y a celle qui plane de bonheur : «Il a bougé ! Je crois que j'ai jamais été aussi épanouie de ma vie.» *(Elle a un haut-le-cœur.)*

Tu as les femmes enceintes sportives : «Moi, si tu veux, je continue à faire mes deux heures de jogging par jour parce que je pars du principe que plus je suis en forme, plus mon morpion il sera en forme !» Vous imaginez le gosse à l'intérieur, le tremblement de terre ?

Et il y a les femmes enceintes dynamiques : «Quand Marc m'a proposé d'avoir un bébé après huit ans de vie commune, j'ai dit : "Marc, est-ce que tu ne crois pas que c'est un peu prématuré ?" J'ai dit : "Bon, d'accord, mais on le fabrique en octobre, comme ça il naîtra en juillet, et je reprends le boulot en août." Non mais attention, je suis ravie. *(En regardant son ventre.) I love you, darling.*

C'est important l'anglais pour son avenir. Non, mais il fera ce qu'il voudra. Il sera avocat, ministre, homme d'affaires, star. C'est lui qui choisira. Tout ce que j'espère, c'est qu'il soit beau, éveillé, équilibré, intelligent comme moi. *I hope you will be equilibrate like your mother.*»

Et puis il y a les femmes enceintes coquettes : «Je suis enceinte de huit mois. Ça se voit pas, c'est parce que je fais le régime de la femme enceinte. Moi, je jeûne et je mange uniquement pour le bébé. Comme ça il m'aspire ma cellulite de l'intérieur. C'est beaucoup moins cher qu'une liposuccion. » Vous imaginez le gosse réduit à bouffer de la cellulite ?

Sinon il y a les femmes enceintes angoissées : « Allô docteur ? Oui, c'est encore moi. Je sais qu'il est 3 heures du matin, mais je viens de finir le guide *Comment avoir une grossesse heureuse* et j'ai lu que normalement, au quatrième mois, on avait des nausées, des varices et des évanouissements. J'ai rien de tout ça. Vous êtes sûr que c'est normal ? Merci, grâce à vous, je vais pouvoir me détendre ! »

Ah non, mais moi je suis pas du tout comme ça.

Pas du tout.

Non, mais faut dire, moi je suis pas encore enceinte.

Avec la collaboration de Colette Roumanoff

#

# La secrétaire incompétente

*(Elle laisse sonner deux fois, elle compte puis elle décroche.)*

Service bureau, j'écoute ?

Si on a des photocopieurs d'occasion en ce moment ? *(Elle glousse.)* Pfff… Alors là, vous m'en demandez beaucoup.

Non, non, vous êtes bien au bon numéro mais, pour rien vous cacher, je suis là depuis trois jours, avant je travaillais dans un magasin de jeans, alors les photocopieurs… En plus, c'est pas de bol parce que ma collègue de bureau est partie déjeuner, faire les soldes et chez le coiffeur.

Oh non, elle ne sera pas de retour avant 6 heures moins le quart.

Sinon il y a mon patron, mais je peux absolument pas le déranger parce qu'on a un contrôle fiscal, la comptable a démissionné, on est au bord de la faillite. Hé, vous le répétez pas, hein ! C'est un secret. Il m'a dit : « Sandrine, je ne suis là pour personne sauf pour ma femme. » Et j'imagine que vous n'êtes pas sa femme. Évidemment, vous êtes un homme. C'est ça la perspicacité.

Alors vous voulez un photocopieur ? N'importe comment j'en ai qu'un : Minolta EP50, quinze photocopies minute, 1 200 euros.

Hors taxes ou TTC ?

Qu'est-ce que c'est, ça ?

Ah, c'est la TVA ? Non, tout ce qui est TVA, j'ai pas encore été formée.

Non, il y a rien marqué, mais je sais lire, monsieur ! Il y a écrit 1 200 euros, H majuscule, point, T majuscule, point.

Ça veut dire hors taxes ?

Ah ouais. Et forcément, moi je peux pas deviner, j'ai beau être intelligente, si on m'explique pas, j'peux pas avoir la science infusée.

Sinon, en bas au crayon, il y a marqué : « Machine en assez mauvais état, éventuellement baisser le prix. »

J'aurais peut-être pas dû vous le lire, ça.

Attendez, monsieur, c'est quand même pas de la camelote !

Monsieur, nous sommes les numéros trois de la bureautique sur Sarcelles !

Vous voudriez une réduction ? Mais de combien ?

500 euros, oh lui… carrément.

D'accord, alors ça nous fait 2000 moins 500, je pose 2, je retiens un.

Si vous parlez en même temps, j'arriverai jamais à me concentrer.

1 500 euros ?

C'est ça d'être bonne en calcul mental.

Avec ou sans la TVA ? C'est comme vous voulez.

Bon alors, qu'est-ce que vous faites ? Vous le prenez, vous le prenez pas ce photocopieur ? Non, parce que moi j'ai une cliente qui m'a demandé de lui mettre de côté.

Non, je rigole, c'est ce qu'on racontait dans le magasin de jeans.

Bon, ben je vous envoie une petite documentation.

C'est marrant, je vous connais pas mais j'ai un super bon feeling avec vous, vous êtes quoi comme signe ?

Sans indiscrétion, vous n'auriez pas du travail dans votre boîte ?

Non, là je suis bien mais j'ai l'impression que ça va pas durer. C'est marrant, mais partout où je suis, ça fait faillite.

Alors vous êtes la société…

Eh, doucement, je suis pas le TGV, moi !

Et vous êtes monsieur… Dumont ? Ah ! là, là ! Vous pourriez épeler ?

Voyez, j'l'aurais pas du tout écrit comme ça.

Je vous envoie ça quand ? J'en sais rien, moi. Pourquoi ? Vous voulez guetter le facteur ?

Non, mais attendez parce que moi, le temps que je tape la lettre, faudra quand même compter huit-dix jours.

Ah, je regrette mais c'est une machine à traitement de texte. Pour le moment, je sais juste allumer l'ordinateur, faut que j'apprenne la suite.

**EN BAS AU CRAYON, IL Y A MARQUÉ : « MACHINE EN ASSEZ MAUVAIS ÉTAT, ÉVENTUELLEMENT BAISSER LE PRIX. » J'AURAIS PEUT-ÊTRE PAS DÛ VOUS LE LIRE, ÇA.**

Ouais, on a un fax, mais de là à s'en servir… J'ai essayé une fois et tout a clignoté… Alors moi depuis… j'ai peur.

Non, ne vous énervez pas, ce qu'on va faire c'est que ce soir je vous envoie la documentation avec mon CV, et dans huit-dix jours la lettre avec encore mon CV. Allez, on fait comme ça.

Allez, je vous embrasse. Oh, je vous embrasse et je vous connais pas, excusez-moi, Patrick. Je vous dis à la prochaine. Allez, salut monsieur, tchao, bye !

Monsieur le patron, vous pouvez me féliciter. Pendant que vous faisiez vos comptes, j'ai amorcé le redressement de l'entreprise. J'ai pratiquement vendu un photocopieur : 1 500 euros plus la TVA hors taxes !

Avec la collaboration de Colette Roumanoff

#

# La rupture

La mère juive : « Aïe, aïe, aïe, ma fille, mais quelle tête tu nous fais ? Éric, il est parti, il est parti ? Vous vous êtes quittés d'un commun accord mais, enfin, c'était surtout lui qui était d'accord. Sinon tu ne ferais pas cette tête… Tu sais, ma fille, moi je l'ai jamais aimé Éric. Mais je l'ai jamais montré. Je lui disais gentiment "bonjour-au revoir". Et maintenant, il t'a quittée. Le ciel, il m'a écoutée, je suis bien contente. Ma fille, qu'est-ce tu cherches comme jeune homme ? Dis à maman, dis à maman. Un homme beau, doux, tendre, gentil, fidèle, intelligent ? Mais tu trouveras pas, ma fille ! Mais t'y es trop exigeante. Pourquoi tu crois que moi je suis mariée depuis vingt-cinq ans avec ton père ? J'ai rabaissé mon niveau d'exigence. Éric, lui, il s'est déjà trouvé une nouvelle petite copine ? Déjà ? Aïe, aïe, aïe. Forcément, celui-là, il a jamais été difficile, alors. Mais si, ma fille, t'y es belle !

Mais non, t'y as pas les oreilles décollées. On les voit bien, c'est tout.

Mais qu'est-ce qu'il y a, ma Sophie, tu pleures ? Ça prouve que tu es sensible comme ta maman.

Mais pleure, ma fille, pleure, pleure, pleure, tu pisseras moins… Sophie, maman, elle a fait cinq cents kilomètres pour te remonter le moral, alors il faut que tu voies le bon côté des choses. Si Éric il est parti, c'est qu'il t'aimait pas vraiment. Tu as pas à regretter quelqu'un qui t'aimait pas vraiment. Il faut que tu te réjouisses, ma fille. Faut que tu chantes. “Éric, il est parti, bon débarras, adieu et puis merci.” *(En chantant.)* Chante, ma fille, chante. “Éric, Éric, Éric, il est parti, bon débarras, adieu et puis merci.” »

La copine amoureuse : « Ça va, Sophie ? Ouais, je sais, tu vas pas bien, c'est pour ça que je suis venue, pour te remonter le moral. Surtout que moi, en ce moment, je suis heureuse. Parce que je suis amoureuse. Et quand l'amour va, tout va. Et toi ? Ça va ?… Ben moi, il s'appelle Marc, et lui et moi, c'est vraiment “Ahhhhhhhh”. Et toi, raconte, ça aura pas duré tellement longtemps ton bonheur avec Éric ? Deux ans ? Ouais, mais t'étais pas vraiment heureuse. Si ? Ben alors c'était lui qui était pas vraiment heureux. Ben écoute, sinon il serait pas parti. Sophie, faut que je te laisse parce qu'il y a Marc qui m'attend en double file, et Marc et moi, c'est vraiment “Ahhhhhhh” ! Par contre, Sophie, tu me promets, si jamais tu te sens pas bien, tu fais comme aujourd'hui, tu m'appelles et j'arrive pour te remonter le moral ! »

**MAIS PLEURE, MA FILLE, PLEURE, PLEURE, PLEURE, TU PISSERAS MOINS…**

La copine déprimée : « Alors là, Sophie, je comprends complètement ce que tu ressens. T'as des boules dans la gorge, t'as une barre dans le ventre. Là, je vois, t'es enfouie sous tes kleenex, je connais. Je suis passée par là, y a huit ans, quand Franck et moi on s'est séparés. Enfin, quand il m'a larguée. Et moi, y a huit ans, j'étais carrément pire que toi ! Et maintenant, regarde. Ça va beaucoup mieux. Non, mais tu vois, ce que je peux te dire avec mon expérience, c'est que y a que le temps qui efface les grandes douleurs. Parce que moi, y a huit ans, à chaque fois que je parlais de Franck, j'étais complètement… Alors que maintenant, t'as vu, je veux dire, c'est vrai, je peux en parler euh… Je peux y penser. Ça ne me fait plus rien du tout. Fraaaaanck ! »

# La tragédie des gâteaux

*(Trois coups dans le noir. Un dessert au milieu de la scène.)*

Oh, quel destin me rend ennemie de moi-même.
Le ciel met devant moi un gâteau à la crème.
Il est tellement bon. Et cette odeur divine
Qui bien malgré moi enchante mes narines.
Qui parle ? Qu'entends-je ?

« Bernadette, c'est moi.
Viens, reconnais la voix de ton cher estomac.
Je suis la gourmandise qui s'est réveillée.
Entends les gargouillis de ton ventre affamé.
Laisse-toi donc tenter.
Tu vas te régaler. »
Je ne t'écoute pas, gourmandise, traîtresse.
Va donc, pars très loin, ennemie de mes fesses.
Je vais juste goûter un peu de chantilly.
Afin de vérifier qu'elle est bien d'aujourd'hui.

« Non, Bernadette, non, je t'en conjure, non.
Je suis la diététique !
Il te faut tenir bon. Ne touche pas, je te prie, à ce gâteau funeste.

Si tu y goûtes une fois, tu finiras les restes. »
Je le mérite bien pour me récompenser.
Mardi, à la cafèt, des frites m'ont tentée.
À la place, j'ai bu un Slim Fast dilué.

« Une religieuse, c'est cinq cents calories.
Glucides et lipides et le tutti quanti.
Retiens-toi, s'il te plaît. »
Mais pourquoi se priver ?
La vie est courte, hélas, il faut en profiter.
Après tout, ce n'est rien qu'un tout petit écart.
Maigrir, toujours maigrir, mais vraiment y en a marre. »
*(Elle goûte un peu de chantilly.)*
Ah... Délice imprévu. Dieu, c'est vraiment le pied.
En un mois de régime, comme ça m'a manqué.
Hélas, j'ai encore faim. Je vais le terminer.

« Misérable. Tu n'as pas su te maîtriser.
N'oublie pas, je te prie, la sévère balance :
Deux secondes de joie et dix ans sur les hanches !
Combien de Taillefine il te faudra manger
Afin de rattraper ce lamentable excès ! »
À peine dégusté et déjà je regrette.
Je suis sans volonté. Qu'as-tu fait, Bernadette ?
Ah, j'avais oublié le problème suprême.
Les vacances, si proches. À peine une semaine.
Jamais je n'oserai montrer ma cellulite,
Mon ventre grassouillet. Ah, mon Dieu, je suis cuite.

« Mais puisque ton fiancé t'aime comme tu es,
Pourquoi te lamenter ? Pourquoi te priver ?
Regarde ce gâteau comme il te tend les bras.
Il te supplie tout bas : "Mange-moi, mange-moi."

Mange-le, après tout, je rends mon tablier.
Depuis plus de vingt ans, en vain, j'ai essayé de vaincre, de calmer tes énormes envies.
Je te laisse tomber, adieu ! Bon appétit. »
Chère diététique, s'il te plaît, ne pars pas.
Sans toi, je pèserais le double de mon poids !

Ah, chéri, mais te voilà déjà.
Non, non, non. Ne t'inquiète pas.
Je me parlais tout bas.
Tu vois ce gâteau-là,
il est pour toi.

Avec la collaboration de Virginie Lemoine

#

# Le tabac

Chéri, si t'essayais le timbre antitabac ? Eh ben, on le colle sur l'épaule. Et si jamais tu fumes une cigarette pendant que t'as le timbre, tu risques une crise cardiaque.

Non, mais écoute, chaque cigarette égale un quart d'heure de vie en moins. J'ai calculé, t'es au moins à ta soixante millième cigarette. Soixante mille fois un quart d'heure. Tu devrais déjà être mort.

Bon, ça va, je ne t'en parle plus.

Eh ben, je pense mais je dis rien. *(Elle prend une cigarette.)* Tu permets ? Et normalement, je ne fume pas et je peux. Comme ça, si on fume tous les deux, on ne se disputera plus.

Je ne sais pas fumer, je vais apprendre, je suis pas plus bête qu'une autre. *(Elle allume la cigarette.)* Et voilà, je fume, je fume, je fume, je fume. Dix ans que t'essaies d'arrêter, moi je commence en une seconde.

Non, c'est bien parce que ça me donnera de l'allure quand j'arriverai au bureau le matin, tu vois, je ferai... *(Elle mime le fait de fumer.)* Mais à mon travail, tu vois, j'aurai l'air plus occupée. *(En faisant semblant de téléphoner.)* « Oui. Oui, je comprends. Oui, je comprends. Oui, je comprends bien. Oui, oui. *(Elle mime le fait de poser sa cigarette.)* Oui, je comprends bien, oui. Oui, je vous envoie un fax de confirmation, bien sûr. Oui, je comprends bien. Oui, oui,

oui. *(En reprenant sa cigarette posée.)* Oui. Hou, hou, hou, oh pardon. Je me suis mélangée.»

Non, mais tu vois, dans les soirées, ça peut contribuer à me donner un air plus sensuel. «Bonsoir, allumez-moi.»

Et puis, dans les dîners, quand y aura des conversations que je comprendrai pas, ça me donnera l'air intelligent. Tu vois, je ferai: «Oui, bien sûr.» *(En secouant la tête, la cigarette à la main.)*

Alors que regarde, sans cigarette...

Et comme je suis une femme, je fumerai partout, surtout dans les zones non-fumeurs. Je ferai: «Oh, oh, on n'a pas le droit de fumer ici? Je l'ignorais totalement. C'est marqué nulle part. Ah, plus c'est gros, moins, ça se voit. Vous permettez, je la termine?»

Non, puis pour toi, ce sera bien parce que comme ça, le matin, j'aurai une haleine de cendrier. Comme toi.

À nous deux, on ouvrira un bar-tabac.

Puis, quand tu rentreras du bureau le soir, ce sera vachement sympa, tu vois, je ferai *(En faisant tomber de la cendre.)*: «Bonsoir chéri, j'ai préparé une petite salade aux lardons comme tu les aimes, là. Les enfants, à table! Maman, elle a fait un bon repas!»

*(Elle tousse.)* Oui, je tousse, et alors? Eh ben, j'ai pris froid. C'est ce que tu me dis toujours. Attends, ça fait dix ans que tu tousses tous les matins, dix ans que t'as pris froid. Même au mois de juillet. C'est pas la cigarette.

C'est pas une cigarette de rien du tout, dans un petit paquet de rien du tout qui va me faire touss...

Oh, regarde ce qu'il y a marqué sur le paquet: nuit gravement à la santé.

Avec la collaboration de Colette Roumanoff

#

# Pôle emploi

La conseillère : « Pôle emploi, bonjour. Souhaiteriez-vous trouver un emploi un peu, beaucoup ou vraiment ? Vraiment ? Donc vous êtes au chômage depuis un an et demi à la recherche d'un emploi de comptable.

La demandeuse, Bernadette : – Ah non, non, non, non, euh moi je suis couturière.

La conseillère : – Vous êtes bien Durandin Bernadette, numéro de dossier 6438 ? Donc, d'après l'ordinateur, vous êtes comptable.

Bernadette : – Ben oui, mais euh d'après... En vrai, je suis couturière.

La conseillère : – Écoutez, moi je veux bien faire les modifications informatiques, hein. Mais est-ce que vous m'avez apporté les éléments justificatifs ? Mais pour me prouver que vous êtes réellement couturière ! Alors j'aurais besoin des photocopies de vos fiches de paie de ces vingt dernières années, carte d'assuré social, fiche d'extrait d'état civil, justification de domicile, timbre fiscal à 162 euros, douze photos d'identité différentes, six enveloppes timbrées libellées à votre nom et adresse et un chèque de 553 euros pour frais de dossier.

Bernadette : – Euh, je crois que je préfère rester en comptable.

La conseillère : – L'informatique a toujours raison. Alors, depuis deux ans, nous vous avons envoyée à trois entretiens d'embauche qui n'ont pas abouti.

BERNADETTE : – Ben, euh oui, mais, euh, c'était pour du travail de comptable et moi je suis couturière.

LA CONSEILLÈRE : – Normal. Depuis six mois, vous percevez des allocations réduites, de quoi vivez-vous ?

BERNADETTE : – Eh ben, je fais un petit peu de couture payée pffff…

LA CONSEILLÈRE : – Ne me le répétez pas une deuxième fois sinon je serai obligée de vous signaler à l'ordinateur en tant que faux chômeur et vous serez radiée impitoyablement.

BERNADETTE : – Ben oui, mais si administrativement je suis comptable, je ne vois pas ce qui m'empêche de faire de la couture dans mes moments perdus.

LA CONSEILLÈRE : – Bon, alors qu'est-ce que je vais faire de vous ? Le contrat jeunes, avez-vous entre 18 et 25 ans ? Apparemment, oui. Possédez-vous un diplôme ?

BERNADETTE : – Ben, euh, j'ai un BTS de couture.

LA CONSEILLÈRE : – Ah, malheureusement, pour bénéficier du contrat jeunes il ne faut avoir aucun diplôme.

BERNADETTE : – Ben oui, mais moi j'ai passé un diplôme pour avoir du travail et maintenant pour avoir du travail faut plus avoir de diplômes. Y a qu'à dire que je l'ai pas.

LA CONSEILLÈRE : – Malheureusement, c'est marqué dans l'ordinateur, hein ! BTS de comptabilité.

BERNADETTE *(En pleurs.)* : – Oui, mais moi je suis couturière.

LA CONSEILLÈRE : – Mais moi je le sais, mais lui non. Voulez-vous qu'on lui dise ?

BERNADETTE *(En pleurs.)* : – Non, ça reste entre nous.

LA CONSEILLÈRE : – Bon, alors souhaiteriez-vous créer une entreprise ? Car si vous souhaitez créer une entreprise, l'État vous fait cadeau de 8000 euros, hein !

BERNADETTE : – Ah ben ça m'arrangerait bien, surtout en ce moment.

LA CONSEILLÈRE : – Mais pour que l'État vous fasse cadeau de 8000 euros, il faut que vous, de votre côté, vous nous apportiez 10000 euros.

Bernadette : – Euh, vous pouvez pas me les avancer ? Non parce que là, je suis interdit bancaire pendant vingt ans.

La conseillère : – Bon, alors il va nous rester les formations. Je vois que vous avez déjà fait neuf formations, jamais neuf sans dix. Alors, pour vous, on me propose une formation de comptabilité informatique. Je sais, vous êtes couturière. Sinon on me propose une formation de menuiserie ou de remise à niveau en chinois.

Bernadette : – Euh, vous auriez pas plutôt du travail ?

La conseillère : – Mais écoutez, mon petit, s'il y avait du travail à Pôle emploi, tout le monde serait au courant, hein !

Bernadette : – Bon, ben tant pis.

La conseillère : – J'ai mon cousin qui emploie des couturières payées en liquide, normalement il ne prend personne mais, si vous allez le voir de ma part, il vous engagera. Chut.

Bernadette : – Eh ben, c'est la première fois que je trouve du travail à Pôle emploi, chut ! »

Avec la collaboration de Colette Roumanoff

#

# Enghien-les-Bains

*(Une femme chic.)*

On dit la banlieue, la banlieue, la banlieue. Mais moi, la banlieue, elle ne me fait pas peur ! Vous savez, ce soir, j'avais rendez-vous pour dîner chez des amis à Enghien-les-Bains. Et je me suis dit : « Agnès, darling ! Tu as 32 ans, tu peux quand même t'aventurer dans un train de banlieue ! »

Arrivée gare du Nord, quand j'ai vu tous ces hommes assis par terre qui buvaient de la bière, à même la canette, je me suis dit : « Ça, c'est déjà la banlieue. »

Alors, après vingt minutes de queue, j'accède enfin aux fameuses machines SNCF automatiques. J'introduis ma carte American Express. Et la machine me marque : *Veuillez utiliser un autre mode de paiement.*

Je me tourne vers mes compagnons de queue.

« Excusez-moi de vous importuner, auriez-vous la monnaie sur 40 euros ?

– Nique ta mère ! »

J'achète un en-cas pour faire de la monnaie. 8 euros le jambon-beurre. C'est pas la crise pour tout le monde.

« Monsieur, excusez-moi de vous importuner, auriez-vous l'amabilité de me changer mon en-cas ? Non, mais je crois qu'il y a une petite erreur parce qu'il n'y a pas une once de beurre. C'est pas du jambon, c'est du plastique rose. C'est normal, ils sont tous comme ça ? Si je ne suis pas contente, je n'ai qu'à les faire moi-même ? »

Je retourne à la machine SNCF. Je refais vingt minutes de queue. Et au moment où j'introduis mes pièces, la machine me marque : *Je suis hors service. Veuillez vous adresser au guichet.*

Alors là, un immense mouvement de solidarité s'est créé entre moi et mes compagnons de queue. Ils se sont tous mis à cogner dans la machine.

Moi-même, j'ai fait : « Bouh ! »

Non, mais là, je me suis trouvée devant une cruelle alternative. Soit je refaisais la queue au guichet, je ratais le train, soit je prenais le train sans billet. J'ai carrément choisi la clandestinité.

« Monsieur, excusez-moi de vous importuner. Pourriez-vous me dire où se trouve le train pour Enghien-les-Bains ?

– Nique ta mère !

– Merci, vous aussi. »

Après de longues déambulations, j'accède enfin au wagon de première mais là, j'avoue, mais c'était désert comme le Luberon au mois d'octobre. Je me suis dit : « Agnès, darling, si un homme de banlieue arrive et qu'il se jette frénétiquement sur toi, personne ne t'entendra hurler. »

Alors j'ai carrément été m'aventurer dans le wagon de seconde. Cette foule bigarrée ! On se serait cru ailleurs. Et tous ces hiéroglyphes multicolores au mur absolument délicieux… Y avait un bruit récurrent de cigales. Je cherche partout où sont les petites cigales. En fait, c'étaient les baladeurs.

À ce moment-là, les contrôleurs arrivent. Je fais : « Hou, hou, messieurs, je n'ai pas mon billet. »

Ils voulaient que je paie 80 euros d'amende.

« Écoutez monsieur, c'est grotesque, je suis victime de la crise économique. Je prends le train de banlieue pour faire des économies. Mais à 80 euros, c'est pas rentable ! »

Heureusement, spontanément, un petit garçon a pris ma défense, il a crié au contrôleur : « Tu vas laisser la dame tranquille ou je te nique la tête ! »

J'ai dit : « Oui, nique ta mère ! »

Ils ont détalé comme des lapins. Le petit garçon a rangé son couteau.

Très gentiment, il a accepté que je le prenne en photo. Bon, il a tenu à garder mon portable.

Non, j'avoue que quand je suis parvenue à Enghien-les-Bains au terme de ce safari-banlieue, j'étais terriblement fière de moi. Sur le quai, quelqu'un m'a demandé : « Comment rentre-t-on à Paris ? » J'ai répondu : « Nique ta mère ! »

Avec la collaboration de Colette Roumanoff

#

# Dîner avec un collègue enseignant

Écoutez, moi j'ai beau avoir 38 ans et être célibataire, j'ai quand même une vie privée palpitante ! Ben, jeudi soir, j'avais rendez-vous pour dîner chez moi avec un collègue enseignant.

*(Rires du public.)*

Oui, alors un peu de respect pour le corps professoral.

Alors je sors du CES Marx-Lénine à 16 heures. J'étais d'excellente humeur. Dans le métro, y avait un homme qui me regardait depuis trois stations. Enfin, plutôt bien fait, musclé, je ne suis pas prude. Bah, je le regarde aussi. Enfin, discrètement. *(Elle tourne la tête de façon brusque.)* On ne sait jamais. Vous savez ce qu'il me dit ? « Tu viens, poupoule ? »

Est-ce que j'ai une tête de poupoule ?

Alors heureusement, j'ai ma petite bombe lacrymogène. Je l'ai sortie, je l'ai aspergé un bon coup. Tout le wagon était en larmes. Alors il était furieux, il m'a traitée de… Il m'a traitée de « mal-baisée » ! Alors là, je dis non, d'abord je ne suis pas mal baisée, je ne suis pas baisée du tout, nuance. Mais ce soir, j'espère bien arranger ça.

Je passe à la banque chercher du liquide, y avait une petite mamie devant moi.

[

IL ÉTAIT FURIEUX, IL M'A TRAITÉE DE… IL M'A TRAITÉE DE « MAL-BAISÉE » ! ALORS LÀ, JE DIS NON ! D'ABORD JE NE SUIS PAS MAL BAISÉE, JE NE SUIS PAS BAISÉE DU TOUT, NUANCE.

« Je ne comprends pas, la Sécurité sociale devait me rembourser 83 euros, elle m'a remboursé seulement 82,80 euros. Où sont passés les 20 centimes ?

– Écoutez, écoutez madame, je suis pressée. Alors je vous les donne les 20 centimes. Voilà, cadeau.

– Mais vous n'aimez pas les personnes âgées ? Raciste ! »

Je suis sortie de la banque une demi-heure plus tard, un petit peu moins à l'heure et beaucoup moins de bonne humeur.

Je vais chez le coiffeur, histoire de mettre toutes les chances de mon côté.

« J'espère que vous n'êtes pas pressée. Si ? Installez-vous, c'est Barbara qui va vous faire votre shampoing. Barbara !... Elle fait une petite pause, elle arrive dans trois minutes. »

On me donne à lire des magazines débiles que j'avais déjà lus chez le dentiste. Au bout de vingt minutes, toujours pas de Barbara. J'ai dit :

« Écoutez mademoiselle, vous êtes gentille, vous faites le brushing sans shampoing parce que je suis pressée, je ne peux pas attendre.

– Ah non, ça, c'est pas possible... Barbara !

– Ouais, j'arrive. Excusez-moi, j'étais au téléphone avec une collègue du magasin de photocopieurs où je travaillais avant... En vrai, je m'appelle Sandrine, mais Barbara ça fait plus coiffeuse... Oh ! là, là ! Ils sont tout rêches ! Je peux leur faire une petite crème nourrissante ? C'est 10 euros TTC.

– Eh ben allez-y, nourrissez-les ! J'espère qu'à ce prix-là ils auront à manger ! »

Je suis sortie de chez le coiffeur une demi-heure plus tard, les cheveux en place mais la tête de travers. Dans la rue, bang, je file mes collants ! Je me précipite au supermarché pour acheter deux boîtes de collants. Normalement, la queue au supermarché, c'est le samedi après-midi. Pas du tout. C'est aussi le jeudi à 18 h 30 !

Je prends la caisse rapide express moins de trois articles. Je fais la queue vingt minutes. Au moment où ça arrive à moi, la caisse ferme. Je me suis dit : « Ne t'énerve pas, Geneviève. Pense au Rwanda. »

« Mademoiselle, auriez-vous la bonté de me laisser passer parce que je suis extrêmement pressée.

– Faut pas vous énerver. Je veux dire, si ça se trouve, la vie vous conduit inéluctablement vers un destin que vous ignorez ! Moi, je veux travailler dans une boulangerie. Je me trouve dans un supermarché. Alors quand j'ai fini, j'ai fini. »

Je suis arrivée à la boulangerie à 7 heures et demie, juste quand ça allait fermer.

« Ah ben, on vous attendait plus ! Mais je vous ai mis votre tarte aux fraises de côté… Ah ben non, votre petite baguette, je l'ai vendue. À cette heure-ci, c'est le commerce… Alors qu'est-ce qui va nous rester comme pain pour ce soir ? Il va nous rester une boule vingt-huit céréales. 12 euros… Ah ben oui, mais dites, c'est du pain rustique, campagnard, traditionnel, à l'ancienne !… Oh, qu'est-ce que vous avez fait à vos cheveux ? Je vous aimais mieux avant. »

Je suis rentrée chez moi à 8 heures moins le quart. Je voulais prendre un bain pour me calmer. À la place du bain moussant, j'ai mis du Woolite.

Dans l'énervement, je me suis mouillé les cheveux, le brushing foutu. Au moment où j'étais sous la douche, le téléphone a sonné. Alors je me dis : « Si jamais c'était Nicolas ? » Je sors toute gluante de savon.

« Bonjour madame, Janine Gautier des Tapis d'Orient à l'appareil. Madame, je vous appelle aujourd'hui car j'ai une offre très intéressante à vous faire. Des tapis d'Orient à moins 40 %. Vous serez d'accord, madame, pour dire que c'est une offre très intéressante. »

Et là, j'ai déballé la tarte aux fraises, c'était une quiche aux poireaux. Je me suis dit : « C'est pas grave. Je vais la saupoudrer de sucre glace et je dirai que c'est une tarte à la rhubarbe. »

À ce moment-là, on a sonné à la porte. C'était Nicolas. Il était 8 heures moins cinq. J'étais pas habillée, j'étais pas maquillée. Le repas était pas prêt. La maison était pas rangée. J'étais tellement énervée que… je me suis laissé faire.

# La chanson du régime

*(Elle chante.)*

Mon amoureux m'a dit :
« T'as pas un peu grossi ?
– Pas du tout, chéri.
C'est un effet d'optique. »
Mais quand je fais les boutiques
Aïe, aïe, aïe, je panique
Trente-huit
Quarante
Quarante-huit
Hélas, dès que je croise
Une tarte à la framboise,
Je ne peux pas résister.

Et je me dis :
« Ça suffit ! »
Je commence dès demain
Un régime draconien
Plus de frites ni de pain
Fini les pâtisseries
Et adieu les spaghettis

Je ferai de la gym abdominale
Je boirai deux litres d'eau minérale.

Une copine m'a conseillé :
« Tu devrais manger allégé,
C'est excellent pour la santé. »
Je dépense mon argent
En yaourts à zéro pour cent
Hélas, au petit déjeuner
Avec le beurre allégé
Oh ! là, là ! J'ai dévoré
Dix tartines de pain grillé.

Et je me dis :
« Ça suffit ! »
Je commence dès demain
Un régime draconien
Plus de frites ni de pain
Fini les petits nougats
Et adieu le chocolat
Je ferai de la gym abdominale
Je boirai quatre litres d'eau minérale.

Je cours au club de gym
« Ça fait six mois qu'on vous avait pas vue
Va falloir muscler tout ça
Un, deux, levez les bras
Allez, on change de côté ! »
Je sors tellement épuisée
Que pour me requinquer
J'ai dévoré, oh ! là, là !
Cinq éclairs au chocolat.

Et je me dis :
« Ça suffit ! »
Je commence dès demain
Un régime draconien
Plus de frites ni de pain
Fini la crème chantilly
Et adieu le salami
Je ferai de la gym abdominale
Je boirai dix litres d'eau minérale.

Au restaurant, je suis casse-pieds
« Je voudrais un steak à l'eau
Nan, je ne prends rien de sucré
Et vos glaces, elles sont comment ?
Et me voilà à dévorer une énorme pêche Melba
Et des grosses profiteroles chocolat.

Et je me dis :
« Ça suffit ! »
Je commence dès demain
Un régime draconien
Plus de frites ni de pain
Fini toutes les pizzas
Et adieu la moussaka
Je ferai de la gym abdominale
Je boirai cent litres d'eau minérale.

Heureusement, aujourd'hui
C'est pas encore demain
Miam, miam, j'ai faim !

Avec la collaboration de Colette et Valérie Roumanoff

# ANNE ROUMANOFF AU GRÉVIN

1991

# Les magazines féminins

Moi, j'adore les magazines féminins, mais alors ils exagèrent, hein… Ils veulent qu'on soit grande, belle, mince, bronzée, à la mode…

Moi, grande, c'est râpé. Belle, ça va… Si, ça va ! Et alors mince, c'est impossible ! Moi, maintenant, j'ai mon régime personnel, je mange ce que je veux quand je veux et je maigris pas.

Mais moi de toute façon, être belle comme une top model ça ne me tente pas, hein ! Mais on n'est pas tranquille quand on est top model, tous les mecs sont là, dans la rue…

C'est comme quand on sort avec un mec trop beau, on n'est pas tranquille ! Toutes les filles, elles sont là : « Aaaaaah ! » Que moi, le mec avec qui je suis maintenant, je suis tranquille.

Nan, mais le plus important dans la vie de couple, c'est pas la beauté, c'est d'être de bonne humeur. Et moi, au début, je suis toujours très agréable.

*(Elle fait mine de se réveiller.)* « Mmmh, bonjour toi. Mmmh, c'est tellement gentil mon amour chéri de m'apporter le café au lit ! *(Elle boit le café et fait une grimace.)* Il est très bon ! Un peu tiède peut-être, mais il est très bon ! Nan, ne bouge pas, mon amour chéri, je vais aller te le faire couler… ton bain moussant. »

Six mois plus tard.

*(Elle fait mine de se réveiller.)* «Aaaaaah! *(En bâillant.)* Salut. Pose-le là, le café. *(Elle boit le café.)* Dis donc chéri, tu ferais le café avec de l'eau chaude, ça serait mieux. Nan, ne bouge pas, mon amour chéri, je vais aller te le faire couler, ton bain moussant.»

Un an plus tard.

*(Elle fait mine de se réveiller en faisant une grimace.)* «Mmmh! Qu'est-ce que tu fais encore dans la cuisine? Mais pourquoi tu t'obstines à vouloir préparer le café le matin? Quoi, tu vas faire un effort, tu vas faire un effort? Ah, ah, ah! C'est congénital chez toi, le café tiède! *(Elle boit le café.)* Quoi, ton bain moussant? Ah, je vais aller te le faire mousser, ton bain... Avec une tasse de café froid!»

Je sais pas pour vous, mais moi ça m'énerve! Résultat: toutes mes copines sont mariées, sauf moi. Alors j'arrête pas d'aller à des mariages où je vois des gens que je n'ai pas vus depuis longtemps...

UN INCONNU: «Bernadette, Bernadette! Tu t'souviens d'moi? On était ensemble au lycée!

BERNADETTE: – Nan, nan, j'ai oublié, j'ai oublié!... *(Elle se tourne vers un autre.)* Marc, tu te souviens de moi? On était ensemble au lycée... Ta femme? Enchantée... Non, moi je ne suis pas encore mariée mais j'ai un fiancé... Il est en voyage... Pas un mec potable dans le coin-coin-coin... Karine, je suis désolée, je vais devoir y aller. Je m'amuse bien, mais, tu sais, je me lève tôt demain matin... Demain, c'est dimanche? Ah oui, mais moi je me lève tôt tous les dimanches matin! *(En chantant.)* "C'est la chenille qui redémarre!"»

Mais peut-être qu'un jour, moi aussi, avec mon caractère, j'arriverai à me marier...

*(Musique d'église.)*

LE CURÉ: «Bernadette, acceptez-vous de prendre comme époux M. Mmm, ici présent?

BERNADETTE: – Ouiii!

LE CURÉ : – Monsieur Mmm, acceptez-vous de prendre comme épouse Mlle Bernadette ?

LE MARI : – Oui.

BERNADETTE : – Ouuuuuf ! »

Et y aurait mes parents qui seraient là.

LA MÈRE : « Mon Dieu, je savais bien qu'elle finirait par se marier…

LE PÈRE : – Oui, ben à 53 ans, c'est pas trop tôt ! »

N'empêche, aujourd'hui quand on se marie, il faut penser à l'avenir !

LA VIEILLE DAME : « Bonjour toi… On peut toujours espérer, hein ?… *(Elle boit le café.)* Eh non. Non, ne bouge pas, mon chéri, je vais aller te le faire couler, ton bain moussant… Je dis : "Je vais aller te le faire couler, ton bain moussant !" »

Mais avant d'en arriver là, d'abord on est enceinte. C'est tellement merveilleux de sentir la vie qui s'éveille peu à peu en soi *(Elle mime une femme enceinte.)* … Il a bougé ! Je crois que j'ai jamais été aussi épanouie de ma vie… *(Elle fait semblant de vomir.)* Et après on a un petit bébé : « Ooooh, il est mignon le chéri à sa maman ! On va essayer de dormir maintenant… Parce qu'il est quand même 3 heures du matin… Tu vas te conduire un peu en adulte ! »

Puis le mari ne vous regarde même plus, tellement il a l'habitude de vous voir tous les jours ! Alors on fait des efforts pour essayer d'attirer à nouveau son attention… On s'achète des dessous sexy, comme c'est recommandé dans les magazines…

*(Elle danse.)*

BERNADETTE : « Bonsoir chéri !… Ben, tu remarques rien ?

LE MARI : – Tu t'es encore coupé les cheveux ? Ça ne te va pas. Quoi, je te dis plus rien de gentil ? Je t'aime… Un truc que je t'ai jamais dit, comme ça, à 10 heures du soir ? *(Il réfléchit.)* Tiens ! J'aime bien ta façon de dormir ! »

Alors, désespérée, on écrit à un magazine féminin pour demander des conseils ! *(Elle écrit.)* « Mariée depuis huit ans. Mère de deux adorables petits garçons. Je crois que j'aime moins mon mari tout en tenant encore énormément à lui. Je suis très attirée par un autre homme, qui est lui-même marié. Pouvez-vous m'aider à y voir clair dans mes sentiments ? »

Avec la collaboration de Colette Roumanoff

#

# Première soirée

*(Le personnage est une jeune adolescente de 14 ans, très excitée car elle organise ce soir sa première boom. Elle ne tient pas en place et attend ses invités avec impatience. Malheureusement, son père refuse de quitter les lieux. Elle entre en dansant sur de la musique puis s'interrompt, catastrophée.)*

Papa, mais qu'est-ce que tu fais là ? Papa, il est 9 heures et quart, il y a les invités de ma fête qui vont arriver... Tu veux être sûr que tout va bien ?

*(Elle chantonne.)*

Mais tout va bien, tout tout va bien, tout va bien... sauf que t'es là. Non, elle n'est pas trop courte, ma robe, c'est la mode sexy.

Non, ça ne sent pas mauvais, c'est mon nouveau parfum : shampoing à la vanille, savon à la pomme, parfum à la fraise Yves Rocher.

Mais t'inquiète pas, papa, ça va s'évaporer !

*(La sonnerie de la porte retentit.)*

On sonne ! Mais papa, mais ne reste pas là !

*(Elle se dirige vers la porte, catastrophée.)*

Oh... la honte.

*(Elle regarde par l'œilleton.)*

Ouf, ça va, c'est Nathalie, on l'a échappé belle.

*(Elle ouvre la porte à sa copine et change instantanément d'attitude. Elle devient légèrement hautaine et l'embrasse sur les joues. Elle ponctue toutes ses fins de phrase par des -euh.)*

Salut-euh. *(Désignant son père.)* Mon père-euh.

*(À mi-voix.)* T'as de la chance de le voir, il allait juste partir. J'y peux rien, moi, c'est pas de ma faute, il s'incruste. Ouais, ben reviens dans dix minutes. *(Elle referme la porte.)*

*(À son père.)* Elle revient. Papa, t'as vu sa jupe à elle, elle est carrément… *(Elle montre que la jupe de son amie est très courte.)* On ne dirait même pas qu'elle a une jupe.

Papa, on dirait que tu ne me fais pas confiance… Je veux dire, papa… Si toi tu ne me fais pas confiance, mais qui va me faire confiance sur cette planète ? Papa, je ne suis plus un bébé, j'ai 14 ans, je suis une adulte !

Mais je ne sais pas combien on sera, papa, soixante, quatre-vingts, on verra bien ! Mais non, papa, ce n'est pas de l'alcool, c'est de la sangria !

Je sais ! Si ça tombe sur la moquette, je nettoie tout de suite la moquette, sinon je dois te rembourser la moquette avec l'argent de poche de la semaine que tu m'auras donné… Avec quoi je nettoie la moquette ? Mais je ne sais pas, moi, avec de la javel !

Papa, je ne veux pas me mêler de ta vie de couple mais, en ce moment, il y a maman qui t'attend pour dîner chez papi et mamie. *(Sur un ton très dramatique.)* Ouais, mais papa faut pas faire attendre la femme qu'on aime !

Tu préfères surveiller la fille que t'aimes ? *(Elle lève les yeux au ciel.)* Mais pourquoi tant d'amour ?

Mais papa, mais dis-moi de quoi t'as peur ?… De la drogue ? Mais papa, mais la drogue, mais c'était à ton époque, maintenant c'est les joints.

Mais oui, papa, y aura des mecs. Encore heureux. Je vais te dire, une fête sans mecs, je vois pas l'intérêt. Attends papa, t'as quand même pas peur que je couche avec un mec ce soir ? Ahhahah... Il est trop !

Papa, je vais te dire, même si j'en avais envie, avec les verres à laver, les CD à mettre, la moquette à nettoyer, j'aurais vraiment pas le temps. Il est 9 h 20 ! Oui, mais qu'est-ce que t'attends pour partir ?

Que je sois calmée ?... Je vais te dire, je me calme en trois secondes. *(Elle effectue quelques respirations bruyantes et secoue son corps.)* Je suis calmée. Je suis calmée.

*(Elle parle maintenant d'un ton de voix très posé.)* Bon, écoute papa, maintenant faut qu'on ait des rapports d'adulte à adulte...

*(La sonnerie de la porte retentit à nouveau.)* Papa, c'est Jérôme, Marc et Nicolas ! Mais quoi, qui c'est ? Mais c'est les mecs les plus beaux du lycée ! Déjà, c'est un miracle qu'ils soient venus ! En plus, c'est des terminales. Des redoublants ! Papa, tu me jures, tu ne dis rien. Ouvre ta chemise... En plus, t'es trop vieux pour passer pour mon frère.

**PAPA, JE NE SUIS PLUS UN BÉBÉ, J'AI 14 ANS, JE SUIS UNE ADULTE !**

*(Au bord des larmes.)* J'ai vraiment pas de bol d'avoir un père plus vieux que moi.

*(La sonnerie de la porte retentit à nouveau, comme si les invités s'impatientaient. Elle ouvre la porte avec une grande désinvolture, comme si elle n'était pas du tout perturbée par l'arrivée des invités. Elle les accueille sans l'ombre d'un sourire.)*

Ah, c'est vous ?

*(Elle les embrasse un par un, le troisième est très grand et elle doit se hausser sur la pointe des pieds.)*

Salut-euh... Salut... Salut. Jérôme, Marc, Nicolas, je vous présente Alex, c'est le nouveau mec de ma mère. *(Elle fait signe à son père de se taire, puis s'adressant aux invités :)* T'inquiète, il ne parle pas français... C'est par là. J'arrive. *(Elle les fait sortir.)*

Ils l'ont cru ! Mais papa, ne sois pas fâché ! Mais Alex, ça rend quand même mieux que Roger !

*(Son père s'en va, manifestement fâché contre sa fille. Elle tente de le calmer.)* Papa, ne pars pas en colère. Hé, papa ! *(À mi-voix.)* Je t'aime.

*(Elle referme la porte, à nouveau très excitée, et hurle de joie.)* Il est parti, wouhou !

*(Elle s'éloigne vers la pièce où sont les garçons en chantonnant une chanson.)* « Génération désenchantée... »

Avec la collaboration de Colette Roumanoff

#

# Le ménage à travers les âges

Mais moi, la vaisselle, la cuisine et le ménage, jusque-là ! Moi, ce que j'aurais aimé, c'est vivre dans les années 50, quand les femmes aimaient bien faire le ménage !

*(Voix de présentatrice des années 50.)* « La ménagère de 1950 s'adonne avec joie et bonheur aux tâches ménagères ! Grâce à la fée Électricité, la ménagère de 1950 possède désormais un fer à repasser et un aspirateur. Aujourd'hui, mesdames, notre recette de cuisine sera le bœuf miroton. Temps de préparation : quatre heures. Temps de macération : deux jours. Faites cuire la préparation pendant six heures, tout en la surveillant attentivement ! Si vous recevez des amis, nous vous conseillons d'accompagner ce bœuf miroton avec du pâté en croûte. Recette express réalisée en quatre heures. Bon appétit mesdames, et à la semaine prochaine ! »

Ou alors ce qui m'aurait plu, c'est les années 70, quand on pouvait être sale, et que c'était pas grave.

*(Musique d'ambiance, avec une voix style hippie.)* « On a arraché la moquette, c'est de la terre battue. C'est vachement plus sympa, surtout en ville. *(Elle fume.)* Ouais, la nappe, c'est une taie d'oreiller. Ben vous êtes mes invités, alors chacun mange ce qu'il veut quand il veut dans l'écuelle en bois. J'ai tout mélangé : le soja, le curry, la mangue, le yaourt... Tu fouilles. Pour boire, t'as le tuyau d'arrosage

relié direct à la gouttière… Sosthèna, t'es sympa, tu n'arroses pas les invités avec le tuyau d'arrosage… Oui, c'est ma fille mais je ne peux pas la punir parce que c'est un nouveau type d'éducation… C'est l'autodiscipline… Ben, en fait, elle fait ce qu'elle veut, quand elle veut, où elle veut. Ouais, moi aussi je me demande souvent : qu'est-ce que ça va donner plus tard ? »

Plus tard, ça donne la femme de maintenant, et maintenant on ne rigole plus du tout parce qu'on doit tout faire parfaitement ! Le ménage, la cuisine, l'amour, le boulot, les enfants… Après, on s'étonne qu'on soit un peu stressées.

*(Elle s'assoit.)*

« Écoute, Anaïs, je ne sais pas ce qu'on va manger ce soir ! Non, ma chérie, tu ne commences pas à m'agresser quand je rentre du travail ! Déjà, tu es gentille avec maman, tu dégages les bols du petit déjeuner… On y verra plus clair.

Timothée, tu obéis à maman, tu es gentil, tu passes l'aspirateur dans le salon. Tu continues à regarder *MacGyver* en faisant tes devoirs, et tu passes l'aspirateur en même temps ! Sinon maman confisque les devoirs.

Bonsoir mon chéri ! Oui, je sais qu'il y a les invités qui viennent ce soir… Dans dix minutes ? Je vais essayer de faire un bon repas… J'ai dit : je vais essayer !… La confiance règne.

Bon, Anaïs, tu regardes ce qu'il y a à bouffer dans le frigo ? Des yaourts périmés… Et dans le congélateur ? De la pizza, des glaces, du givre… On s'en sortira pas… Chéri, mon amour, et si on allait dîner au restaurant tous les deux… Avec les invités ?

Non, pas vous les enfants, on a dit "en amoureux" ! Non, je sais pas ce que tu vas dîner ce soir, Anaïs. Arrête, ma chérie, ne commence pas à faire des caprices ! Tu as quand même des yaourts, des sardines, des petits pois… Sois un peu créative, tu as quand même 8 ans et demi !

Timothée, tu continues de passer l'aspirateur… On va au restaurant, mais ça fait quand même du bien au tapis ! Bon, maman va prendre un bain pour se relaxer, je reviens dans quatre minutes, je veux que tout soit impeccable ! Quel stress… »

Les chanteurs, ils devraient encourager les gens à faire le ménage ! Ils font toujours des chansons d'amour… L'amour, on n'a pas besoin d'encouragement… Mais le ménage, il faudrait des chansons !

PIAF *(Sur l'air de* Milord.*)* : « Allez venez, casseroles, vous faire récurer, moi je déteste ça mais je suis bien obligée. »

BIRKIN : « Où sont-ils mes produits d'entretien, le Paic citron, le Mir couleurs ? Disparus tous mes produits, la poudre à récurer, l'Ajax ammoniaqué, faudrait que j'aille en acheter, didou-didouda. »

BARDOT *(Sur l'air de* Harley Davidson.*)* : « Je n'ai besoin de personne, hors mon fer à vapeur. J'appuie sur le starter et je repasse avec bonheur. Je ne perds pas une seconde grâce à micro-ondes. Je n'ai besoin de personne, hors mon aspirateur.

Et quand je vois sur le tapis l'aspiration de la poussière, il me vient comme du désir dans le creux de mes reins. »

ARLETTY *(Sur l'air de* C'est monotone.*)* : « Sur cette terre, ma seule joie, mon seul bonheur, c'est l'ménage.

J'ai donné tout ce que j'ai, mon amour et puis mon cœur, au ménage.

Et même la nuit, quand je rêve, c'est de lui, du repassage.

Quand mes yeux sur l'évier se posent, ça me rend toute chose.

Mais je l'ai tellement dans la peau. »

Avec la collaboration de Colette Roumanoff

#

# La charcutière

*(Elle arrive avec un tablier blanc et parle avec un fort accent.)*

La petite demoiselle en rouge ? Qu'est-ce qu'elle veut qu'est-ce qu'elle mange ? Elle réfléchit ? Elle réfléchit ! Bonjour m'ame Martini, elle va bien m'ame Martini ?

Ghislaine, deux tranches de boudin pour m'ame Martini !

À la télévision, la petite en rouge ?

Vous m'excusez, y a ma petite-fille, soi-disant elle vous aurait vue à la télévision ! Oui, ha, ha, ha ! Je vous ai reconnue tout de suite, hein ! M'ame Martini, regardez, mademoiselle, elle est dans la télévision ! Comment qu'elle s'appelle ? *(Se retournant.)* Comment elle s'appelle ? Ben vous, comment qu'elle s'appelle ? Roumanoff ? C'est pas un nom français, ça...

Oh, ben je veux dire que c'est pas un nom commun !

Remarquez, y a pas tout le monde qui peut s'appeler Michaut comme moi, hein !...

Ben mademoiselle est comique ! Hein, vous êtes comique ? *(La regardant bizarrement.)*

On dirait pas, comme ça ! Remarquez, c'est comme moi, vous me verriez chez le coiffeur, vous sauriez pas que je suis charcutière !

Ben, elle est comique, m'ame Martini ! Ça veut dire que comment, ben elle raconte des blagues puis les gens rigolent, hein ? C'est ça ? Voui !

Ben nan, elle fait que ça comme métier, m'ame Martini ! Hein, vous faites que ça ? Elle raconte des blagues puis... *(Elle mime le froissement d'un billet de banque.)*

Ah, y a ma petite vendeuse qui m'fait qu'elle vous a vue sur la radio, puis vous a entendue sur le journal...

Ben vous êtes une vraie vedette alors, m'ame Gorbatchoff !

Qu'est-ce que je vous mets ? Alors 200 grammes de carottes râpées, ça nous fait 70...

Oh ben non, laissez, tant pis pour les 70 centimes, hein ! Cadeau de la maison.

Elle joue où, sans indiscrétion, m'ame, euh... Courgounoff ?

*(En parlant distinctement.)* Avec... votre... nom... vous... êtes... arrivée... quand... en... France ? Depuis... longtemps ?

Trois générations ? Oooh, ben vous êtes pratiquement française alors, hein ! Elle est pratiquement française, hein !

Avec son nom qui est pas françaaaais... Mieux vaut ça que le contraire !

Et je voulais vous demander, sans indiscrétion, m'ame Topaloff, où c'est que vous allez chercher toutes ces idées pour nous faire rire ?... En observant les gens ?

*(Elle fait une grimace.)* Si ça se trouve, là, vous m'observeeeez ! Des fois que je me retrouve dans un sketch, ha, ha, ha !

Il y a ma petite vendeuse qui m'fait qu'elle aimerait bien un orthographe... Mais dépêchez-vous, Ghislaine, m'ame Malakoff elle n'a pas que ça à faire, hein ! Non, m'ame Martini, elle ne fait pas des orthographes à toute le monde, m'ame Molotoff, hein... Elle veut rester incognitoff !

J'peux vous dire quelque chose ? Je vous trouve moins grosse qu'à la télé ! Hein, Ghislaine qu'elle est moins grosse qu'à la télé ?

Oui, Ghislaine trouve aussi, et m'ame Martini elle vous a jamais vue à la télé aussi ! Enfin, ça doit être la télé qui vous… Ou c'est vous qui avez… On sait pas.

Non, m'ame Martini, elle n'a pas envie de nous raconter une petite blague. Hein, vous avez pas envie ? Ben tiens.

Ben dites, m'ame Martini, c'est comme si moi, chez le coiffeur, on me demanderait de faire des saucissons, j'aurais pas envie, hein !

Bon, ben je vous dis au revoir, m'ame, euh… Rachmaninoff !

Ben dis donc, vous avez remarqué ?

Pour une comique… Moi, je trouve qu'elle rigole pas tellement !

Avec la collaboration de Colette Roumanoff

#

# La petite fille

*(Voix d'enfant.)*

Moi, j'suis la plus chipie de ma famille… Ouais, parce que, avant que ma petite sœur elle naisse, eh bien moi j'étais très gentille, hein ! Quand je rentrais dans ma maison, on faisait : « Oh, la jolie petite Nanou ! Comme elle est mignonne… » Et maintenant, tous les gens qui rentrent à la maison ils font : « Oh, le joli petit bébé ! Il ressemble à son papa ! Il a les yeux de sa maman ! » *(Elle crie.)* Yaaaa !

*(Elle prend un air triste.)*

Et moi, tout le monde s'en fout de savoir à qui je ressemble… S'ils l'aiment tellement bien, le bébé, ils n'ont qu'à l'emmener avec eux !

Dans le ciel, t'as un compteur. Quand t'as fait des choses gentilles, ça fait ding et, quand on fait des choses méchantes, ça fait dong…

Alors moi, pour me venger que j'ai une sœur, j'arrête pas de faire plein de trucs pour embêter ma mère… *Dong ! (Elle regarde vers le ciel.)*

Ouais, mais, quand on est malheureux, on a le droit d'être un peu méchant ! *(Elle se retourne vers le public.)* Il est d'accord.

Par exemple, quand ma mère elle me dit : « Nanou, viens m'aider à mettre la table », je fais : « J'arrive, maman, j'arrive. » Et puis je viens quand c'est terminé. Et puis, quand c'est le moment de débarrasser la table, je vais toujours aux toilettes, ha, ha ha !

Eh, peut-être que là je pourrais mettre la table, ça fera une surprise à ma mère ! *Ding ! (Elle regarde vers le ciel.)*

Quand on pense un truc gentil, même si on le fait pas, ça compte un point ! Eh… J'suis maligne !

Finirai, finiras, finirate, finiramons, finiratérinaire, finirénarine, finire !

Le mieux, ça sera que j'aille pas du tout à l'école demain ! *Dong ! (Elle regarde vers le ciel.)* Eh, moi je connais plein de trucs super pour pas aller à l'école ! *Dong !*

J'vous le dis quand même… Par exemple, le matin je me lève et puis je fais : « Bonjour papa, bonjour maman, vous avez bien dormi ? Ben moi j'ai eu des crampes d'estomac, mal au cœur, mal au ventre toute la nuit, mais sinon ça va… Papa, parle pas si fort, j'ai mal à la tête… Merci. Non, maman, j'ai pas faim… Même si tu me beurres la tartine, j'ai peur que je vomis… Non, papa, je suis pas mala… *(Elle tousse.)* Non, maman, j'ai pas envie de me reposer. Oui, mais maman, je préfère aller à l'école pour voir mes copines ! Oui, mais j'ai pas envie de me reposer, je préfère aller à l'école pour voir mes copines !… *(Elle pleure.)* Mais maman… »

*(Elle reprend un air normal.)* Je vais pas à l'école ! J'suis maligne !

Ouais mais seulement ça, je l'ai fait avant-hier…

Il y a un truc que j'ai jamais fait en vrai, que dans ma tête. C'est le soir, je fais : « Bonsoir papa, t'as passé une bonne journée ? *(Elle pleure.)* Nan, mais c'est pas grave… C'est un truc qui m'est arrivé à l'école, mais j'ai pas le droit de le dire… *(Elle pleure de nouveau.)* Non, mais papa, si jamais je te le dis, la maîtresse elle va encore me battre ! » *(Elle pleure encore.)*

*(Elle regarde le public en souriant.) Dong, dong, dong !*

Ouais, mais ça, c'est très mal vu là-haut ! Ah, ben faut dire que ma maîtresse elle est débile, hein ! Mais déjà elle aime pas les maîtresses, hein, elle nous dit tout le temps, elle nous dit : « Si vous croyez que c'est un métier marrant, institutrice ! Si vous ne voulez pas que je fasse une dépression nerveuse, vous avez intérêt à vous taire ! »

Ben nous, en attendant qu'elle fasse sa dépression nerveuse, on rigole pas tellement, hein ! Tous les jours je me dis *(À voix basse.)* : « Moi, j'espère que tu feras une dépression nerveuse, euh ! » Ben, elle est toujours en pleine forme !

Moi je sais qui pourrait m'aider à apprendre mes conjugaisons… C'est une fée magique.

Si, ça existe ! Ben oui, mais vous croyez que ça n'existe pas parce que vous n'en avez jamais vu en vrai… Moi non plus.

La fée, elle vient quand on est toute petite comme moi et qu'on a plein de soucis.

*(Elle prend son livre de conjugaison et le transforme en mégaphone.)* Est-ce qu'il y a une fée qui pourrait m'apprendre mes conjugaisons, s'il vous plaît ? Ouh ouh, je cherche une fée qui pourrait rester avec moi pas longtemps !… Même une fée stagiaire, ça irait ! LA FÉE, ouh ouh !

La fée, si vous ne venez pas tout de suite, ces gens ils vont croire que vous existez pas en vrai…

*(Une musique retentit, Anne se transforme en fée.)*

LA FÉE : « Je suis la fée Clochette. Tu as le droit de faire trois vœux. »

Aaah, eeeuh… Je voudrais savoir… mes conjugaisons pour demain ! Je voudrais que ma maîtresse… elle meure *(Elle sourit.)*… Et je voudrais que tout le monde m'applaudisse très fort !

Avec la collaboration de Colette Roumanoff

#

# Comment emprunter 5 000 euros

La sœur : « T'as des problèmes d'argent, toi ? Et Bernard qui me disait l'autre jour : "Si y en a un qui doit se faire des couilles en or, c'est Jean-Paul." Mais t'es à découvert de combien ? 5 000 euros ? Et tu voudrais emprunter de l'argent à qui ? À nous ? Ah, Jean-Paul, tu me connais, tu es mon frère, je suis ta sœur, la famille pour moi c'est sacré, mais 5 000 euros, mais je peux pô ! On les a pas. Enfin si, mais c'est bloqué. Tiens, ta femme elle pourrait pas se mettre à travailler ? Ça la changerait. Ouais, ben "elle sait rien faire, elle sait rien faire" ! Justement, c'est très recherché ! Emploi non qualifié. Tiens, dans mon bureau, ils cherchent quelqu'un au demi-Smic.

Non, à plein temps.

Elle aimerait pas rester assise toute la journée ?

Ben elle a qu'à faire vendeuse de vêtements ! Eh, à force de courir les magasins, elle doit s'y connaître ! Elle n'aimerait pas rester debout ?... Y a bien des boulots couché, mais t'apprécierais pas.

Mais non, Jean-Paul, je rigole, c'est de l'humour.

Attends, faut être logique : si tu peux pas gagner plus, il faut dépenser moins.

Les courses, tu les fais où ? Dans le quartier... *(Air désolé.)* Mais nous, avec Bernard, tous les samedis après-midi on va chez Lidl.

Je sais, c'est pas marrant, mais chaque semaine on économise 15 euros. Ouais, mais sur un mois 60 euros, sur un an 720 euros, en dix ans 7200 euros. Comment que tu crois qu'on s'est payé notre BM ? Grâce à Lidl ! Et je parie qu'avec ta femme, à la banque, tu fais compte commun. Tu m'étonnes que t'es à découvert ! Mais nous, avec Bernard, on fait budget commun mais comptes séparés ! Mais comme il dit, Bernard : "Si ta femme jette l'argent par les fenêtres, ferme les fenêtres !" Tu sais que ça n'empêche pas que, quand il s'agit de faire plaisir, Bernard il dépense sans compter, hein !

Je vais te dire : pour notre anniversaire de mariage, on est descendus sur la Côte d'Azur. 995 euros le week-end. Eh, si c'est pas de l'amour ! Ah ben ouais, mais, comme il dit Bernard, ça fait quand même 83 euros de l'heure. Et en plus tu raques même quand tu dors ! Mais je sais : arrête-toi de fumer ! Ben, un paquet par jour, 60 euros par semaine, 320 par mois, 840 balles par an, en dix ans 8400 euros. Mais Jean-Paul, rien que tu t'arrêtes de fumer, dans dix ans t'es plus à découvert !

**SI TA FEMME JETTE L'ARGENT PAR LES FENÊTRES, FERME LES FENÊTRES !**

Moi, ça me fait mal au cœur de te voir faire cette tête-là. Faut que j'en parle à Bernard, c'est lui le patron. Enfin, je crois qu'on pourra aller jusqu'à 150 euros. Quoi, "c'est pas beaucoup" ! Quoi, ta femme sert au moins à quelque chose, elle a deux frères. Va les voir, tu leur dis qu'on t'a prêté 1500 euros. Je les connais, ils voudront pas faire moins. Tu te retrouves avec 3150 euros. Et tu me rends mes 150 euros ! Non, pis Jean-Paul, y a pas que la famille ! Il y a les amis ! C'est déjà fait ? Ben va voir ta banque. C'est déjà fait aussi ? Ben alors change de banque, avec toutes les banques qui font de la publicité en ce moment, t'as le choix, hein ! »

La banquière : « Alors cher monsieur, vous souhaitez ouvrir un compte dans notre banque ? Je vous en prie, asseyez-vous. Je suis là pour vous écouter, dialoguer et vous comprendre. Quelles sont vos garanties financières ? Je veux dire : est-ce que vous êtes propriétaire ?... D'une voiture. Non, je veux dire d'un appartement ?

– Non.

– D'accord. Et d'une maison ?

– Non plus.

– D'accord. Et est-ce que dans votre famille il y aurait des propriétaires ? Vous êtes fâchés... d'accord. Et vous souhaiteriez un découvert de combien, cher monsieur ? 5000 euros ? Ah, mais je suis désolée, cher monsieur, mais ça sera non.

Ah, mais le pouvoir de dire oui, c'est aussi le plaisir de dire non.

Ah, mais c'est ça, le bon sens de chez vous.

Oui, votre argent m'intéresse, mais pas votre découvert. Au revoir monsieur. »

La vieille dame : « Alors Jean-Paul, on a des soucis d'argent, hein ! Alors on vient voir la mamie ! Quand on n'a plus de soucis, on vient plus la voir. Heureusement que tu as souvent des soucis ! À combien ils sont ces soucis ? 5000 euros ? Ah oui, ça c'est du souci.

Non, Jean-Paul, il n'est pas question que je te prête cet argent, il n'en est pas question...

Je te le donne.

Jean-Paul, ne me remercie pas.

L'argent... on peut pas l'emporter au paradis, hein ! »

Avec la collaboration de Colette Roumanoff

#

JE BOSSE COMME UNE FOLLE, J'AI PAS UNE MINUTE À MOI, C'EST DU DÉLIRE !

Théâtre des Blancs-Manteaux

1990

# BERNADETTE AU BUREAU

Y a une fille dans mon bureau, elle m'énerve. Elle m'énerve, elle m'énerve. Anne-Caroline. Y en a qui trouvent que cette fille, c'est la plus belle du bureau. Mais moi, je la trouve quelconque. Je regrette, mais des filles style mannequin, il y en a dans tous les magazines féminins. Alors que des filles comme moi… Y en a dans aucun magazine, j'ai bien regardé.

Elle m'énerve. Elle m'énerve. L'autre jour, elle me fait : « Tu peux m'appeler Anne-Caro si tu veux.

– Ben moi, c'est Bernadette, mais appelle-moi Berna. »

Elle m'énerve. Alors, mademoiselle s'est mariée ce week-end.

« Jean-Marc et moi, on a vraiment une entente exceptionnelle. On ne se dispute jamais. C'est fou, non ?

– Oh, ma pauvre, les couples qui se disputent jamais ne durent pas. Tu ne le savais pas ? »

Ça m'étonnerait pas que grâce à moi, le soir même, elle se soit disputée avec son fiancé.

Alors on se cotise pour lui faire un cadeau de mariage. Je donne 5 euros.

M'dame Dumesnil, la chef du bureau, elle me fait : « Voyons Bernadette, je sais bien que vous êtes un peu jalouse… Mais vous pourriez faire un effort !

– Oh, du tout, madame Dumesnil, du tout, je ne suis pas jalouse. Je suis économe. »

Alors j'ai dû donner 20 euros pour lui acheter des couverts à poisson. Ça m'a énervée. Sauf que moi je sais très bien qu'elle a horreur du poisson, mais je l'ai pas dit.

Elle m'énerve. Encore ce midi à la cafétéria : « Oh, Bernadette, tu ne prends pas de dessert ? Pardon, ton régime… Oh, moi c'est drôle parce que vraiment, tu sais, je peux manger tout ce que je veux, je grossis jamais ! »

Et je m'en moque, d'Anne-Caroline, parce que moi aussi, si je voulais, je pourrais avoir l'air d'une top model ! Si, je pourrais…

M'dame Dumesnil, elle m'a découpé un article. « Tout ce qu'il faut savoir pour que les hommes se retournent sur vous dans la rue. Les cinq trucs d'une top model. » Je vais le tenter.

1/ Tirez la nuque.

2/ Rentrez le ventre.

3/ Sortez la poitrine. Y en a qui me regardent déjà différemment.

4/ Déambulez nonchalamment.

5/ Gardez aux lèvres un sourire mystérieux.

« Oh, bonjour Anne-Caroline. Ça va ? Comment tu me trouves ?… Comique ? »

Elle m'énerve. Elle m'énerve. Elle m'énerve !

Avec la collaboration de Colette Roumanoff

#

# LA FEMME ACTIVE

Allô pupuce ? Je t'appelle du bureau. Écoute, je bosse comme une folle. J'ai pas une minute à moi, c'est du délire.

Jérôme ? Ça y est, je l'ai quitté, ouais. Non, parce que tu vois, moi, dans un couple, je veux bien donner un peu mais à condition de recevoir beaucoup.

Non, et puis tu vois, il se sentait trop inférieur à moi. Ah non, vraiment ! Mais tu sais, tu sais, il était tout le temps là : « Isabelle, tu gagnes plus de fric que moi, je le vis mal. » Et moi : « Mais non, Jérôme, je gagne trois briques. Tu gagnes une brique. C'est une question de compétences professionnelles ! »

Non, écoute, je sais pas si c'est mon côté « j'assure en Rodier », mais moi, les hommes-enfants, jusque-là !...

Attends, y a le patron qui rentre dans le bureau.

*(Au téléphone.)* Oui oui, oui, faudrait organiser un briefing. Sur le sponsoring mailing. Ouais, Éric, vous ne quittez pas, je regarde sur mon planning parce que je suis absolument surbookée en ce moment.

*(Au patron.)* Ah, bonjour Laurent. Ah non, je ne peux pas, je suis désolée, je suis en train de décrocher un gros budget pour l'agence. Comment ? Les slogans pour les yaourts Pimkie ? Pas de problème, Laurent, j'en ai trouvé une dizaine. Je vous les montre demain.

*(Au téléphone.)* Lundi en huit, ça vous irait ? Bon, parce que vous savez, le look actuellement, c'est vraiment le challenge d'une communication relationnelle performante auprès des relais d'opinion…

Il est ressorti du bureau.

Ah non, mais tu sais qu'il est pas cool comme patron ! Il déteste que j'aie des coups de fil perso. Il supporte mal de bosser avec une femme beaucoup plus jeune et brillante que lui.

Ouais, j'ai trouvé un remplaçant à Jérôme, tu penses.

*(Sonnerie de téléphone.)* Je te laisse, Sophie.

*(Voix qui se veut sensuelle.)* Allô ? *(Voix normale.)* Maman ? Maman, je t'ai déjà dit de pas m'appeler à l'agence. Non, maman, je n'ai pas le temps de te parler. Maman, je bosse comme une folle, je n'ai pas une minute à moi. C'est du délire. Quoi, l'anniversaire de papa la semaine prochaine ? Mais non, maman, j'oublierai pas. Maman, j'ai informatisé tout mon agenda. Que je vienne à l'anniversaire avec Jérôme ? Maman, c'est fini avec Jérôme. Oui, je sais, maman, toi tu as eu qu'un homme dans ta vie, tu as trouvé le bon du premier coup. Moi, je cherche.

Je sais, ça fait dix ans que je cherche. Chacun son rythme. Bon, maman, je te laisse, j'ai dix slogans à trouver d'ici demain matin.

*(Sonnerie de téléphone.)* Non, alors je regrette, au standard, vous faites un effort, non, parce que moi je bosse comme une folle. Je n'ai pas eu une minute à moi, c'est du délire. Si on me passe n'importe qui, je ne m'en sortirai pas. Qui c'est ? Bertrand ? Passez-le-moi.

*(Voix qui se veut sensuelle.)* Allô ? *(Voix normale.)* Ouais ? Ouais, je bosse comme une folle. J'ai pas une minute à moi. C'est du délire. Ouais, ouais, ouais. Ouais, ce soir, à 8 heures. Byyye. Bye.

Et maintenant, il est midi moins cinq, au boulot ! Alors un slogan pour les yaourts. Un slogan pour les yaourts. *(Sur l'air de la pub de purée Mousline.)* « Quand je fais des yaourts Pimkie, je suis sûre que tout le monde en a envie ! » C'est un peu nul.

Peut-être quelque chose de plus campagnard alors. « C'est parce qu'il est brassé depuis des siècles, des siècles. Selon des traditions ancestrales. Et qu'il est préparé avec le meilleur lait, des meilleures vaches que le yaourt Pimkie est si bon. Pimkie, le yaourt, bon comme le lait. »

Ou alors avec de la tendresse *(Voix d'enfant.)* : « Maman, maman, c'est parce qu'il est bon pour les gencives des enfants que le yaourt Pimkie est bon pour les gencives des mamans ! Yaourt Pimkie, il est bon pour les gencives de toute la famille ! » C'est un peu niais.

Non, il faudrait quelque chose avec un peu plus de sexe.

Un peu de sexe dans les yaourts.

*(Voix sensuelle.)* « Par la chaleur torride, envie de frais ? Envie de froid ? Envie de Pimkie ? Oh, Pimkie ! *(Elle passe sa langue sur ses lèvres.)* Le yaourt très torride. »

Ou alors quelque chose de plus populaire : « Madame, je vous propose d'échanger votre yaourt habituel contre un nouveau yaourt.
– Oh non, rien à faire, je garde mon Pimkie ! »

Une semaine plus tard : « J'ai essayé votre nouveau yaourt. Je ne sais pas ce que c'est, mais j'ai été séduite. Ouh, y a un nouveau Pimkie ? »

Non, mais ç'a été vu dix mille fois, ça. Faut que je trouve un truc qui a encore jamais été fait pour les yaourts.

« Mme M., éleveuse à Dorville : "Vous savez, mon chien est très exigeant. J'ai essayé de lui donner d'autres yaourts, mais rien à faire. Ah, c'est Pimkie qu'il préfère." *(Aboiement.)* Yaourt Pimkie, même les chiens font la différence ! »

Mais il est pas mal celui-là.

Ou alors plus scientifique : « Pour mieux vous satisfaire, Pimkie a décidé de tester ses yaourts en laboratoire. Ici, le cheminement d'un yaourt ordinaire dans l'estomac d'un individu moyen. Là, le cheminement d'un yaourt Pimkie dans l'estomac du même individu. C'est parce qu'il ne contient pas de phosphate que le yaourt Pimkie protège la couche d'ozone de votre estomac. »

Il est bon celui-là, je le sens bien.

«C'est parce qu'il ne contient pas de phosphate que le yaourt Pimkie protège la couche d'ozone de votre estomac.»

Ah, ça va faire mal!

Avec la collaboration de Colette Roumanoff

#

# L'ESTHÉTICIENNE EUROPÉENNE

Madame Dumesnil ? Qui a rendez-vous avec moi pour un nettoyage de peau ? *(En choisissant quelqu'un dans le public.)* M'dame Dumesnil, ça fait longtemps qu'on ne vous avait pas vue, m'dame Dumesnil. Venez, installez-vous.

*(Une femme du public monte sur scène et s'assoit sur une chaise.)*

Ça va, madame Dumesnil.

Vous avez de la chance, je viens de refaire mon salon de beauté tout en pierres granuleuses. C'est joli, madame Dumesnil ?

Vous savez qu'avec la concurrence de l'Europe qui nous arrive au galop je n'avais pas le choix. Je me suis tout équipée au laser infrarouge américain.

Détendez-vous, madame Dumesnil. Détendez-vous. Je vais vous examiner la peau au microscope électronique allemand. Y a que moi qui suis française ici, madame Dumesnil. C'est ça, l'Europe de demain !... Oh ! là, là, là, là ! Mais qu'est-ce que vous faites à votre peau, madame Dumesnil ?

Répondez au lieu de rire...

Vous mettez bien une petite crème de temps à autre ?

Vous ne mettez jamais de crème, madame Dumesnil ?

Du savon. Vous mettez du savon ?

Si vous mettez rien, madame Dumesnil, mais vous êtes criminelle pour vos cellules épidermiques !

Il n'y a pas de quoi rire, madame Dumesnil.

Comme je dis toujours à mes clientes, mais le contact épidermique ne se fera pas avec un homme si vous êtes trop déshydratée !

Heureusement, vous avez de la chance, Dermostar, dont je suis concessionnaire exclusive, vient de sortir une petite mousse fluide hydrorégulatrice au liposome spécial peaux déshydratées.

Savez-vous ce que c'est un liposome, madame Dumesnil ?

Ça ne m'étonne pas.

Les liposomes, ce sont des sphères lipidiques d'un diamètre microscopique dont la mission est d'acheminer jusqu'aux cellules de l'épiderme les actifs indispensables au maintien de l'hydratation de votre peau.

Répétez.

Heureusement, vous avez de la chance, c'est tout écrit sur la petite crème que vous allez m'acheter. Elle est pas chère du tout cette crème, attendez voir... Jennifer ! À combien qu'il est mon fluide de chez Dermostar ? 68 euros pour 100 millilitres...

**COMME JE DIS TOUJOURS À MES CLIENTES, MAIS LE CONTACT ÉPIDERMIQUE NE SE FERA PAS AVEC UN HOMME SI VOUS ÊTES TROP DÉSHYDRATÉE !**

C'est pas cher, madame Dumesnil. Dites, vous ne la connaissez pas Jennifer ?

C'est ma nouvelle esthéticienne, vous voyez. Alors c'est bien parce que c'est une jeune fille au pair anglaise. Comme ça, ça me revient moins cher qu'un contrat de qualification.

Puis j'améliore mon anglais. Regardez voir, madame Dumesnil : *Jennifer, come here. Say hello to madame Dumesnil !*

Elle est bien pour une Anglaise, hein, madame Dumesnil, elle est bien !

Moi, je dis : l'anglais, *the more you speak it, the best accent you have*. Traduisez…

Ça veut dire : « L'anglais, plus on le parle souvent, plus on le parle mieux. »

Moi, mon ambition, vous voyez, c'est d'être bilingue pour les J.O. de 2024. Je mettrai : « Maryse Annick Europe Beauté *English spoken*. Devises bienvenues. »

J'enlève les points noirs, madame Dumesnil ?

Vous craignez rien parce que maintenant, les points noirs, on ne les arrache plus. On les désintègre au laser.

Ne bougez pas, madame Dumesnil. Si jamais j'envoie le laser à côté du point noir, vous risquez des crevasses.

Mais non, pas définitives ! Faudra compter un an pour cicatriser. Ne bougez pas. Je vous mets une petite crème anglaise, comme Jennifer, pour terminer.

Regardez comme vous avez une belle peau dans la glace imaginaire. La glace, là. Vous avez une belle peau ? Mieux que tout à l'heure ? Je vous mets un petit flacon de Dermostar ?

Un ? Deux ? Non, madame Dumesnil, je ne dis pas ça parce que je suis à mon compte, mais il vous en faut deux.

Je vous en mets deux ? Madame Dumesnil, je vous en mets deux ? Allez !

Oui, c'est bien. Alors ça nous fait 216 euros.

Je vous dis merci, madame Dumesnil.

Je vous parfume ?

Oh si. Parce que j'ai un petit parfum révolutionnaire de chez Dermostar qui nous fait en même temps parfum et spray amincissant.

Je vous dis :

*Goodbye. See you later, Lady Dumesnil !*

*Guten tag Mme Dumesnil !*

*Ciao señora Dumesnila !*

Avec la collaboration de Colette Roumanoff

# RENCONTRES DE COUPLE

UNE FEMME BABA COOL AUX CHEVEUX LONGS : « Qu'est-ce qu'y a ? Mais je veux dire, chacun son style ! Non, mais respectez les espèces en voie de disparition ! Comment ? Comment j'ai rencontré Jean-Michel ? Oh, tu sais, Jean-Mi et moi, au début, on bossait dans la même MJC, tu vois, mais tout nous séparait ! Il était animateur guitare-ciné-club et moi animatrice poterie-macramé. Il était végétarien, moi je mangeais macrobiotique, c'était la haine. Puis tu vois, en 81, quand j'organisais mon expo sur la lutte des femmes péruviennes, ben si, à la salle des fêtes de Juvisy-sur-Orge ! Il y a eu du monde le premier soir à cause de la sangria puis alors après plus personne, sauf Jean-Mi.

Tu vois, lui et moi, depuis sept ans on vit ensemble peut-être, mais je veux dire on n'est pas un couple. On est une communauté provisoire de deux personnes. Nous, chaque fois qu'on a un conflit, on organise une table ronde à deux. On dialogue. "Comment tu te sens, Jean-Mi ? Est-ce que tu penses sentir ce que je vois quand tu sens ce que je pense, tu vois ?" Nous, on partage tout en deux, tu sais, les joies, les peines, le potager bio, les toilettes sèches, tout ! Je veux dire, c'est chacun selon son feeling. Ah ouais, un soir, à la limite, je peux très bien dire à Jean-Mi : "Jean, Jean, je me sens pas de faire la bouffe ce soir ! – Okay, Marie-Jo ! On dîne pas !" »

MAMIE SUZETTE *(Elle enlève sa perruque, met des lunettes et s'attache les cheveux.)* : « Comment ? Comment j'ai rencontré le Raymond ? Ben, c'était un bon gaillard dans le temps. Il était boulanger-pâtissier, ouais, et moi j'aimais les gâteaux. Alors monsieur courait le jupon de droite à gauche, du matin au soir, et puis moi, il voulait me… Oh, mais moi, je voyais bien qu'il n'était pas sérieux, hein. Alors je ne voulais pas. Puis il a insisté. Chaque fois, il insistait : "Allez Suzette, viens donc dans le buisson", mais moi j'en veux pas. Là-dessus, je me cherche un autre gars de chez nous, voyez, un jardinier… La tête bien gentille, puis pas mal foutu. Oh là, le Raymond n'était pas content ! Alors un dimanche, voyez, il vient me trouver, il me fait comme ça : "Suzette, t'es jolie comme une sucrerie. Si tu veux bien d'un pâtissier, on pourrait se marier." J'ai dit : "Je dis pas oui, je dis pas non…" J'ai planté là mon jardinier et je ne l'ai pas regretté parce que, ma foi, j'aime bien les gâteaux. »

LA CÉLIBATAIRE : « On est onze millions de femmes célibataires en France. Onze millions de femmes persécutées. On nous reproche d'être seules, comme si on faisait exprès. Au restaurant, à peine je m'assois, le serveur se précipite : "Vous attendez quelqu'un ? Non, personne ? Alors la petite table là-bas, entre la cuisine et le courant d'air !" Je suis surtout persécutée par les autres femmes, celles qui disent tout le temps : "Mon mari ceci, mon ami, mon copain, mon fiancé, mon mec." Qu'elles en profitent avant la rupture ! Après ce sera : "Le père de mon enfant, mon ex, ce salopard."

Non, moi je ne me plains pas parce qu'avant, le repas de célibataire, c'était infos-plateau télé jambon-salade. Maintenant, c'est fricassée de canard et sa sauce aux quatre légumes surgelés. L'amour, ça finit toujours pareil : à deux sans rien se dire, devant la télé. Moi, j'ai choisi d'être seule devant ma télé. Comme ça, c'est moi qui choisis la chaîne ! »

[ L'AMOUR, ÇA FINIT TOUJOURS PAREIL : À DEUX SANS RIEN SE DIRE, DEVANT LA TÉLÉ. MOI, J'AI CHOISI D'ÊTRE SEULE DEVANT MA TÉLÉ. COMME ÇA, C'EST MOI QUI CHOISIS LA CHAÎNE !

L'Ado : « Cher journal, j'ai 13 ans et je suis si malheureuse.

Depuis trois semaines, j'aime Patrick F. Patrick F. et son sourire moqueur. Moi et mon appareil dentaire.

Aujourd'hui, cours de maths, il s'est assis à côté de moi. J'ai senti son odeur, il venait de jouer au basket. Dans son survêtement de gym bleu. J'aime le bleu. D'ailleurs, ses yeux aussi sont bleus. Il est si mystérieux.

Il ne m'a pas parlé, il ne m'a pas regardée sauf pour me demander ma gomme.

Timidité, indifférence, amour, passion, que sais-je ? Qui suis-je ? Que veux-je ? Que peux-je ? Le sais-je moi-même ?

À la récréation, Patrick F. a dragué Nathalie S. Pourquoi elle et non moi ?

Est-ce pour me rendre jalouse ? L'aime-t-il ? Je souffre. Oh, comme je souffre.

Ma mère m'appelle pour le dîner, je fais mine de ne pas entendre. Depuis hier soir, je ne mange plus rien pour me venger de mon père, ce tyran fasciste qui veut me forcer à ranger ma chambre.

Heureusement, pour me soutenir dans ma grève de la faim, j'ai caché sous mon lit un pot de Nutella. Et un paquet de chips allégées.

Adieu, cher journal. Souhaite-moi bon courage dans cette vie de souffrance absolue. »

Bernadette : « Et moi, comment j'ai rencontré mon copain ? Ben, c'était un ami d'ami. Je lui trouvais rien de spécial, mais alors rien de rien. Un soir, on se promène dans la rue, puis il me fait comme ça : “Bernadette, j'ai envie de te prendre la main, je peux ?” C'était demandé gentiment. Alors j'ai dit oui. Il avait tellement rien de spécial que, quand j'étais avec lui, j'avais l'impression d'être avec moi. Là-dessus, six mois plus tard, on se retrouve installés tous les deux, les deux noms sur la boîte à lettres, les courses à faire, le linge à repasser, les étagères à bricoler, l'argent à partager, ses parents à venir dîner, les disputes à résorber. J'avais pas imaginé tout ça quand j'ai dit oui pour qu'il me prenne la main !

Moralité, quand on rencontre quelqu'un qui a rien de spécial, mais alors rien de rien, il faut se méfier ! »

Avec la collaboration de Colette Roumanoff

#

# SOIRÉE EN BOÎTE

*(Musique. Elle parle tout en dansant.)*

Salut Juliette ! T'as vu mon copain ? C'est le brun, qui parle avec la blonde.

Tu la connais, cette blonde ? Vaguement.

Mais je suis pas jalouse. Je suis détendue, je crains rien.

Enfin, je fouille quand même dans ses poches pour me tenir au courant.

Toi, au moins, ton copain, il se tient tranquille. Il parle avec ton frère. Remarque que les hommes entre eux, on sait jamais. Non, non, je rigole.

Et comment elle s'appelle cette fille ? Coralie. J'aime pas ce prénom, Coralie. Ils nous regardent. Danse ! Amuse-toi !

S'il s'aperçoit que je l'espionne, ça va l'énerver.

*(Un nouveau pas de danse.)* Ça, c'est moi qui l'ai inventé. C'est facile et puis ça rend bien.

Non, je suis pas jalouse. J'aime pas qu'il parle à des filles en dehors de moi. Ou alors des filles en couple, heureuses, ou bien moches, moches, moches !

Elle n'est ni en couple ni moche.

Je vais aller m'immiscer dans leur conversation, mine de rien. Je vais te prendre un air naturel…

*(Elle va parler à son copain.)* Bonsoir, je suis Bernadette, la copine d'Arthur. Coralie ? Bonsoir Coralie. Non parce que c'est mon copain. On habite ensemble, alors ça faisait longtemps que l'on ne s'était pas vus. Tu as besoin de rien, un verre, un petit sandwich, non, rien ? À tout à l'heure, mon amour.

*(À sa copine.)* Je me suis bien immiscée, hein ?

Elle continue quand même à lui parler. Mais moi, des filles comme ça, j'appelle ça des boudins malfaisants !

Moi, je vais te déclencher le plan Orsec, sauvetage, récupération, danger. Trois, deux, un, zéro !

*(À son copain.)* Arthur, viens vite, je suis en danger ! Il y a un homme qui a tenté d'abuser de moi !

Non, il m'a pas touchée-touchée mais enfin, il m'a regardée avec des yeux très sexuels. Si, si, il m'a parlé. Il m'a dit, il m'a dit : « Une jolie poupée comme toi, seule ce soir, mais je rêve, je rêve. » Je lui ai dit : « Mais enfin, monsieur, je suis accompagnée.

– Je vais t'accompagner, moi, tu vas voir. »

Il est là. C'est le brun, au bar, mignon. Non, Arthur, n'y va pas. Arthur, il nous regarde. Arthur, n'y va pas, il est dangereux.

Arthur, le mieux, ce serait qu'on danse tous les deux. Comme ça, il verra que je suis entre de bonnes mains.

Avec la collaboration de Colette Roumanoff

#

# PERMIS DE CONDUIRE

*(Elle a pris place dans une voiture en carton.)*

Non, Juliette, ça ne me dérange pas du tout de te raccompagner, toi et ton copain Philippe. Au contraire, ça me fait plaisir. Arthur, tu te rends compte, c'est mon premier passager.

Ouais, j'ai le permis depuis ce matin.

C'est émouvant. Dire que 60 % des accidents mortels sont dus à des jeunes conducteurs. Détends-toi, Bernadette, détends-toi.

Alors un : ceinture, très important, en cas d'accident. Mais non, je rigole !

Débrayage, première, accélérateur. Mais ça démarre pas.

Oh non, une panne d'essence samedi soir, à minuit, ça commence bien.

Quoi, « la clé de contact, la clé de contact » ?

Ah ! La clé de contact, merci Juliette.

Clé de contact, débrayage, première, accélérateur. Ah, le moteur tourne.

Je vais tenter le déboîtage. Clignotant, contrôle, rétro, y a des voitures qui arrivent de ton côté, Philippe ?

Non Arthur, dans mon rétroviseur, il y a rien mais on sait jamais.

La première fois que j'ai passé le permis, j'avais bien regardé dans le rétro, j'ai pas vu le camion qui arrivait.

Y a toujours rien ? Je tente.

J'ai bien envie de tenter la deuxième sur ma lancée.

Allez hop, deuxième. Quand même, j'assure au volant.

Dis donc, ils pourraient éclairer les rues la nuit. C'est dangereux, on ne voit rien du tout.

Quoi, « les phares, les phares, les ph… »

Surveillez la route pendant que je cherche.

C'est pas ça. Les essuie-glaces, mais je sais, Arthur, qu'il pleut pas.

Comme ça, si jamais il pleut, ils seront déjà là.

Ah voilà, les codes pour rouler de nuit en agglomération.

Allez hop, troisième, quarante à l'heure.

Quoi, « doucement » !

Mon moniteur, il me disait toujours : « Accélérez mademoiselle, accélérez, dans votre cas, ça vaut mieux. »

Ouais, Arthur, je l'ai vu le feu rouge. Ouais, je l'avais parfaitement anticipé. Arthur, je l'ai passé six fois le permis, alors je m'y connais en feux rouges.

J'ai cent cinquante heures de leçons de conduite derrière moi. Tout le monde ne peut pas en dire autant.

Le permis m'a coûté presque aussi cher que la voiture.

Non, mais je sais pas, Arthur, Juliette, on dirait que vous ne me faites pas confiance alors que là, je sens derrière, Philippe, il me soutient en silence, hein Philippe ? Il est tout jaune, il ne dit rien.

Ouais, Arthur, je l'ai vu que le feu il est vert, et alors ? N'importe comment, Bison Futé recommande de faire des pauses sur les longs parcours pour se détendre.

Oui, il klaxonne, et alors ?

De toute façon, dans le Code, c'est écrit que t'es obligé de t'arrêter au feu rouge, mais personne ne te force à redémarrer au feu vert.

Et c'est reparti, première, deuxième, troisième, quatrième. Soixante à l'heure.

C'est grisant la vitesse. Je me sens comme aux 24 Heures du Mans.

Il faut que je tourne à droite là, Juliette ? Ah, sens interdit.

Je suis contente parce qu'avant, je ne le voyais pas toujours le sens interdit.

C'est ça, l'expérience.

Ah ! Le camion ! Ah ! Qui a la priorité, lui ou moi ?

Mais dites-le vite. Moi ?

Ah, je le savais.

Comment ça, Juliette, tu veux rentrer à pied ?

Je vais accélérer, comme ça, tu ne pourras pas descendre. Non, non, non, je rigole.

Là, si vous voyez un créneau que je peux atteindre en marche avant, vous me le dites, je le tente.

Eh ben, voyez, on est tous vivants !

Comme quoi, les statistiques… Eh ben, ils sont pressés de sortir tous les deux, des fois que je redémarre, hein !

Allez, je te fais la bise, Juliette, sans rancune. Il est toujours jaune comme ça, ton copain ?

Avec la collaboration de Colette Roumanoff et Aimé Ganem

#

# GUICHET DE RENSEIGNEMENT

*(Elle est assise devant un guichet.)*

Quel numéro êtes-vous ? Vous n'avez pas de numéro ? Monsieur, vous ne croyez quand même pas que vous allez passer devant tous ces gens qui attendent pour avoir la carte d'identité ?

Non, monsieur, ce serait trop facile, vous prenez un numéro d'abord et je vous réponds après.

Numéro 212 ? Numéro 213 ? Comment ? Oui, mademoiselle, je sais que le photomaton de la mairie est en panne. Il vous faut aller à la gare Saint-Lazare.

Quel numéro êtes-vous ? 245 ? Mais oui, vous avez largement le temps d'y aller. Vous pouvez même revenir demain matin.

Numéro 214 ? Numéro... ah ! Quand même, installez-vous, monsieur. Mais vous êtes beaucoup mieux en vrai que sur la photo d'identité !

Comment ? Madame, vous n'avez pas à me déranger, je parle avec M. 214. Quel numéro êtes-vous ? 212 ?

J'ai déjà appelé le numéro 212. Il vous faut reprendre un autre ticket.

Non, madame, il fallait vous manifester auparavant.

Madame, ça ne sert à rien de me crier dessus, j'ai l'habitude.

Non, madame, je ne suis pas bornée. J'ai fait des concours pour arriver à ce guichet.

Ah, je vois que vous n'avez même pas rempli le formulaire bleu.

C'est écrit sur la notice qui est là, madame. Il vous faut remplir le formulaire bleu et, après, venez me voir.

Ouais, madame, alors lisez les notices au lieu de parler à tort et à travers.

Vous avez vu, monsieur, comme les gens s'énervent vite ?

Alors les six photos d'identité, oui. Le récépissé jaune rempli, oui. Le timbre fiscal 243, oui. Le formulaire bleu rempli, oui ! Vous avez tout. Ça me fait plaisir. Vous êtes le troisième de la semaine.

Je fais une croix sur mon guichet. *(Elle fait une croix sur son bureau.)*

Madame 212, vous voyez : M. 214, il a rempli le formulaire bleu !

Madame, il n'est pas plus intelligent que vous. Je m'excuse pour vous, monsieur, hein. Certainement, il n'est pas plus intelligent que vous, seulement il a lu la notice au lieu de parler à tort et à travers.

Quel numéro êtes-vous ? 214 ? Monsieur, ça n'est pas possible. C'est monsieur qui est numéro 214. Montrez votre ticket. Montrez votre ticket, vous.

Deux numéros 214, mais ça n'est pas normal. Je ne suis pas bête. Il y a un de vous deux qui est un traître !

Il y a un de vous deux qui a un ticket qui date de la semaine dernière. Vous n'allez pas me faire un scandale ici, monsieur 214 numéro 2 !

Je termine, monsieur 214 numéro 1, et je vous prends après.

Bien évidemment, madame 212, je vous prendrai avant M. 214 numéro 2. Oui, monsieur 214 numéro 2, madame est 212, je ne vais pas la prendre après vous. Un peu de logique !

Alors, monsieur 214 numéro 1, ce sera prêt dans trois semaines. Ah non, pas avant. Non, je ne peux pas faire une petite faveur.

Non, monsieur, ça ne dépend pas de moi. Monsieur, ça ne sert à rien de m'appeler Clémentine et de me faire les yeux doux. C'est pas parce qu'il y a le prénom marqué sur mon badge qu'il faut en profiter. Ouais, mais même si vous me dites que je suis très jolie, vous n'aurez pas de carte d'identité avant trois semaines.

Vous ne voulez pas de carte d'identité ? Vous voulez un passeport ? *(Elle efface la croix sur son bureau.)* Vous ne savez pas lire, monsieur ?

Le passeport, c'est le bâtiment C, il vous faut tout recommencer. Et moi qui disais à Mme 212 que vous étiez intelligent !

Monsieur, ça ne sert à rien de me conter fleurette. Je suis mariée, j'ai deux enfants et je ne fais pas de passeport.

Oui, madame 212, j'ai le droit de raconter ma vie aux gens. On a le droit de discuter un peu. On n'est pas des machines. Madame, je suis dans mon droit car nous avons reçu une circulaire comme quoi on doit être plus aimable avec les gens. Et je n'ai pas attendu la circulaire pour être aimable, moi, madame !

*(Son d'une sonnerie.)*

C'est terminé pour aujourd'hui !

Oui, je sais, il est 4 heures moins le quart mais, vous savez, le temps de se préparer, on arrive vite à 4 heures et demie !

Il faut revenir demain matin.

Non, c'est le pont, ça nous met à lundi. Lundi, les guichets sont ouverts de 9 heures à 10 h 15.

Ah, je vous conseille de venir dès 8 heures et demie.

Mieux vaut attendre une demi-heure dehors que deux heures dedans !

Mais moi non plus, madame 212, je n'ai pas de temps à perdre dans la paperasserie. Mais qu'est-ce que vous croyez que je fais, moi, madame, toute la journée derrière mon guichet ? Moi aussi, madame, je bosse comme une folle. Je n'ai pas une minute à moi. C'est du délire !

#

# LES RÊVES DE BERNADETTE

Moi, j'aurais aimé vivre à une époque historique.

*(Elle accroche le bout d'un torchon à sa hanche droite et danse avec.)*

Ce soir, au château de Chambourcy, la princesse Bernadette était la plus belle jeune fille du bal. Et elle le savait. Sa longue chevelure blonde relevée dans un savant chignon mettait en valeur sa taille de guêpe. Et ses yeux de biche.

Tout d'un coup, son regard se figea. Tu vois, elle soutenait Gervais. Gervais de Saint-Albret.

D'un geste impérieux, l'impétueux chevalier l'entraîna dans le parc du château de Chambourcy.

«Bernadette, mon amour, la situation est grave, les Prussiens sont aux portes de la France. Hélas, je dois partir cette nuit à Pont-l'Évêque combattre les chouans !

– Toujours cette maudite révolution ! Oh, chevalier, laissez-moi partir avec vous. Je me déguiserai en homme du peuple et nous galoperons tous deux sur votre blanc destrier !

– Vous êtes si belle, si jeune, si naïve. Je ne veux pas mettre votre vie en péril.

– J'ai eu 16 ans en juillet, chevalier. Je ne suis plus une enfant. Même le comte de Roquefort s'en est aperçu.

– Chut ! On vient, mes ennemis sont partout. Adieu princesse, je reviendrai dès que possible ! »

*(Elle fait un Z.)*

Oh, Zorro.

C'est beau, hein !

Sinon, j'aimerais bien vivre dans un ranch américain. Je serais une femme très riche et très cynique.

« Vous ici, Samantha ? Comment avez-vous le toupet de venir me déranger ici, auprès de mon immense piscine ? Si vous venez voir Jeff, il est parti ce matin dans son hélicoptère pour Sacramento !

– Pas du tout, je venais juste vous avertir que Cliff témoignera contre Kelly au procès de Blake Howton.

– Moi, au moins, je n'ai pas le meurtre du petit ami de mon fils sur les bras !

– Vous savez bien qu'il n'est pas encore tout à fait mort. »

C'est captivant, hein ?

Sinon, j'aimerais bien être une héroïne des collections Harlequin. Je me vois bien infirmière dans un hôpital anglais.

« Vous m'avez fait demander, docteur Smithson ? »

*(Elle lit.)* « Jacques Smithson s'arrêta de nettoyer ses instruments de chirurgie pour contempler Bernadette Vengler, la jeune infirmière rentrée récemment dans son service. Elle avait quelque chose qui la rendait différente des autres infirmières de l'hôpital de Salisbury. Étaient-ce ces grands yeux verts, sa longue chevelure rousse ou sa minijupe blanche ? Il n'aurait su le dire avec précision. »

« Vous m'avez fait demander, docteur Smithson ? » répéta Bernadette Vengler.

Le chirurgien sursauta.

« Oui, je voudrais que vous surveilliez le malade de la chambre 412. Il a fait une poussée de fièvre. Je crains les complications.

– Vous pouvez compter sur moi, docteur.

– Miss Vengler ?

– Oui ?

– Miss Vengler, que diriez-vous de dîner avec moi ce soir après le service, dans une auberge en tête à tête sur la Tamise ?

– Docteur ?

– Appelez-moi Jack. »

« Le docteur s'était rapproché de l'infirmière qui attendait sa réponse. À travers sa blouse d'infirmière, elle sentit le souffle de son haleine contre sa peau. Mais cette sensation la fit tressaillir. Elle fut tout d'un coup troublée par la force virile qui émanait de cet homme au teint buriné, au visage hâlé et à la chemise entrouverte sur un torse qu'on devinait puissant. Le chirurgien se rapprocha encore et l'embrassa fougueusement sur la bouche. L'espace d'un instant, Bernadette Vengler faillit céder aux caresses douces et expertes mais néanmoins violentes et passionnées du docteur. Mais elle se ressaisit, se débattit, s'arracha à son étreinte et s'enfuit dans le corridor de l'hôpital. »

Arthur ? T'es déjà là ? Mais quelle heure il est, là ? 8 heures ? Eh ben, comme le temps passe !

Eh ben, comme tu vois, rien n'est prêt.

Tu vas me chercher une baguette de pain et, pendant ce temps, je te mijote un bon petit dîner.

*(Sur le ton de la collection Harlequin.)* « Bernadette s'approcha du congélateur qu'elle ouvrit délicatement. Une vague de fraîcheur envahit son visage. Entre la pizza et le poisson, elle hésita longtemps. Du poisson, décida-t-elle. Oui, ce soir, elle mangerait du poisson avec Arthur, l'homme qu'elle avait dans la peau. Elle défit le poisson tout cuisiné de son emballage, le posa dans une assiette qu'elle introduisit dans le four. Et elle pensa : "Quel bonheur d'avoir un four à micro-ondes." »

Vous voyez, finalement, ma vie aussi c'est un roman !

Avec la collaboration de Colette Roumanoff

#

# BERNADETTE, CALME-TOI !

## Théâtre des Blancs-Manteaux, 1987-1988

# Bernadette

**(Le tout premier sketch, mai 1987)**

Bonsoir, nous avons interviewé des Françaises sur la réussite. Regardez.

« Mince alors, je suis interviewée. C'est trop. Si j'avais su, je me serais habillée plus mode. Qu'est-ce que je pense de la réussite ? La réussite, disons, pour moi, c'est très important. Enfin, surtout la réussite sexuelle.

C'est écrit dans tous les magazines féminins : une femme ne peut pas être vraiment épanouie si elle n'est pas épanouie sexuellement. Eh ben moi, sexuellement, c'est pas le pied. Faut dire, je suis difficile, moi, ce que je cherche, c'est carrément l'homme de ma vie. Bernadette, calme-toi !

L'homme de ma vie, ce serait un homme, quand je le verrai, je me dirai : "C'est lui." Et lui, quand il me verra, il se dira : "C'est elle." Moi, ce que j'aimerais dans mon idéal d'homme de ma vie, ce sera un homme qui ait un peu d'intelligence, beaucoup d'humour, et puis surtout énormément d'amour.

L'homme de ma vie, au niveau physique, corporel, je l'imagine avec la tête à Jean-Jacques Goldman. Et puis le corps à Gérard Depardieu. Oh, Bernadette, calme-toi !

Mon copain actuel, il aurait plutôt la tête à Gérard Depardieu et puis le corps à Jean-Jacques Goldman. »

# Tante Geneviève

UNE FEMME PINCÉE : Écoutez, la… la réussite, c'est surtout une question de réussite professionnelle. La vie privée, ça n'est pas du tout important, pas du tout ! Moi je vis sans homme depuis maintenant, depuis maintenant… depuis maintenant toujours.

Mais, ma foi, je m'en passe très, très bien.

Non, mais quand j'étais jeune, j'ai connu un grand amour. Je me traînais sur le paillasson dans des états épouvantables en pleurant, maintenant, ça va beaucoup mieux. Je fais du yoga, de la décontraction. Je suis très, très épanouie dans mon corps.

Puis de toute façon, les… les hommes sont tous des cochons. Ils ne pensent qu'au… Ils ne pensent qu'au… *(À voix basse.)* Ils ne pensent qu'au cul.

Mais quand j'étais jeune, j'ai connu un grand amour avec un jeune poète aux yeux bleus. Ça s'est terminé tragiquement. Il s'est suicidé. Il est mort. C'est-à-dire, il est parti avec une autre et j'ai préféré le suicider de mon imagination, voilà !

Mes petites nièces me disent toujours : « Tante Geneviève, tante Geneviève, sortez, voyez du monde ! »

Je dis non. Je me passe tout à fait d'hommes. Je n'en parle jamais. Et ça, c'est une réussite incontestable.

# Brigitte

La réussite ? Moi, je crois que pour réussir il faut se spécialiser. Je me présente, je m'appelle Brigitte et je suis esthéticienne spécialisée dans les nettoyages de peau.

Bon, moi, ce qui me captive, c'est d'aller toujours plus loin dans le nettoyage. Mais on n'a jamais fini de nettoyer. Surtout la peau.

Comme je dis toujours à mes clientes… *(Elle regarde quelqu'un dans le public.)* « Mais, madame Dumesnil ! Mais la peau, c'est votre capital beauté ! »

Si on ne l'entretient pas, c'est terminé. Moi-même, je suis trois fois mariée, trois fois divorcée. Là, je prends une année sabbatique avec les hommes, mais je continue d'entretenir ma peau !

Mais comme je dis toujours à Mme Dumesnil *(Elle regarde quelqu'un dans le public.)* : « Mais, madame Dumesnil, mais le contact épidermique ne se fera pas avec un homme si vous êtes trop boutonneuse ! »

Mon conseil de bonheur conjugal, il est simple.

Si vous avez un problème de couple, avant de divorcer, nettoyez-vous la peau.

#

# Théâtre de l'obscurité

UNE FEMME SINISTRE AVEC UNE VOIX GRAVE : la réussite, c'est vivre à fond sa passion. Sans passion, on est comme un légume. Et je sais de quoi je parle, je suis végétarienne.

Depuis cinq ans, je m'adonne à l'art dramatique vingt-quatre heures sur vingt-quatre. Vous savez, c'est en forgeant qu'on devient forgeron ! C'est en actant qu'on devient acteuron !

Je fais partie d'une compagnie : le Théâtre de l'obscurité.

On fait un travail d'expression corporelle, dans le noir.

Pour tous ceux et toutes celles qui aiment le vrai théâtre, je rappelle que nous présenterons notre travail scénique « Ténèbres » tous les soirs, du 20 au 21 janvier ! Au centre sportif de Chantilly-sur-Marne ! À 23 h 30 !

Nous avons l'immense chance de travailler actuellement avec le très grand metteur en scène Federico Miguel Garcia ! Exilé politique belge.

Nous montons une pièce d'un jeune auteur tchèque de 50 ans, encore inconnu en France et en Tchécoslovaquie.

Très brièvement, je vous propose un extrait de notre travail. Je vous rappelle que ça se passe dans le noir, au Brésil, sous Fidel Castro ! Dans un champ de coton, la nuit. Après Tchernobyl !

*(Elle émet deux cris et fait des grimaces.)* Merci.

# Snob

Avec Pierre-Éric, l'homme qui partage ma vie, nous venons de créer une boîte de conseil en communication relationnelle.

Je crois qu'un homme, pour réussir financièrement, a besoin d'un phare qui illumine sa vie. Je suis le phare de Pierre-Éric, c'est vrai. Bon, quand on s'est connus dans un cocktail, il était déjà cadre supérieur. Très supérieur. Déjà, il avait ce physique éblouissant, 1 m 89, les yeux turquoise. Mais il n'avait pas encore cette soif de succès financier que je lui ai communiquée.

En plus, P.-E. et moi, enfin Pierre-Éric, physiquement, ça marchait très fort. Souvent, quand il couvre mon corps de baisers, je suis obligée de lui dire : « Amour, c'est trop. »

Moi-même, j'ai un rayonnement intérieur et extérieur assez étonnant.

Souvent, P.-E. me dit : « Amour, comment fais-tu pour tout faire ? » Et c'est vrai.

C'est vrai, entre les dîners entre copines, les soirées en amoureux, mon boulot captivant, le tennis, le yoga, la zumba, les voyages à travers l'Europe, je suis é-pui-sée. Comme je dis à Pierre-Éric, je préfère gagner de l'argent en étant crevée que d'être reposée sans avoir de blé.

# Allô, allô Alain?

Je vais téléphoner à Alain.
Courage, Bernadette, courage. Ah non, je ne peux pas. *(Elle raccroche.)*

Ouais, mais de toute façon je suis sûre que je lui plais parce que, quand on invite une fille à danser deux slows, c'est quand même un signe.

Faut dire, il avait un peu bu. Oh, je peux pas, si je peux. *(Elle raccroche.)* Non, il est pas beau!

Ou alors, je pourrais lui écrire: «Alain, on s'est rencontrés à l'auberge de jeunesse du Mont-Dore, j'aimerais te revoir.» C'est un peu plouc.

Ou alors, une lettre dans le style romantique: «Alain, la neige était blanche, si blanche, tes yeux bleus, si bleus, mon anorak rouge, si rouge, et Paris est gris, si gris sans toi!»

Ouais, ou je pourrais lui faire une lettre dans le style direct: «Alain, j'ai envie de toi!»

Bernadette, calme-toi…

Je ne vois pas pourquoi je me casse la tête comme ça. N'importe comment, il y a quand même deux milliards d'hommes sur terre. Y en a trois ou quatre à qui je plais bien.

Si je voulais, mais je veux pas.

Comme je souffre.

Allô ? Allô, allô, allô, allô Alain ? C'est Bernadette. Eh ben, Bernadette du Mont-Dore. Mais si, tu m'as ramassée quand je suis tombée du tire-fesses.

Oui, la petite brune. Enfin, je fais 1 m 59 quand même.

Alors, ça va ? T'es toujours bronzé ? Moi, j'ai des cloques.

Enfin, je suis encore jolie, tu sais. Nivéa, c'est bien pour les peaux grasses. J'ai pas la peau grasse, tu sais. J'ai la peau douce.

Et toi, t'as quoi comme peau ?

T'as la peau sèche ? Eh ben, chacun sa peau.

Non, tu sais, Alain, je t'appelle parce que j'ai fait des photos du ski ça te plairait de les voir ? Pas mal ?

Moi, je me disais : « Tiens, j'inviterais bien Alain à dîner dans mon petit studio. Je sais très bien faire la cuisine de surgelés ! » Tu aimes pas ça ?

Allez, attends, c'est quoi tes loisirs ? La peinture ? Moi aussi. Quel hasard ! Comme peintre, tu sais que... Ben, j'ai des goûts très électriques... Enfin, j'apprécie surtout notamment Picasso, *La Joconde*, Léonard de Vinci, i tutti quanti frutti !

**N'IMPORTE COMMENT, IL Y A QUAND MÊME DEUX MILLIARDS D'HOMMES SUR TERRE. Y EN A TROIS OU QUATRE À QUI JE PLAIS BIEN.**

Aller voir une exposition de peinture avec toi ? Ça dépend quand, parce que je suis très prise. Ce soir ? Attends, je regarde si je suis libre.

Alain ? Tu as de la chance, je suis libre. Ouais, on se retrouve là. Tchao.

Quand même, j'assure au téléphone.

#

# Les grenouilles et le sida

UNE ENSEIGNANTE UN PEU PINCÉE : Nous allons poursuivre notre cours sur la reproduction des grenouilles et autres batraciens.

Est-ce qu'il y a des questions sur le cours de la semaine dernière ? Pas de questions ? Oui, mademoiselle Patte ? Est-ce que les grenouilles peuvent attraper le sida ?

On ne ricane pas bêtement, Martinez, à la question de Mlle Patte.

C'est une question d'actualité. C'est parce que Mlle Patte s'intéresse à l'actualité qu'elle est la meilleure élève de cette classe.

C'est pas comme vous, Martinez.

Qu'est-ce qu'il y a, Édouard-Cyril ?

Non, mais exprimez-vous à voix haute au lieu de pouffer bêtement !

Qu'est-ce que vous disiez ? Que les grenouilles doivent mettre des préservatifs ?

Ça, j'avoue, c'est une idée grotesque, Édouard-Cyril. Il n'y a pas de... Il n'y a pas de préservatif pour grenouilles... Enfin, pas à ma connaissance.

Ah, Mlle Patte ne sait pas ce qu'est un préservatif. Écoutez, mademoiselle Patte, un préservatif, comme son nom l'indique, préserve. Préserve du sida, voilà.

Oh, miracle ! Mlle Roberta a une question. Mlle Roberta s'est arrachée à ses tubes de rouge à lèvres et a posé une question. Non, mais parlez-nous-en, Roberta. Est-ce que la pilule protège du sida ?

Oh non, Mlle Roberta, pas du tout, le préservatif lutte contre le sida et la pilule lutte contre le spermatozoïde. À chacun son combat !

Qu'est-ce qu'il y a, mademoiselle Roberta ? Comment s'utilise un préservatif ?

Écoutez, je ne sais pas. Vous le… Vous l'enfilez sur l'organe génital masculin juste avant le rapport charnel, voilà. C'est comme une sorte de gant.

Non, Édouard-Cyril, on ne peut pas mettre un gant à la place d'un préservatif.

Qu'est-ce qu'il y a, mademoiselle Patte ? « C'est comment un préservatif ? » Je ne sais pas, mademoiselle Patte, je n'ai pas de préservatif sous la main.

Alors vous ouvrez vos cahiers. Et on continue sur les grenouilles.

Qu'est-ce qu'il y a Martinez ?

Vous avez un préservatif pour montrer à Mlle Patte ?

Eh bien, apportez-le-moi, Martinez.

Je le montre à toute la classe. Tendez-le-moi, Martinez. Tendez-le-moi, j'ai dit.

Merci, Martinez. Est-ce que tout le monde voit bien le… Même Mlle Patte ?

Alors, je le jette et qu'on n'en parle plus.

Qu'est-ce que vous faites dans la poubelle, Martinez ?

Laissez cette chose tranquille. Retournez à votre place.

Je suis une enseignante ouverte au dialogue. Taisez-vous, Martinez !

Mademoiselle Roberta, j'ai déjà dit qu'on ne se maquille pas en classe. Qu'est-ce qu'il y a, Édouard-Cyril ? Est-ce que si on roule un patin, c'est dangereux ?

Non, mais c'est une expression délicieusement pittoresque. Rouler un patin.

De mon temps, on disait flirt. Maintenant, si vous ne faites que rouler des patins, je ne veux pas être indiscrète, mais je ne crois pas que vous ayez encore tâté de la chose. Je sais que les mœurs évoluent vite, mais vous n'êtes quand même qu'en cinquième.

Peut-être mademoiselle Roberta qui a 17 ans, évidemment.

Vous pouvez rire, mademoiselle Roberta, mais 17 ans en cinquième, c'est un grave cas d'échec scolaire.

Bien. Pour récapituler ce que nous avons dit aujourd'hui. Quand vous dépassez le stade du simple roulage de patin, le... Qui a pris le préservatif ?

Non, écoutez, c'est simple, je ne continuerai pas mon cours tant que le coupable ne se sera pas dénoncé. J'attends. J'attends. J'attends.

Eh ben dénoncez-vous, Martinez !

Qu'est-ce que vous avez à pleurer, mademoiselle Patte ? C'est vous qui l'avez pris ? Jésus, Marie !

Mais écoutez, mon petit, ne pleurez pas comme ça !... La pauvre, elle dégouline de partout. Je ne sais pas, gardez-le ce... si ça vous fait plaisir. Martinez ? Martinez, je dis qu'elle peut le garder, elle peut le garder. Non, je regrette, Martinez, il n'est plus à vous. Il est à l'État.

Bon, je sens que ce cours vous a tous un peu échauffés, alors pour me calmer, enfin pour vous calmer, vous allez faire une interrogation écrite. On rigole moins tout d'un coup, hein ?

Et le thème, ce sera les grenouilles et le... ?

*(Dans le public.)* « ... préservatif ? »

Pas du tout. Les grenouilles et le... ?

*(Dans le public.)* « ... sida ? »

C'est pas ça non plus. Les grenouilles et le... ?

*(Dans le public.)* « ... crapaud ? »

Le crapaud ? Qui a dit ça ? Levez le doigt, assumez-vous. C'est vous, le petit à lunettes ? Levez le doigt ! Levez le doigt, j'ai dit ! En tout cas, si vous aviez écouté la semaine dernière, vous sauriez que les grenouilles et les crapauds, ça n'a aucun rapport. Il y a les hommes-grenouilles et les femmes-grenouilles. Il n'y a pas de quoi rire, c'est une vérité biologique ! C'est moi qui décide du sujet. Le thème sera les grenouilles...

*(Dans le public.)* « ... et le ? »

Taisez-vous. J'ai dit que c'était moi qui décidais du sujet.

Les grenouilles et le… ? Taisez-vous, bande de cancres !
Les grenouilles et le… ?
*(Dans le public.)* « … et le sexe ! »
Je vous en prie, vous. N'importe quoi pour vous faire remarquer, hein ?
Le thème, ce sera les grenouilles… et le roulage de patins !
Comme ça, je verrai ceux qui ont suivi.

#

# Cours de thêatre

J'ai travaillé ce que vous m'avez dit : Hermione, dans Racine. J'y vais.

La prof de théâtre : « Okay, je ne me rappelle plus ton nom. Élisabeth ? Bernadette ? Okay, Bernadette. Avant de commencer, je veux que tu me décrives la situation, okay ?

Bernadette : – Okay. Mais la situation, c'est comment… C'est Hermione qui s'est fait larguer par Pyrrhus, elle a les boules. J'ai préparé une petite chorégraphie. Je sais pas si c'est bien. *(Elle mime ce qu'elle dit.)* Où suis-je ? Qu'ai-je fait ? Que dois-je faire encore ? Quel chagrin me détruit ? Quel transport me dévore ? Errante, et sans dessein, je cours dans ce palais. Ah, ne puis-je savoir si j'aime ou si je hais !

La prof de théâtre : – *Stop ! Please, stop ! What's this shit ?* Bernadette, tu récites le texte ! Il faut que tu le vives avec tes tripes. Est-ce que tu as déjà été quittée par un homme une fois dans ta vie ?

Bernadette : – Ah, c'est vachement indiscret comme question. Faut que je réponde comme ça, devant tout le monde ? Eh ben, j'ai été quittée en gros… *(Elle compte sur ses doigts.)* Disons deux fois.

La prof de théâtre : – Okay, Bernadette, tu vas mettre tes mains sur le ventre pour plonger dans les souvenirs et sentir les tripes, okay ?

Bernadette : – Okay ! *(Elle se tient le ventre.)* C'est spécial, les méthodes américaines. Je me concentre. Où suis-je ? Qu'ai-je fait ?

Que dois-je faire encore ? *(Elle rit.)* Madame, je m'excuse mais, quand je me mets la main sur le ventre, ça me chatouille !

La prof de théâtre : – Bernadette, est-ce que tu crois que Brando, Depardieu, De Niro, ça les chatouille ? Bernadette, ce que tu fais est si petit, c'est français… Moi, je veux que tu te lances ! Allez, lance-toi Bernadette ! Lance-toi !

Bernadette *(Elle saute.)* : – Où suis-je ? Qu'ai-je fait ? Que dois-je faire encore ? C'est nul.

La prof de théâtre : – C'est pas à toi de dire c'est nul. Ouais, c'est nul ! Okay, Bernadette, on oublie le texte de Racine. Tu te mets dans la situation de Hermione larguée par Pyrrhus, par Nathalie, et tu parles dans une langue imaginaire. Okay ?

Bernadette *(Langage imaginaire et même gestuelle.)* : – Ameno-meno ameno-meno… Je n'ai pas besoin d'une langue imaginaire pour voir que vous n'êtes pas très contente.

La prof de théâtre : – Les gens, ils ont rigolé, Bernadette. Et c'est une tragédie. Je vois une chose. Tu as les émotions fossilisées dans les épaules. Je vais t'appuyer les mains sur les épaules pour faire sortir les émotions fossilisées. Okay ?

Bernadette : – Aïe.

La prof de théâtre : – Attaque le texte, Bernadette !

Bernadette : – Où suis-je ? Aïe ! Que dois-je faire encore ? Aïe ! Quel chagrin me détruit ? Quel transport me dévore ? Aïe ! Errante et sans dessein, je cours dans ce palais. Aïe !

La prof de théâtre : – Okay, on est à des kilomètres de Racine mais y a le petit émotion ! Vous avez senti le petit émotion ? Vous avez pas senti le petit émotion ? Bernadette, pour la semaine prochaine, tu appuies une heure par jour les mains sur les épaules, pour faire sortir les émotions fossilisées. Okay ?

Bernadette : – Non, je veux dire, pas okay parce que moi je voulais prendre des cours de théâtre pour être star de cinéma, comme Sophie Marceau ! Si je dois me faire des trous dans les épaules, c'est pas la peine. Okay ? »

# Bernadette au restaurant

Il m'est arrivé un truc, l'autre soir. Je te raconte pas.

Enfin si, je te raconte un peu quand même. J'avais rendez-vous pour dîner avec Jean-Loup. C'est un cadre dynamique de mon bureau.

Alors je m'étais mise sexy. Eh ben, c'est possible !

J'avais une minijupe en satinette de soie. Ouais, satinette de soie. Et des escarpins à talon aiguille taille 36. Normalement, je fais 37. Mais la vendeuse de chaussures, elle m'a dit : « Bon, je regrette mais il me reste plus de 37, mais la croûte de daim, c'est une matière très souple qui se fera à votre pied ! Non, puis à ce prix-là, ce serait dommage de pas en profiter ! »

Tu parles que j'en ai profité !

Bonjour les ampoules !

En plus, quand Jean-Loup arrive, tu sais ce qui me dit ? « Excusez-moi, Bernadette, ma voiture est tombée en panne. Nous devons y aller à pied. Ça ne vous ennuie pas ? »

Pensez donc, j'adore marcher !

Je me disais : « Courage, Bernadette, courage, c'est peut-être lui l'homme de ta vie. »

En arrivant au restaurant, j'étais tellement soulagée de m'asseoir, j'ai fait : « Ouh ! »

Tout d'un coup, j'entends « crrrr », c'est ma minijupe en satinette qui venait de céder.

Je me suis dit : « Tu cumules, Bernadette, tu cumules ! »

Heureusement, sous la table, j'en ai profité pour enlever mes chaussures en croûte de daim, histoire de me soulager la voûte plantaire.

Pendant le repas, Jean-Loup, il me parlait du gouvernement, du chômage, de la Libye, des grèves, qu'on était moins compétitifs que les Chinois. On aurait dit le journal de 20 heures.

Alors, au dessert, je me suis dit : « Attaque, Bernadette, attaque. » Alors je lui ai fait *(Elle fait des clins d'œil.)* : « Vous êtes passionnant, Jean-Loup », en battant très légèrement les paupières.

Ça lui a fait un effet radical. Tout d'un coup, il me fait : « Bernadette, vous me plaisez ! »

J'étais contente ! Un masque au concombre, un shampoing antipelliculaire au kiwi, une crème à l'huile d'argan, un gommage à l'abricot, ça fait plaisir de voir ses efforts récompensés.

Tout d'un coup, je sens… « Ah ! »

C'est Jean-Loup qui venait de me faire du pied en plein sur mes ampoules !

J'ai fait : « Ah ! Jean-Loup enfin, mais arrêtez, voyons ! Ah ! Ah !

– Bernadette, je sens que ça vous plaît !

– Mais ah ! Ah !

– Oh, Bernadette, j'aimerais tellement qu'on aille dans un endroit plus intime, chez moi, par exemple…

– Et on irait comment ? À pied ? En métro ?

– À pied, j'habite à deux pas… »

Alors, subrepticement, j'essaie de remettre mes pieds dans les chaussures en croûte de daim. Rien à faire, c'était tout boursouflé !

Alors je fais : « Jean-Loup, je ne peux pas du tout.

– Quoi, Bernadette, je ne vous plais pas ? Vous avez un autre homme dans votre vie ?

– Oh ben non, Jean-Loup, pas tellement.

– Alors venez, Bernadette, venez !
– Mais, Jean-Loup, je ne peux pas.
– Pourquoi, Bernadette, pourquoi ? »
Je ne me sentais pas de lui parler de mes pieds boursouflés. Ça aurait brisé le mystère, alors j'ai fait : « Jean-Loup, ne me posez plus de questions. Respectez mon mystère. »
Il tirait une tête !
Tout à coup, il se lève et il me fait : « Excusez-moi, j'ai un coup de fil urgent à passer, je reviens dans cinq minutes. »
Je me suis dit : « D'accord, il appelle une autre fille qui a pas mal aux pieds pour passer la soirée. »
J'ai pris mes chaussures en croûte de daim à la main et je suis sortie du restaurant, en lui laissant payer l'addition de 112 euros.

N'empêche que c'est ce soir-là que j'ai compris que Jean-Loup, ce n'était pas l'homme de ma vie, parce qu'un homme à qui on ne peut pas parler de ses pieds, on ne peut pas passer sa vie avec !

#

# Bernadette chez son copain

Dring !

Bonsoir Laurent. *(Elle se met sur la pointe des pieds et fait la bise.)* Moi, c'est six.

Mon ange, je t'embrasserai la suite tout à l'heure. Je voudrais voir ton appartement d'abord.

J'aurais jamais cru ça quand j'ai vu ta BMW décapotable.

Non, tu sais, je me suis dit : « Chez lui, ce sera comme dans les pubs à la télé : canapé blanc, vue sur la tour Eiffel. »

Ici, ce serait plutôt *Fenêtre sur cour*.

**QU'EST-CE QUE TU FAIS POUR LE REPAS ? C'EST UNE SURPRISE ? ALLEZ, DIS-MOI CE QUE C'EST, J'ADORE LES SURPRISES ! DES PÂTES… AH OUI, ÇA, C'EST UNE SURPRISE, HEIN.**

Tu mets vraiment tous tes sous dans ta voiture, toi.

Où tu vas ? T'as un placard ? Ah, c'est la cuisine. Tu veux que je t'aide à faire le repas ? Non ? Tu es un homme moderne. Un nouvel homme, comme on dit. Dans un appartement ancien.

Ah, tu m'avais pas dit que tu avais un chat. Ah, c'est ça l'odeur. Et il s'appelle ?

Poubelle ? Ah, Poubelle… Ah ! Non, non, c'est rien, il m'a filé mon collant. Sale bête. 8,50 euros !

Non, non, c'est rien.

Mais c'est sûr comme habitation ? Je vois des petites fissures dans les poutres. Ça risque pas de s'écrouler ?

Ah, j'ai trouvé une chaussette ! *(Elle sent la chaussette.)* Il craint des pieds.

Laurent, tu veux ta chaussette ?

Bon, ben je la remets sur la télévision. À côté du dentifrice.

Tu sais, mon père, il me dit toujours : « Si tu veux mettre de l'ordre dans ta vie, mets d'abord de l'ordre dans ta chambre. » Il aurait une crise d'apoplexie ici ! Qu'est-ce que tu fais pour le repas ? C'est une surprise ? Allez, dis-moi ce que c'est, j'adore les surprises ! Des pâtes… Ah oui, ça, c'est une surprise. Ben, tu mets vraiment tous tes sous dans ta voiture, toi.

C'est à cause de ton découvert bancaire ? Mais, Laurent, je croyais que tu étais dessinateur publicitaire ? Au chômage ?… C'est pas pareil.

Mais comment tu fais pour payer ton loyer ?

Tu ne le paies pas ? Tu es propriétaire ?… Tu squattes ?

Alors la police, elle peut venir nous arrêter. Oh ! là, là ! Je vis dangereusement : entre le plafond qui s'écroule, le chat qui me saute dessus, la chaussette asphyxiante… Je savais que la vie c'était pas tout à fait comme dans les collections Harlequin, mais alors là, je cumule, je cumule !

Laurent, je m'étais demandé : tu as un idéal dans la vie, quand même ? À part me toucher ?

C'est quoi ton idéal ? Faire des dessins animés comme Walt Disney ? Remarque, Walt Disney, il a fini milliardaire. Cela dit, au début, il a dû manger de la vache enragée. Toi, tu la manges en ce moment, la vache. Le problème, c'est qu'il faut que je la mange avec toi.

Où tu vas ? Les pâtes sont cuites ? Remarque, je crois que je préfère manger des pâtes avec toi que d'aller dans des grands restaurants avec certaines autres personnes. Enfin, je te raconte pas. Rien que d'y penser, j'ai mal aux pieds.

Oh, mais ça a l'air bon ! Enfin, c'est des pâtes.

Laurent, j'imagine que tu as pas de sauce tomate ? Non, c'est des pâtes nature.

Et de gruyère râpé, non plus ? C'est des pâtes nature-nature.

Eh ben, on les mange, sinon ça va refroidir !

Imprimé en France par CPI
N° d'édition : 5709. – N° d'impression : 3025327